U0878705

2010年第一季度
Quarter One, 2010

中国货币政策执行报告
CHINA MONETARY POLICY REPORT

中国人民银行货币政策分析小组
Monetary Policy Analysis Group of
the People's Bank of China

中国金融出版社
China Financial Publishing House

责任编辑：张　驰
责任校对：潘　洁
责任印制：裴　刚

图书在版编目(CIP)数据

2010年第一季度中国货币政策执行报告(2010 nian Diyi Jidu Zhongguo Huobi Zhengce Zhixing Baogao)/中国人民银行货币政策分析小组编.—北京：中国金融出版社，2010.7
ISBN 978-7-5049-5584-5

Ⅰ.2…　Ⅱ.中…　Ⅲ.货币政策-工作报告-中国-2010　Ⅳ.F822.0

中国版本图书馆CIP数据核字(2010)第140130号

出版
发行　中国金融出版社
社址　北京市丰台区益泽路2号
市场开发部（010）63272190，66070804（传真）
网上书店 http://www.chinafph.com
（010）63286832，63365686（传真）
读者服务部（010）66070833，62568380
邮编　100071
经销　新华书店
印刷　北京汇元统一印刷有限公司
尺寸　210毫米×285毫米
印张　9.75
字数　224千
版次　2010年7月第1版
印次　2010年7月第1次印刷
定价　98.00元
ISBN 978-7-5049-5584-5/F.5144
如出现印装错误本社负责调换　联系电话（010)63263947

本书执笔人

总　　纂：张晓慧　纪志宏

审　　稿：李　波　穆怀朋　宣昌能　张　涛　朱　隽　王　宇
王允贵

统　　稿：张　蓓　张翠微

执　　笔：

第一部分：邱潮斌　曾冬青　陈文弢

第二部分：赵　婷　李　超　穆争社　杨　璐

第三部分：朱微亮　戴　赜　李　麟

第四部分：刘长青　金　玫　石春华　刘胜会　王　月　付　强

第五部分：谢光启

附录整理：朱　峰　林振辉　段　炼等

提供材料的还有：管　化　李　斌　陈婷婷　史蓉菊　罗　瑜
程艳芬　王佐罡　刘　琨　康　倩　生　洁
吴　琼　那丽丽　陈　敏　杨　超　纪　敏
马志扬

英文总纂：朱　隽

英文统稿：曹志鸿

英文翻译：曹志鸿　滕　锐　齐　喆　黄亭亭　王蓓婕

英文审校：Nancy Hearst（美国哈佛大学费正清东亚研究中心）

Contributors to This Report

CHIEF EDITORS:

ZHANG Xiaohui JI Zhihong

READERS:

LI Bo MU Huaipeng XUAN Changneng ZHANG Tao ZHU Jun WANG Yu WANG Yungui

EDITOR:

ZHANG Bei ZHANG Cuiwei

AUTHORS:

PART ONE: QIU Chaobin ZENG Dongqing CHEN Wentao

PART TWO: ZHAO Ting LI Chao MU Zhengshe YANG Lu

PART THREE: ZHU Weiliang DAI Ze LI Lin

PART FOUR: LIU Changqing JIN Mei SHI Chunhua LIU Shenghui WANG Yue FU Qiang

PART FIVE: XIE Guangqi

APPENDIX: ZHU Feng LIN Zhenhui DUAN Lian et al.

OTHER CONTRIBUTORS: GUAN Hua LI Bin CHEN Tingting SHI Rongju LUO Yu CHENG Yanfen WANG Zuogang LIU Kun KANG Qian SHENG Jie WU Qiong NA Lili CHEN Min YANG Chao JI Min MA Zhiyang

ENGLISH EDITION

CHIEF EDITOR: ZHU Jun

EDITOR: CAO Zhihong

TRANSLATORS: CAO Zhihong TENG Rui QI Zhe HUANG Tingting WANG Beijie

PROOFREADER:

Nancy Hearst (Fairbank Center for East Asian Research, Harvard University)

内容摘要

2010年第一季度，中国经济开局良好，回升向好势头更加巩固。内需保持较快增长，对外贸易加快恢复，工业生产快速回升，消费增长较快，固定资产投资增幅有所回落，价格总水平基本稳定。第一季度，实现国内生产总值（GDP）8.06万亿元，同比增长11.9%，居民消费价格指数(CPI)同比上涨2.2%。

中国人民银行按照国务院统一部署，继续实施适度宽松的货币政策，保持政策的连续性和稳定性，根据新形势、新情况着力提高政策的针对性和灵活性，维护金融体系健康稳定运行。综合采取多种措施，加强银行体系流动性管理，引导金融机构合理把握信贷投放总量、节奏和结构，促进经济平稳健康发展。总体看，各项措施取得初步成效，货币信贷增长正逐步向常态方向回归，金融市场运行平稳。

2010年3月末，广义货币供应量M2余额为65.0万亿元，同比增长22.5%，增速比上年同期低3.0个百分点。狭义货币供应量M1余额为22.9万亿元，同比增长29.9%，增速比上年同期高12.9个百分点。金融机构存款增长有所放缓，3月末，全部金融机构本外币各项存款同比增长21.7%，增速比上年同期低4.0个百分点。金融机构贷款增速稳步回落，中长期贷款比重较高。3月末，人民币贷款余额同比增长21.8%，增速比上年同期低8.0个百分点，比年初增加2.6万亿元，同比少增2.0万亿元。金融机构贷款利率小幅回升，3月份非金融性企业及其他部门贷款加权平均利率为5.51%，比年初上升0.26个百分点。人民币汇率保持在合理、均衡水平上的基本稳定，3月末，人民币对美元汇率中间价为6.8263元。

当前我国经济面临的有利因素有：全球经济总体保持复苏态势，我国经济回升向好势头更加巩固，城市化和消费结构升级将成为拉动经济增长的新动力，加上各地发展热情高，增长的空间依然较大。但也要看到，当前经济发展环境仍极为复杂。世界经济运行中不确定因素依然存在，欧洲主权债问题凸显，全球经济新的增长点尚不明朗，同时内需回升的基础还不平衡，持续扩大居民消费、改善收入分配、促进经济结构优化的任务艰巨，财政、金融领域的潜在风险也不容忽视。一些推动价格上涨的因素逐步显现，强化了通胀预期。必须把保持我国经济当前平稳较快发展和为长远发展营造良好条件有机结合起来，毫不动摇地加快经济发展方式转变。

下一阶段，中国人民银行将继续认真贯彻科学发展观，按照国务院统一部署，继续实施适度宽松的货币政策，把握好政策实施的力度、节奏、重点，保持政策的连续性和稳定性，增强针对性和灵活性，处理好保持经济平稳较快发展、调整经济结构和管理好通胀预期的关系，提高金融支持经济发展的可持续性，维护金融体系健康稳定运行。加强流动性管理，保持货币信贷适度增长。加大金融支持经济发展方式转变和经济结构调整的力度。同时，稳步推进利率市场化改革，完善人民币汇率形成机制，推动金融市场健康发展。

Executive Summary

The Chinese economy performed well in the first quarter of 2010 as the economic upturn solidified. Domestic demand expanded rapidly, the foreign trade recovery accelerated, industrial output rebounded rapidly, consumption grew at a fast pace, growth of fixed-asset investment moderated, and the overall price level remained basically stable. In the first quarter, the Gross Domestic Product (GDP) registered RMB8.06 trillion yuan, representing year-on-year growth of 11.9 percent, and the Consumer Price Index (CPI) picked up 2.2 percent year on year.

In line with the overall arrangements of the State Council, the People's Bank of China (PBC) continued the relatively easy monetary policy during the first quarter. While maintaining policy consistency and stability, the PBC implemented policies better targeted and more flexible to respond to new developments, contributing to the sound and stable performance of the financial system. It deployed a wide range of measures to strengthen liquidity management in the banking system and to guide financial institutions to properly manage the aggregate, pace, and structure of credit provision so as to support stable and healthy economic development. On the basis of these effective measures, money and credit growth are returning to their normal speed, and the performance of financial markets remains stable.

Broad money supply M2 recorded RMB65.0 trillion yuan at end-March, up 22.5 percent from the same period of last year, a deceleration of 3.0 percentage points. Narrow money supply M1 stood at RMB22.9 trillion yuan, up 29.9 percent from the first quarter in 2009, an acceleration of 12.9 percentage points. Deposits at financial institutions grew at a slower pace, with RMB and foreign currency deposits at financial institutions growing by 21.7 percent at end-March, which is 4.0 percentage points lower year on year. Growth of lending by financial institutions moderated, with medium- and long-term loans accounting for a larger share. At end-March, RMB loans had grown 21.8 percent year on year, down 8.0 percentage points, or an increase by RMB2.6 trillion yuan from the beginning of 2010, representing a deceleration of RMB2.0 trillion yuan. Lending rates offered by financial institutions went up slightly, with the weighted average lending rate for non-financial enterprises and other sectors standing at 5.51 percent in March, up 0.26 percentage point from the beginning of the year. The RMB exchange rate remained basically stable at an adaptive and equilibrium level. The central parity of the RMB against the US dollar posted RMB6.8263 yuan per dollar at end-March.

The Chinese economy is supported by a host of favorable elements, including an overall recovery in the global economy, a stronger momentum for economic improvements at home, new growth drivers brought about by urbanization and the upgrading of the consumption structure, as well as nationwide enthusiasm to boost development, all of which point to ample space for stronger growth. However, it should be noted that the economy faces a rather complex environment. Uncertainties about global economic performance persist as the European sovereign debt problem unfolds and new sources of global growth remain unclear. In the domestic economy, the recovery of domestic demand needs to be established on a more balanced foundation, while expanding consumption, improving income distribution, and optimizing the economic structure remain daunting tasks. The potential risks in fiscal and finance must not be overlooked. And as a growing number of factors that will push up the price level emerge, inflationary expectations are on the rise. It is important to take actions to support the current sound and relatively rapid development momentum while creating favorable conditions for development over the long term. It is also important to accelerate the transformation of the pattern of economic development.

During the next stage, the PBC will continue to follow the scientific outlook on development and implement the relatively easy monetary policy in line with the overall arrangements of the State Council. It will properly manage the intensity, pace, and focus of policies and make policies better targeted and more flexible while also maintaining policy consistency and stability. It will strike a balance between supporting sound and relatively rapid development, restructuring the economy and managing inflationary expectations, strengthening the sustainability of financial support to economic development, and ensuring that the financial system performs in a sound manner. The PBC will enhance liquidity management to maintain proper growth of money and credit. It will step up financial support to the shift in the development pattern and the economic restructuring. Moreover, the PBC will advance the market-based interest rate reform and improve the RMB exchange rate regime to promote healthy development of financial markets.

目录

①数据来源：中国人民银行、国家统计局、商务部、海关总署、国家外汇管理局、世界银行、国际货币基金组织、世界贸易组织、联合国贸易和发展会议等。

②数据来源：相关中央银行、国家统计机构、世界银行、国际货币基金组织等。

Contents

1. Source: The People's Bank of China, National Bureau of Statistics, Ministry of Commerce, General Administration of Customs, State Administration of Foreign Exchange, World Bank, International Monetary Fund, World Trade Organization, and United Nations Conference on Trade and Development, etc..

1. Source : Central banks, national statistical agencies in relevant countries, The World Bank, IMF, etc..

第一部分 货币信贷概况

2010年第一季度，国民经济回升势头进一步巩固，金融运行总体稳健，货币信贷增长逐步向常态方向回归，银行体系流动性充裕。

一、货币供应量增速高位有所回落

2010年3月末，广义货币供应量M2余额为65.0万亿元，同比增长22.5%，增速比上年同期和上年年末分别低3.0个和5.2个百分点。狭义货币供应量M1余额为22.9万亿元，同比增长29.9%，增速比上年同期高12.9个百分点，比上年年末低2.4个百分点。流通中现金M0余额为3.9万亿元，同比增长15.8%，增速比上年同期高4.9个百分点。第一季度现金净投放834亿元，同比多投放1 307亿元。

总体看，货币总量仍处于较高水平运行，但近期增速已呈逐步放缓态势，其中，M2增速已连续四个月保持回落，这与上年基数影响有一定关系，也与2010年以来货币政策采取针对性、灵活性的调控有关。货币流动性依然较强，M1增速继续保持自2009年9月份开始的高于M2增速的态势。

二、金融机构存款增长有所放缓

3月末，全部金融机构（含外资金融机构，下同）本外币各项存款余额为65.3万亿元，同比增长21.7%，增速比上年同期低4.0个百分点，比年初增加4.1万亿元，同比少增1.6万亿元。其中，人民币各项存款余额为63.8万亿元，同比增长22.1%，增速比上年同期低3.6个百分点，比年初增加4.0万亿元，同比少增1.6万亿元；外汇存款余额为2 134亿美元，同比增长6.5%，比年初增加47亿美元，同比少增28亿美元。

从人民币存款的部门分布和期限看，住户存款和非金融企业存款增长均出现回落，活期存款占比提升。3月末，金融机构住户存款余额为28.5万亿元，同比增长15.1%，增速比上年同期低14.7个百分点，比年初增加2.0万亿元，同比少增5 361亿元。非金融企业人民币存款余额为26.5万亿元，同比增长26.6%，增速比上年同期低1.2个百分点，比年初增加1.3万亿元，同比少增1.5万亿元。第一季度，在新增住户存款和非金融企业存款中，活期存款占比分别为42%和43%，比上年同期分别高10个和8个百分点，这与居民投资意愿提升、企业生产经营活力增强等因素有一定关系。3月末，财政存款余额为2.5万亿元，同比增长45.3%，比年初增加2 524亿元，同比多增3 405亿元。

三、金融机构贷款增速稳步回落

3月末，全部金融机构本外币贷款余额为45.4万亿元，同比增长24.1%，增速分别比上年同期和上年年末低2.9个和8.9个百分点，比年初增加2.8万亿元，同比少增1.7万亿元。

专栏 1 中长期贷款分析

2010 年以来，金融机构中长期贷款继续快速增长。统计显示，3 月末，主要金融机构（包括国家开发银行和政策性银行、国有商业银行、股份制商业银行、邮政储蓄银行、城市商业银行）全部产业中长期贷款余额（本外币，下同）为 17.9 万亿元，增长 36.4%，增速比上年同期高 6.2 个百分点。第一季度，产业部门新增中长期贷款 1.6 万亿元，同比少增 522 亿元。

从产业结构看，第三产业中长期贷款保持较快增长。3 月末，第三产业中长期贷款增长 43.4%；第二产业中长期贷款增长 24.3%；第一产业中长期贷款增长 15.3%。第一季度，第三产业中长期贷款新增 1.2 万亿元，第二产业中长期贷款新增 3 542 亿元，第一产业中长期贷款新增 28 亿元，分别占全部产业中长期贷款的 77.0%、22.8% 和 0.2%。

从行业结构看，新增中长期贷款主要集中在基础设施行业（交通运输、仓储和邮政业，电力、燃气及水的生产和供应业，水利、环境和公共设施管理业）、房地产业和制造业等领域。基础设施行业中长期贷款增速和新增额均比上年同期回落较多。3 月末，基础设施中长期贷款增长 33.3%，比上年同期低 5.2 个百分点，第一季度新增 7 108 亿元，占全部产业中长期贷款的 45.8%，比上年同期低 8.0 个百分点。新增基础设施中长期贷款进一步向交通运输、仓储和邮政业倾斜，其新增量占基础设施中长期贷款的 43.8%，比上年同期高 9.4 个百分点；电力、燃气及水的生产和供应业，水利、环境和公共设施管理业中长期贷款增量分别占基础设施中长期贷款的 8.6% 和 47.7%，分别比上年同期低 4.9 个和 4.5 个百分点。房地产业中长期贷款增长较快。3 月末，房地产业中长期贷款增长 38.5%，比上年同期高 20.4 个百分点。第一季度，房地产业中长期贷款新增 3 394 亿元，占全部产业中长期贷款的 21.9%，比上年同期高 9.4 个百分点。近期，一系列促进房地产市场平稳健康发展的差别化信贷政策措施陆续出台，其政策效应及未来房地产贷款趋势有待观察。此外，制造业中长期贷款呈现恢复性增长态势。3 月末，制造业中长期贷款增长 30.9%，比上年同期高 7.9 个百分点。第一季度，制造业中长期贷款新增 1 744 亿元，占全部产业中长期贷款的 11.2%，比上年同期高 1.6 个百分点。

2010 年第一季度，中国人民银行按照中央经济工作会议精神和国务院统一部署，继续实施适度宽松的货币政策，保持政策的连续性和稳定性，根据新形势和新情况着力提高政策的针对性和灵活性，货币信贷逐步向常态方向回归。同时也要看到，当前中长期贷款增长仍处高位，信贷扩张势头仍然较强，潜在的问题和风险应予关注。一是中长期贷款需求非常旺盛。2009 年，施工项目计划总投资 42 万亿元，增长 34.0%，在建项目盘子很大，中长期贷款投放有刚性。加之地方平台贷款积极性仍很高，项目贷款需求旺盛。二是中长期贷款快速增长加大金融机构流动性风险。目前，金融机构存款活期化和贷款中长期化趋势明显，短存长贷使得金融机构资产负债期限结构错配加剧，应注意防范由此引致的相关风险。三是关注部分行业和领域可能出现投资效率下降和产能过剩加剧的问题。

下一阶段，中国人民银行将在实施适度宽松货币政策的过程中，努力把握好政策实施的力度、节奏和重点。加强对金融机构的引导，着力优化信贷结构，落实有保有控的信贷政策，严格控制新上项目贷款，严格控制对高耗能、高排放行业和产能过剩行业的贷款，确保信贷投放有利于经济结构调整，切实提高信贷支持经济增长的质量和可持续性。

从人民币贷款的部门分布和期限看，住户贷款增长较快，中长期贷款比重较高。3月末，人民币贷款余额为42.6万亿元，同比增长21.8%，增速比上年同期低8.0个百分点，比年初增加2.6万亿元，同比少增2.0万亿元。分机构看，中资全国性大型银行、全国性中小型银行及区域性中小型银行贷款同比少增。从部门分布看，住户贷款增长较快，非金融企业及其他部门贷款增速明显回落。3月末，住户贷款同比增长51.5%，比年初增加9 202亿元，同比多增4 979亿元。其中，个人住房贷款增长较快，比年初增加4 825亿元，在住户贷款中占比达到52.4%。非金融企业及其他部门贷款同比增长15.4%，比年初增加1.7万亿元，同比少增2.5万亿元。其中，中长期贷款比年初增加1.8万亿元，同比多增1 042亿元。票据融资比年初减少6 243亿元，同比少增2.1万亿元，自上年下半年以来呈连续下降态势，主要与金融机构加强资产结构调整力度有关。

中小企业信贷支持力度继续加大。第一季度，我国银行业机构中小企业人民币贷款新增1.12万亿元，3月末余额同比增长22.9%，增速比大型企业贷款同比增速高5.5个百分点。其中，小企业贷款第一季度新增4 455亿元，3月末余额同比增长23.9%。

外汇贷款继续发挥支持外贸进出口和“走出去”的积极作用。3月末，金融机构外汇贷款余额为4 087亿美元，同比增长74%，比年初增加292亿美元，同比多增377亿美元。从投向看，支持进出口的贸易融资增加170.0亿美元，同比多增185.5亿美元；支持“走出去”的境外贷款与中长期贷款增加78.4亿美元，同比多增65.1亿美元。

四、银行体系流动性充裕

3月末，基础货币余额为15.0万亿元，同比增长20.7%，比年初增加6 048亿元。3月末，

表1　2010年第一季度分机构人民币贷款情况

单位:亿元

	2010年第一季度	
	新增额	同比多增
中资全国性大型银行①	13 777	-14 649
中资全国性中小型银行②	6 253	-5 856
中资区域性中小型银行③	1 691	-590
农村合作金融机构④	4 763	538
外资金融机构	511	775

注：①中资全国性大型银行是指本外币资产总量超过2万亿元的银行（以2008年年末各金融机构本外币资产总额为参考标准）。

②中资全国性中小型银行是指本外币资产总量小于2万亿元且跨省经营的银行。

③中资区域性中小型银行是指本外币资产总量小于2万亿元且不跨省经营的银行。

④农村合作金融机构包括农村合作银行、农村商业银行、农村信用社。

数据来源：中国人民银行。

货币乘数为4.35，分别比上年同期和上年年末高0.08和0.24，货币扩张能力仍然较强。3月末，金融机构超额准备金率为1.96%。其中，中资大型银行的超额准备金率为1.43%，中资中型银行的超额准备金率为1.90%，中资小型银行的超额准备金率为3.15%，农村信用社的超额准备金率为4.67%。

五、金融机构贷款利率小幅回升

第一季度，非金融性企业及其他部门贷款利率逐月小幅回升。3月份，贷款加权平均利率为5.51%，比年初上升0.26个百分点。其中，一般贷款加权平均利率为6.04%，比年初上升0.16个百分点；票据融资加权平均利率为3.55%，比年初上升0.81个百分点。个人住房贷款利率有所上升，3月份，加权平均利率为4.63%，比年初上升0.21个百分点。

从利率浮动情况看，执行下浮利率和基准利率的贷款占比下降。3月份，非金融性企业及其他部门一般贷款实行下浮利率和基准利率的占比分别为30.05%和28.91%，比年初分别下降3.14个和1.35个百分点；实行上浮利率的贷款占比为41.04%，比年初上升4.49个百分点。

受国际金融市场利率波动和境内资金供求变化影响，境内外币存贷款利率总体上升。3月份，3个月以内、3(含3个月)~6个月美元贷款加权平均利率分别为1.69%和1.82%，比年初分别上升0.10个和0.16个百分点。活期、3个月以内大额美元存款加权平均利率分别为0.15%和0.76%，比年初分别下降0.02个和上升0.30个百分点。

六、人民币汇率保持在合理均衡水平上的基本稳定

2010年以来，为应对全球金融危机，人民币汇率保持在合理、均衡水平上的基本稳定。3月末，人民币对美元汇率中间价为6.8263元，

表2　2010年1～3月金融机构人民币贷款各利率区间占比表

单位：%

月份	下浮	基准	上浮					
	[0.9,1.0)	1.0	小计	(1.0,1.1]	(1.1,1.3]	(1.3,1.5]	(1.5,2.0]	2.0以上
1月	35.38	31.18	33.44	11.92	8.74	4.42	5.71	2.65
2月	32.64	31.95	35.41	12.77	9.21	4.31	6.09	3.03
3月	30.05	28.91	41.04	13.12	10.91	5.45	7.11	4.45

数据来源：中国人民银行。

表3　2010年1～3月大额美元存款与美元贷款平均利率表

单位：%

月份	大额存款						贷款				
	活期	3个月以内	3(含3个月)~6个月	6(含6个月)~12个月	1年	1年以上	3个月以内	3(含3个月)~6个月	6(含6个月)~12个月	1年	1年以上
1月	0.12	0.62	0.88	1.07	1.88	2.96	1.55	1.91	2.07	2.09	3.04
2月	0.15	0.70	0.85	1.50	1.65	1.75	1.68	1.88	1.90	2.16	2.79
3月	0.15	0.76	0.81	1.34	2.32	0.82	1.69	1.82	2.03	2.32	2.87

数据来源：中国人民银行。

比2009年年末升值19个基点，升值幅度为0.03%；人民币对欧元、日元汇率中间价分别为1欧元兑9.1588元人民币、100日元兑7.3421元人民币，分别比2009年年末升值6.97%和升值0.49%。人民币汇率形成机制改革以来至2010年第一季度末，人民币对美元汇率累计升值21.24%，对欧元汇率累计升值9.34%，对日元汇率累计贬值0.49%。根据国际清算银行的计算，人民币汇率形成机制改革以来至2010年3月，人民币名义有效汇率升值14.33%，实际有效汇率升值18.28%。

第一季度，人民币对美元汇率中间价最高为6.8261元，最低为6.8281元，58个交易日中有35个交易日升值、3个交易日持平和20个交易日贬值，2010年以来，人民币对美元双边汇率保持稳定，基本上在6.81～6.85元/美元的区间内运行，人民币汇率预期相对平稳。

第二部分　货币政策操作

2010年，中国人民银行按照国务院统一部署，继续实施适度宽松的货币政策，并在保持政策的连续性和稳定性的同时，根据新形势、新情况着力提高政策的针对性和灵活性，加强银行体系流动性管理，引导金融机构合理把握信贷投放总量、节奏和结构，促进经济平稳健康发展。

一、灵活开展公开市场操作

2010年第一季度，中国人民银行密切关注国内外经济金融形势和银行体系流动性变化，按照适度宽松的货币政策要求，灵活开展公开市场操作，进一步增强流动性管理的前瞻性、科学性和有效性。一是合理把握操作力度和节奏。中国人民银行合理安排公开市场操作力度和节奏，灵活搭配中央银行票据和短期正回购开展对冲操作，加强流动性管理。第一季度，累计发行中央银行票据1.43万亿元，开展短期正回购操作8 930亿元。截至3月末，中央银行票据余额为4.37万亿元。二是充分发挥公开市场操作的预调和微调作用。针对春节前后现金大量投放回笼的季节性特征及第一季度公开市场到期量大的实际情况，中国人民银行不断优化操作工具组合，视现金投放回笼节奏灵活调整短期正回购操作品种和频率，有效地熨平了季节性因素引起的短期流动性波动。三是适度增强操作利率弹性。中国人民银行灵活把握公开市场操作利率弹性，于1月份及时引导中央银行票据发行利率适度上行，并于2月份适时企稳，既有效地引导了市场预期，也有助于发挥市场利率调节资金供求关系的作用。3月末，91天期正回购、3个月期中央银行票据和1年期中央银行票据的操作利率分别为1.41%、1.4088%和1.9264%，分别较上年年末上升8个、8.08个和16.59个基点。四是适时开展国库现金管理商业银行定期存款业务。中国人民银行加强货币政策与积极财政政策的协调配合，于2010年第一季度共开展了三期国库现金管理商业银行定期存款业务，操作规模共计1 000亿元，其中3个月期400亿元，6个月期300亿元，9个月期300亿元。

二、适时上调存款准备金率

为加强流动性管理，引导货币信贷适度增长，管理好通货膨胀预期，2010年1月18日和2月25日，中国人民银行分别上调存款类金融机构人民币存款准备金率各0.5个百分点。农村信用社等小型金融机构存款准备金率暂不上调，以加大对“三农”和县域经济的支持力度，体现了货币政策的针对性、灵活性。这两次上调存款准备金率对冲了银行体系部分过剩流动性。政策实施后，市场流动性仍可满足货币信贷总量适度增长和经济发展的需要。

三、发挥再贴现和支农再贷款引导信贷资金投向、促进信贷结构调整的功能

注重发挥再贴现支持扩大“三农”和中小企业等薄弱环节信贷投放的引导作用。2010年以来，中国人民银行不断改进和完善再贴现管理，通过票据选择明确再贴现支持的重点，对商业承兑汇票、涉农票据、县域企业及中小金融机构签发、承兑、持有的票据优先办

理再贴现。年初，中国人民银行适时调剂再贴现额度，对涉农票据和中小企业票据占比较高、票据业务规模较大的14个省（市）安排调增再贴现限额共计140亿元。第一季度，再贴现业务恢复性增长，期末再贴现余额为263亿元，同比增加257亿元。从投向看，在再贴现总量中，涉农票据占19%，中小企业签发的票据占63%，较好地发挥了支持扩大“三农”和中小企业融资的作用。

合理安排发放支农再贷款，支持扩大“三农”信贷投放，促进改善县域和农村金融服务。2010年，中国人民银行进一步加大地区间支农再贷款额度的调剂力度，按照强化正向激励机制的原则，对涉农贷款占比较高、改革成效较为明显的西部地区和粮食主产区省份，调剂增加支农再贷款额度共计100亿元。其中，对新疆寒潮暴雪灾区增加10亿元，对西南五省旱区增加30亿元。在额度调整后，西部地区和粮食主产区支农再贷款额度占全国的比例达到93%，支农再贷款的地区分布结构进一步优化。截至2010年3月末，全国支农再贷款额度为1 497亿元。自1999年中国人民银行开办支农再贷款业务以来，累计发放支农再贷款1.35万亿元。

四、加强“窗口指导”和信贷政策引导

加强对金融机构的“窗口指导”和信贷政策引导，合理把握信贷投放总量，优化信贷结构，平滑投放节奏。按照“有保有控”的信贷政策要求，中国人民银行加强对金融机构的“窗口指导”，引导金融机构将信贷资源主要投向在建续建项目，切实满足春季农业生产和西南地区抗旱救灾的信贷需求，加大对小企业和“三农”的支持力度。加强信贷政策与产业政策、环保政策的协调配合，支持重点产业结构调整振兴，促进文化产业、服务外包、战略性新兴产业、低碳经济发展，抑制部分行业产能过剩，严格控制对高耗能、高排放行业贷款。贯彻落实房地产信贷政策，根据《国务院关于坚决遏制部分城市房价过快上涨的通知》的要求，实行更为严格的差别化住房信贷政策，积极支持保障性安居工程建设，加强房地产信贷管理，促进房地产市场平稳、健康发展。抓好“民生金融”，做好就业、助学、扶贫等金融服务。发展消费信贷，支持扩大内需。继续做好促进区域经济协调发展的金融支持。同时，中国人民银行还引导金融机构改进考核机制，相对均衡地安排贷款投放节奏，减缓贷款季度、月度间起落的程度。

五、稳步推进金融机构改革

中国工商银行、中国银行、中国建设银行和交通银行四家已上市的大型国有控股商业银行继续深化改革，公司治理架构不断完善。截至2009年年末，中国工商银行、中国银行、中国建设银行和交通银行的资本充足率分别为12.4%、11.1%、11.7%和12.0%；不良贷款率分别为1.54%、1.52%、1.50%和1.36%；税前利润分别为1 672亿元、1 111亿元、1 387亿元和382亿元。中国农业银行按照“面向‘三农’、整体改制、商业运作、择机上市”的总体原则，全面推进各项改革，健全公司治理，提升业务经营水平，稳步推进引资和公开发行上市工作。国家开发银行继续推进商业化转型，服务国家重点领域建设，促进经济社会又好又快发展。按照“一行（司）一策”的原则，中国进出口银行和中国出口信用保险公司的改革稳步推进，不断提高其服务对外经贸和企业“走出去”的能力和水平。中国农业发展银行改革的前期研究工作也正在逐步推进，在推动深化内部改革的基础上，为全面改革做好准备。

农村信用社改革取得重要进展和阶段性

成果。一是资产质量明显改善。2010年3月末，按贷款四级分类口径统计，全国农村信用社不良贷款余额和比例分别为3 614亿元和7.7%，不良贷款比例比2009年年末下降0.43个百分点。二是资金实力显著增强。3月末，全国农村信用社的各项存贷款余额分别为7.6万亿元和5.2万亿元。各项贷款余额占全国金融机构各项贷款余额的比例为12%，比2009年年末提高0.39个百分点。三是支农服务力度明显加大。3月末，涉农贷款余额为3.4万亿元，比2009年年末增加0.3万亿元。农户贷款余额为1.8万亿元，比2009年年末增加1 626亿元。四是产权制度改革取得一定进展。3月末，全国共组建以县（市）为单位的统一法人农村信用社2 023家，农村商业银行46家，农村合作银行205家。

六、积极推进跨境贸易人民币结算试点工作

2010年以来，跨境贸易人民币结算试点地区业务持续大幅增长。第一季度，银行累计办理跨境贸易人民币结算业务183.5亿元，为2009年下半年结算量的5倍多。自试点开始至2010年3月末，银行累计办理跨境贸易人民币结算业务219.4亿元。其中，货物贸易出口结算金额为18.6亿元，货物贸易进口结算金额为181.3亿元，服务贸易及其他经常项目结算金额为19.5亿元。境内代理银行为境外参加银行共开立205个人民币同业往来账户，账户余额为31.8亿元。中国香港和新加坡是境外接受人民币结算的主要地区，在发生人民币实际收付的业务中，两地合计占比88%。为保障人民币跨境收付信息管理系统的有效运行，2010年3月8日，中国人民银行发布了《人民币跨境收付信息管理系统管理暂行办法》，明确依法开展跨境人民币业务的银行业金融机构应当接入人民币跨境收付信息管理系统，并按照有关规定及时、准确、完整地报送人民币跨境收付及相关业务信息。

七、深化外汇管理体制改革

第一季度，针对外汇净流入压力加大的

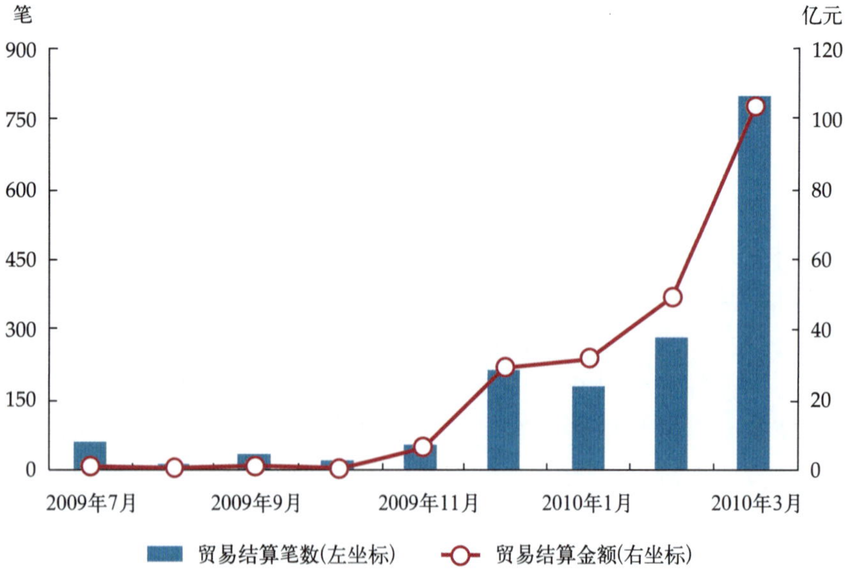

数据来源：中国人民银行。

图1 跨境贸易人民币结算按月情况

形势，外汇管理部门在13个省(市)开展了应对和打击违规资金流入专项行动，主要针对银行、企业、个人等主体，就货物贸易、服务贸易、外商直接投资、外债、个人等重点渠道及项目开展集中性专项外汇检查。下一步，将对检查中发现的违法违规问题进行处罚，对各类异常跨境资金流动加大打击力度，从而对“热钱”流入形成威慑，维护国家经济金融安全。

八、完善人民币汇率形成机制

继续按主动性、可控性和渐进性原则，进一步完善以市场供求为基础、参考一篮子货币进行调节、有管理的浮动汇率制度，发挥市场供求在人民币汇率形成中的基础性作用，保持人民币汇率在合理均衡水平上的基本稳定。

第三部分　金融市场分析

2010年第一季度，我国金融市场继续保持健康、平稳运行，市场流动性总体充裕。货币市场运行平稳，市场利率波动中有所上升；债券市场指数稳中有升，债券发行规模增长较快；股票市场有所走低，融资量大幅上升。

2010年第一季度，国内非金融机构部门(包括住户、非金融企业和政府部门)融资总量为3.3万亿元。在融资结构中，贷款融资的主导地位较上年同期明显下降，企业债券融资继续较快增长，股票融资占比明显上升，债券、股票在配置资金中的作用明显增强。

一、金融市场运行分析

（一）货币市场运行平稳，市场利率波动中有所上升

2010年第一季度，货币市场回购交易增速明显放缓，拆借交易量大幅增加。银行间市场回购累计成交17.1万亿元，日均成交2 850亿元，日均成交同比增长1.2%；同业拆借累计成交5.2万亿元，日均成交875亿元，日均成交同比增长62.6%。回购、拆借交易均主要集中于隔夜品种，其交易份额分别为80.4%和87.8%。交易所市场回购累计成交1.2万亿元，同比增长99.1%。

从货币市场融资结构看，融资主体主要呈现以下特点：一是受春节前现金集中投放以及金融机构放贷动机仍然强烈等因素的影响，国有商业银行净融出资金有所减少，其他商业银行则由上年同期净融出资金转变为净融入。第一季度，国有商业银行净融出资金为7.2万亿元，同比减少9 069亿元；其他商业银行净融入资金为2.4万亿元，同比增加2.8万亿元。二是受股票市场波动加大、预期变化和自身资产负债状况好转等因素影响，证券公司及基金公司、保险公司资金需求明显下降，第一季度，净融入资金同比分别下降30.7%和73.5%。三是外资金融机构资金需求仍然较强，第一季度，净融入资金为7 964亿元，净融入资金占净融入资金总量的11%。

表4　2010年第一季度国内非金融机构部门融资情况简表

	融资量(亿元人民币)		比重(%)	
	2010年第一季度	2009年第一季度	2010年第一季度	2009年第一季度
国内非金融机构部门融资总量	32 784	47 757	100.0	100.0
贷款	28 000	45 235	85.4	94.7
股票①	1 919	266	5.9	0.6
国债②	280	63	0.8	0.1
企业债券③	2 585	2 193	7.9	4.6

注：①本表股票融资不包括金融机构上市融资额。
②2009年的国债数包含了财政部代理发行的地方政府债。
③包括企业债、公司债券、短期融资券和中期票据。
数据来源：中国人民银行、中国证券监督管理委员会。

表5 2010年第一季度金融机构回购、同业拆借资金净融出、净融入情况表

单位：亿元

	回购市场		同业拆借市场	
	2010年第一季度	2009年第一季度	2010年第一季度	2009年第一季度
国有商业银行	-62 499	-77 238	-9 800	-4 130
其他商业银行	17 958	-3 740	6 282	-103
其他金融机构	38 133	72 118	1 962	1 790
其中：证券公司及基金公司	19 943	28 767	224	317
保险公司	3 335	12 595	—	—
外资金融机构	6 408	8 860	1 556	2 443

注：本表其他金融机构包括政策性银行、农村信用社联社、财务公司、信托投资公司、保险公司、证券公司及基金公司；负号表示净融出，正号表示净融入。

数据来源：中国人民银行。

利率衍生产品交易增长较快。2010 年第一季度，债券远期共达成交易 552 笔，成交金额为1 951.4 亿元，同比增长113.7%；人民币利率互换发生交易1 872 笔，名义本金总额2 098.1 亿元，同比增长162.0%。从交易期限看，2～7 天期债券远期品种最为活跃，共成交1 490.1 亿元，占总成交量的76.4%；1 年及1 年期以下利率互换交易比较活跃，名义本金总额为1 153.7 亿元，占总成交量的55%。Shibor在利率衍生产品定价中的作用不断增强，2010年第一季度，以Shibor 为基准的利率互换共成交 600 亿元，占全部利率互换交易总量的 29%。

货币市场利率波动中有所上行。受春节前现金集中投放等因素的影响，货币市场短期利率在春节前达到年内高点，春节后随着现金大量回笼，货币市场利率稳步回落。第一季度，质押式债券回购和同业拆借月加权平均利率基本在1.16%～1.55% 之间波动。3 月份，质押式债券回购和同业拆借月加权平均利率均为1.40%，分别比上年年末上升14 个和15 个基点。3 月末，隔夜、1 周 Shibor 分别为1.34% 和1.60%，分别较上年年末上升19 个和4 个基点；3 个月和1 年期Shibor 分别为1.94% 和2.35%，分别上升了11 个和10 个基点。

（二）债券市场指数稳中有升，债券发行规模增长较快

债券市场现券交易平稳。2010 年第一季度，银行间债券市场现券交易累计成交 10.8 万亿元，日均成交1 802 亿元，同比增长6.5%。从交易主体看，除其他商业银行净卖出现券

表6 利率衍生产品交易情况

年份	债券远期		利率互换		远期利率协议	
	交易笔数(笔)	金额(亿元)	交易笔数(笔)	名义本金额(亿元)	交易笔数(笔)	名义本金额(亿元)
2006年	398	664.5	103	355.7	—	—
2007年	1 238	2 518.1	1 978	2 186.9	14	10.5
2008年	1 327	5 005.5	4 040	4 121.5	137	113.6
2009年	1 599	6 556.4	4 044	4 616.4	27	60.0
2010年第一季度	552	1 951.4	1 872	2 098.1	0	0

数据来源：中国外汇交易中心。

3 985 亿元外，其余类型金融机构均为净买入现券。其中，国有商业银行是银行间债券市场现券交易的主要净买入方，共买入 2 776 亿元，其他金融机构买入 895 亿元，外资金融机构买入 314 亿元。第一季度，交易所国债现券成交 528 亿元，同比减少 54 亿元。

债券市场指数稳中有升。2010 年第一季度，银行间市场和交易所市场债券指数均有所上升。银行间债券市场财富指数由年初的 130.2 点上升到 3 月末的 132.8 点，上升 2.6 点，升幅为 1.97%；交易所国债指数由年初的 122.3 点上升至 3 月末的 124.3 点，上升 2.0 点，升幅为 1.63%。

国债收益率曲线整体有所下移。受市场资金面总体宽松、股市有所走低、市场预期变化等多重因素影响，国债收益率总体有所下行。以 3 月 24 日的银行间市场国债收益率曲线为例，1 年期、5 年期、10 年期和 20 年期收益率较 1 月 6 日分别下降 1 个基点、28 个基点、26 个基点和 10 个基点。

债券发行规模增长较快。第一季度，债券一级市场累计发行各类债券（不含中央银行票据）9 216 亿元，同比增长 54.3%。其中国债、政策性银行债以及短期融资券发行量明显增加，第一季度分别发行 2 300 亿元、2 789 亿元和 1 621 亿元，同比分别增长 105.5%、152.9% 和 75.2%。3 月末，中央国债登记结算公司债券托管量余额为 16.5 万亿元，同比增长 23.1%（扣除特别国债因素）。

债券发行利率总体有所下降。受市场流动性充裕及债券投资需求旺盛等因素的影响，尽管债券发行规模增长较快，但一级市场发行利率仍有所下降。2010 年 3 月发行的 10 年期记账式国债利率为 3.36%，分别比 2010 年 2 月及 2009 年 11 月发行的相同期限国债下降 7 个基点和 32 个基点；2010 年 3 月，国家开发银行发行的 20 年期固定利率债券利率为 4.3%，比 2009 年 12 月该行发行的相同期限债券下降 40 个基点。1 年期短期融资券发行利率基本在 2.50%～4.50% 之间。

Shibor 对债券类产品定价的指导性不断增强。2010 年第一季度，一级市场共发行固定利率企业债 40 只，发行总量为 892 亿元，全部参照 Shibor 定价；发行参照 Shibor 定价的固定利率短期融资券 584 亿元，约占固定利率短期融资券发行总量的 37%。此外，发行以 Shibor 为基准的浮动利率债券 5 只，发行总量为 34 亿元，其中企业债 1 只，短期融资券 4 只。

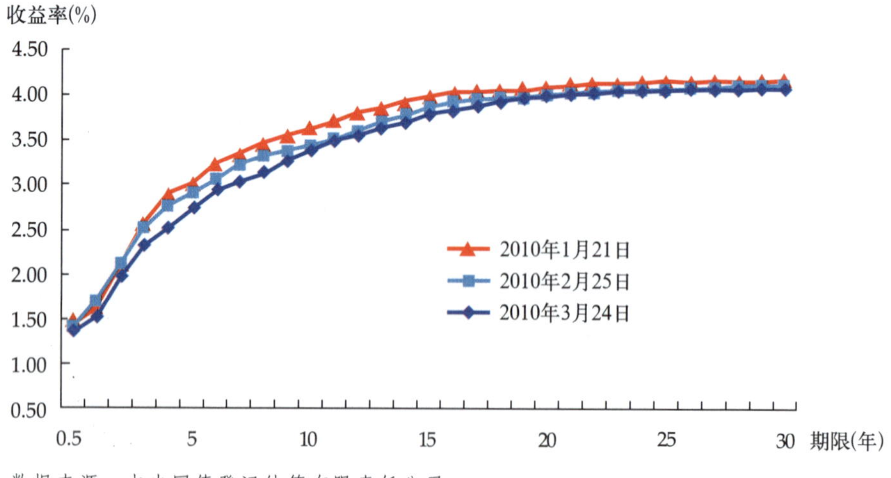

数据来源：中央国债登记结算有限责任公司。

图2　2010年第一季度银行间市场国债收益率曲线变化情况

表7　2010年第一季度主要债券发行情况

债券品种	发行额(亿元)	同比增长(%)
国债	2 300	105.5
政策性银行债	2 789	152.9
银行次级债、混合资本债	332	-32.3
银行普通债	0	—
企业债券[①]	3 862	18.5
其中：短期融资券	1 621	75.2
中期票据	1 149	-31.2
公司债券	70	—

注：①包括企业债、短期融资券、中期票据和公司债券。
数据来源：中国人民银行。

（三）票据融资持续下降

票据承兑业务平稳发展，贴现业务持续下降，票据利率处于较高水平。第一季度，企业累计签发商业汇票2.8万亿元，同比下降6.9%；累计贴现6.2万亿元，同比下降0.3%。3月末，商业汇票未到期金额为4.4万亿元，同比下降1.5%；贴现余额为1.8万亿元，同比下降48.3%。2010年以来，票据融资余额持续下降，3月末比年初下降6 243亿元，期末占各项贷款的比重为4.1%，同比下降近6个百分点。2010年以来，票据利率随货币市场利率逐步上升，并在相对高位运行。

（四）股票市场有所走低，融资量大幅增加

股票市场交投活跃。2010年第一季度，受经济较快增长、市场流动性较为充裕以及外围股票市场活跃等因素影响，股票市场交投活跃，沪、深股市累计成交11.6万亿元，同比增加2.3万亿元；日均成交2 006亿元，同比增长23.1%。3月末的市场流通市值为15.7万亿元，比2009年年末增长3.5%。

股票指数有所下跌。继上年股市大幅上涨后，2010年第一季度上证综合指数在2 900～3 300点之间震荡。3月末，上证综指、深证成指分别收于3 109点和12 494点，比上年年末分别下跌5.1%和8.8%。沪、深两市A股平均市盈率分别为28倍和41倍，比上年年末减少1倍和6倍。

股票市场融资量大幅增加。第一季度，非金融企业及金融机构在境内外股票市场上通过发行、增发、配股、行权以及可转债累计筹资1 919亿元，同比增加1 624亿元，增长550.8%。其中，A股发行和配股融资1 814亿元，同比多融资1 549亿元，增长585.5%。

（五）保险业总资产保持较快增长

保费收入增长明显上升。2010年第一季度，保险业累计实现保费收入4 541亿元，同比增长38.6%，增幅同比上升28.6个百分点。其中人身险收入增长38.7%，增幅同比上升29.2个百分点；财产险收入增长38.4%，增幅同比上升26.4个百分点。保险业累计赔款、给付732亿元，同比少支出91亿元。

保险业总资产保持较快增长。2010年以来，保险公司对投资类资产的配置力度有所加大，占总资产的比重同比上升2.5个百分点。3月末，保险总资产为4.3万亿元，同比增长21.2%。其中，投资类资产增长26.0%，增幅同比上升13.4个百分点；银行存款增长15.9%，增幅同比下降29.0个百分点。

表8　2010年3月末主要保险资金运用余额及占比情况表

	余额(亿元人民币)		占资产总额比重(%)	
	2010年3月末	2009年3月末	2010年3月末	2009年3月末
资产总额	42 929.4	35 434.7	100.0	100.0
其中：银行存款	11 594.7	10 004.7	27.0	28.2
投资	27 943.3	22 178.5	65.1	62.6

数据来源：中国保险监督管理委员会。

（六）外汇市场交易活跃

外汇即期市场运行平稳，掉期交易量持续上升，远期交易量大幅增加。第一季度，人民币外币即期交易继续保持稳定增长，询价仍然是市场的主要交易方式。人民币外汇掉期市场累计成交2 850亿美元，日均成交量同比增长165.9%。其中主要交易品种为隔夜人民币对美元外汇掉期交易，占掉期总成交量的60%，同比上升3.7个百分点，交易短期化趋势进一步增强。人民币外汇远期市场累计成交30亿美元，日均成交量同比增长71.6%。八种"外币对"累计成交折合125亿美元，日均成交量同比增长25.8%，成交品种主要为美元/港元和欧元/美元，合计成交量占全部成交量的64.5%。

（七）黄金市场运行基本平稳

2010年第一季度，上海黄金交易所黄金市场运行基本平稳，黄金累计成交1 437.7吨，同比增长36.0%；成交金额为3 519.7亿元，同比增长65.8%。白银累计成交6 848.2吨，同比增长386.2%；成交金额为272.4亿元，同比增长581.2%。铂金累计成交13.1吨，同比下降13.4%；成交金额为46.6亿元，同比增长28.4%。

2010年第一季度，上海黄金交易所黄金价格走势与国际市场黄金价格走势保持一致。1月下旬至2月上旬，金价呈下跌趋势，随后企稳。国内金价持续高于国际金价，价差大幅增加。黄金最高价为每克255.10元，最低价为每克233.10元。3月末，黄金价格为每克244.40元，比年初上涨1.34%。

二、金融市场制度性建设

（一）完善证券市场基础性制度建设

融资融券交易试点正式启动。3月31日，上海证券交易所、深圳证券交易所开通融资融券交易系统，开始接受试点会员融资融券交易申报，标志着融资融券交易试点正式启动。作为我国资本市场一项重要的基础性制度建设，融资融券交易的推出对于完善我国资本市场的价格形成机制、提高市场流动性具有积极的作用。

股指期货正式启动。经国务院批准，股指期货于4月8日正式启动，首批沪深300股票指数期货合约4月16日起在中国金融期货交易所上市交易。为适应我国资本市场"新兴加转轨"的阶段性特征，下一阶段仍需继续探索和完善股指期货各项制度安排，夯实金融期货市场功能发挥和健康发展的制度基础。

期货投资者保护长效机制进一步完善。3月15日，中国证券监督管理委员会发布《关于期货交易所、期货公司缴纳期货投资者保障基金有关事项的规定》，进一步明确期货交易所、期货公司缴纳期货投资者保障基金的有关事项。期货投资者保障基金筹集机制的进一步完善，有利于壮大期货投资者保障基金规模，对于进一步提高期货机构合规意识、强化行业优胜劣汰机制、切实保护投资者合法权益具有重要意义。

（二）完善保险市场基础性制度建设

为加强和完善对保险公司董事、监事和高级管理人员的管理，中国保险监督管理委员会（以下简称保监会）于1月发布《保险公司董事、监事和高级管理人员任职资格管理规定》，提高了董事、监事和高级管理人员的任职资格条件，明确了任职资格核准等内容，有利于完善保险公司治理结构。

《财产保险公司保险条款和保险费率管理办法》和《人身保险业务基本服务规定》于2010年2月相继出台，分别对财产险公司的保险条款和保险费率审批备案制度、条款费率执行等进行了完善，并对人身保险业务中的电话服务、理赔服务等环节加以明确，有利于规范财产险市场秩序，解决人身保险市场理赔难、销售误导等问题。

目前，我国保险业共有8家保险集团（控股）公司，其合并总资产、净资产和保费收入均占行业总规模的四分之三强，对行业发展起着主导作用。为加强保险集团公司监管，保监会在3月发布了《保险集团公司管理办法（试行）》，对保险集团公司的准入条件、经营范围、公司治理、资本管理以及信息披露等作出规定。

第四部分 宏观经济分析

一、世界经济金融形势

2010年第一季度，世界经济呈现全面复苏的态势，但是各经济体、地区间复苏的速度不一。新兴市场经济体增长较快，美国也出现了明显的增长，欧元区和日本则相对滞后，特别是东欧和南欧地区不容乐观。当前世界经济面临的主要风险包括：主权债务风险上升、贸易保护主义抬头、经济复苏速度不一致导致各国刺激政策退出不同步、局部地区资产价格增长过快等。展望未来，世界经济总体有望进一步向好发展，主要经济体在消费、投资和出口等方面继续改善，全球经济“二次探底”的风险降低。

（一）主要经济体经济状况

美国大部分经济指标都已上行，但复苏基础有待进一步稳固。2010年第一季度GDP增长率经季节调整后折年率初值为3.2%，连续第三个季度出现正增长，但经济完全复原且实现充分就业还需更多时间，相对脆弱的经济复苏仍依赖政府支持。2010年1～3月，经季节调整后的失业率均为9.7%，比2009年12月下降0.3个百分点，仍处于高位。进出口总量逐步恢复，贸易赤字小幅增加，2010年1～2月，美国进口总额为3 627.2亿美元，出口总额为2 860.6亿美元，累计对外贸易赤字为766.6亿美元，较上年同期的634.1亿美元上升132.5亿美元。财政赤字有所减少，但是前景不容乐观。1～3月的财政赤字分别为426亿美元、2 209亿美元、654亿美元，累计较上年同期减少29.8%。根据奥巴马总统2月1日提交的预算报告，2010财年美国赤字达1.56万亿美元，2011财年的预算支出高达创纪录的3.83万亿美元。价格水平出现回稳迹象，2010年1～3月份，CPI经季节调整后同比涨幅分别为2.7%、2.2%、2.4%，环比涨幅分别为0.2%、0、0.1%。信贷紧缩情况依然明显，但降速有所放缓。2010年1～3月，银行信贷经季节调整后环比折年率分别下降8.5%、7.3%、5.1%，降幅逐步收窄。

欧元区经济继续复苏，但势头有所放缓。受希腊、葡萄牙、爱尔兰等国债务危机的拖累，以及经济刺激政策效应逐步消退的影响，2009年第四季度GDP增长经季节调整折年率为0，明显低于第三季度的1.7%。就业形势依然严峻，2010年1～3月，经季节调整后失业率分别达9.9%、10%、10%，较2009年第四季度有所上升。对外贸易增长缓慢，2010年1～2月，进、出口经季节调整后同比分别增长3.4%和8.2%，贸易顺差为51.7亿欧元，而上年同期为逆差49.0亿欧元。公共领域债务和赤字问题也不容乐观，据欧盟委员会预计，2010年欧元区国家预算赤字占GDP比重为6.9%，比上年增加了0.5个百分点，全区仅有少数成员国符合赤字占GDP比率小于3%的标准。价格水平温和上涨，2010年1～3月HICP环比分别上涨-0.8%、0.3%、0.9%，同比上涨1.0%、0.9%和1.4%。

日本经济增长明显增强，但通缩压力依然存在。2009年第四季度，实际GDP增长率季节调整后环比折年率为3.8%，GDP平减指数较上年同期下降2.8%。就业情况有好转迹象，2010年1～3月失业率分别为4.9%、4.9%、5.0%，自2009年7月份以来出现明显下降。对外贸易持续回升，1～3月份进、出口同比分别上升19.5%和43.2%，贸易顺差为1.7394万亿日元，而上年同期为逆差8 329亿日元。政府预算赤字进一步扩大，2010财年预算支出92.3万亿日元，其中约有44.3万亿日元拟通过发行国债弥补。据财务省统计，包括地方政府在内的公债规模已占GDP的174%，并且未来有进一步扩大的趋势。私人消费需求依然疲弱，2010年2月，家庭消费额以实际价格计算同比下降0.5%。价格水平继续回落，1～3月份CPI同比降幅分别为1.3%、1.1%和1.1%。

新兴市场经济体复苏出现明显分化。亚洲新兴经济体随着内需和外需进一步改善，复苏势头明显。印度经济增速有所回升。俄罗斯经济增长仍不稳定，工业生产继续恢复，但零售额增长却明显放缓。拉丁美洲主要经济体财政稳定，国际收支平衡，复苏速度快于全球平均水平。1月份拉丁美洲经济气候指数①为5.6，为2007年7月份以来的最高水平。欧洲主权债务危机给欧洲新兴经济体增长蒙上了阴影。部分欧洲新兴经济体由于财政负担过重，金融系统脆弱，对外资吸引力下降，经济增长的不确定性加大。

（二）国际金融市场概况

2010年第一季度，主要货币间汇率窄幅波动。其中，欧元受惠誉突然下调葡萄牙主权债信评级、市场持续担忧欧洲国家的沉重债务负担影响，对美元一路走低。日元对美元走势可分两个阶段：前两个月，受日本经济表现强劲及公布经济指标优于预期影响，日元震荡上行；进入3月后，美、日利差扩大预期上升及投资者在复活节前解除日元多头等因素推动日元大幅走低。美元对发达国家货币大多升值，对新兴市场货币大多贬值，有效汇率整体变化不大。第一季度末，欧元兑美元汇率为1.3526美元/欧元，较2009年年末贬值5.6%；日元兑美元汇率为93.28日元/美元，较2009年年末贬值0.3%；美联储公布的美元广义名义贸易加权指数第一季度累计升值0.3%。

伦敦同业拆借市场美元Libor低位小幅波动。1年期美元Libor于2010年3月4日降至年内低点0.83%后开始缓慢回升， 3月31日，1年期美元Libor为0.92%，比年初下降0.06个百分点。欧元区同业拆借利率Euribor震荡下行，2010年3月31日，1年期Euribor为1.212%，比年初下降0.036个百分点。

随着全球经济逐步复苏，市场预期通胀水平将保持低位，美元和日元国债收益率窄幅波动。美元长期国债收益率先降后升，日元长期国债收益率小幅上扬。受希腊债务危机影响，避险需求上升，欧元长期国债收益率震荡下行。截至3月31日，美国、欧元区和日本的10年期国债收益率分别收于3.832%、3.095%和1.413%，较年初分别上升0.039个、下降0.286个和上升0.122个百分点。

全球主要股市先跌后升。2010年年初，受经济刺激政策退出预期以及欧洲主权债务危机的影响，全球主要股市大幅回调，随着经济复苏趋势日益明显以及主权债务危机逐渐平复，主要股市又开始了新一轮的上涨。截至3月31日，道琼斯工业平均指数、纳斯达克指数、欧元区STOXX50指数和日经225指数分别收于10 857点、2 398点、2 931点和11 090点，较年初分别上涨4.1%、5.7%、1.1%和5.2%。

①由巴西经济调查机构热图利奥·瓦尔加斯基金会公布。

专栏 2 套利交易

套利交易（Carry Trade）是指借入低息货币，将其兑换为其他高息或升值货币并投资于其资产市场，以期从中获利的交易行为。套利交易赚取的利润主要包括利差、汇率升值和资本增值。影响套利交易的因素主要有利率、汇率和风险偏好等。传统意义上的套利交易的融资货币一般为日元或瑞士法郎等低息货币。由于日本长期实行低利率政策，日本居民和家庭通过将日元兑换为其他高息货币，并大多投资于澳大利亚和新西兰等高息货币国家的国债市场，以赚取更高利息收入。此后，巨大的利差也开始吸引国际投资者加入，日元套利交易日益盛行。

本轮国际金融危机后，由于美元低利率政策等原因，美元也逐渐成为套利交易中的融资货币，并就在其中扮演重要角色。美国银行业统计显示，仅 2009 年上半年，美元套利交易就达 4 000 亿美元。由于美国的经济总量、货币地位、投资主体等与其他国家都不同，与传统的日元套利交易相比，美元套利交易的影响更加广泛。一是美元套利交易投资主体和领域更广。美元套利交易主要投资于高息货币、新兴市场、大宗商品市场三大领域，其主体也多为机构投资者。二是美元套利交易给各国货币政策的制定与实施带来复杂影响。由于套利资金持续流入，新兴市场国家货币政策的主动性和有效性面临挑战；同时，美元套利交易也导致资金未能有效流入美国实体经济部门，放大了美国货币政策溢出效应，不利于其经济复苏。三是美元套利交易增大全球通胀压力。套利交易资金流入大宗商品市场，使得大宗商品市场金融性交易比重越来越大，商品价格甚至在一定程度上脱离实际需求因素，增大了全球通胀压力。

普通的套利活动有利于平衡各国间利差，提高资本配置效率。但过度的套利交易可能对金融市场产生冲击，特别是大规模的套利交易平仓通常会引起全球资产价格剧烈波动，甚至引发区域性金融危机。虽然 1997 年亚洲爆发金融危机的原因较为复杂，但有学者认为，大规模的日元套利交易快速平仓可能也是原因之一。

美元套利交易发展较快，但同时金融市场上也不断出现美元套利交易平仓、资金回流美国的现象。未来美元利率趋势、汇率预期和风险偏好都可能出现方向性变化，美元套利交易的前景有较大不确定性。套利交易的发展及其平仓行为可能对全球经济和金融市场运行产生重大影响，需要密切关注。

（三）主要经济体房地产市场走势

美国房地产市场继续疲弱。2010 年 2 月，美国全国房价指数环比下降 0.58%。2010 年 2 月，新房开工数量为 57.5 万户，同比增长 0.17%，新房销售数量为 30.8 万户，同比下降 13%，降幅有所放缓。

欧洲房地产复苏乏力。2010 年第一季度以来，英国房地产价格涨势放缓，1～3 月，Halifax 房价指数经季节调整后的环比涨幅分别为 0.42%、-1.64% 和 1.09%。3 月份法国新屋开工数量为 33 457 户，已连续两个月出现回升。2009 年 12 月以来，德国发放的建筑许可总额持续减少。由于主权债务危机威胁依然存在，失业率高企，预计欧洲房地产业短期内将继续承压。

日本房地产业仍然保持低迷。金融危机以来，由于需求下降，经济陷入通货紧缩，房地产市场持续下滑，1～2月，房屋新开工数环比分别下跌6.3%和13.0%，3月份有所好转，上涨15.0%。由于写字楼空置率上升，租金下降，地价回升受到压制。根据日本国土交通省调查显示，2009年日本地价下跌4.6%，其中商业用地价格下跌6.1%，住宅用地价格下跌4.2%，但跌速已有所放缓。

（四）主要经济体货币政策

各主要经济体中央银行非常规数量宽松政策开始步入“退出”轨道，但步调不一，资产负债表规模仍远大于危机前水平。尽管全球经济复苏迹象日益明显，但受到劳动力市场疲弱、收入增长缓慢、信贷条件较紧等因素的制约，经济增长势头尚需进一步稳固。为了促进经济增长，2010年第一季度，美联储、欧洲中央银行以及日本中央银行继续维持各自0～0.25%、1%和0.1%的基准利率水平。但为了管理通胀预期，除日本银行外，美联储、欧洲中央银行已逐步开始退出超宽松的货币政策。2月18日，美联储宣布将贴现率提高至0.75%，这是美联储自2008年12月以来首次上调利率。3月8日，纽约联储开始采取一项旨在增加参加逆回购交易对手数量的计划，来吸收美国银行体系中大量过剩的流动性。3月31日，美联储结束了所有的特别流动性工具，仅保留了一项由新发售的商业抵押贷款支持证券担保的贷款工具。由于市场情况已改善，2月1日，欧洲中央银行与英格兰银行、日本银行及瑞士银行一起，结束与美联储之间的临时美元互换安排。3月4日，欧洲中央银行宣布部分取消危机期间推出的紧急贷款措施，但仍保留了对银行的资金缓冲措施。2月4日，英格兰银行也暂停2 000亿英镑的资产购买计划，为11个月以来首次。受通货紧缩的困扰，日本银行则多次重申保持超宽松货币政策的重要性，并表示将不惜一切代价防止经济持续疲软。

与主要发达经济体不同，澳大利亚及部分复苏趋势强劲的新兴经济体则明显加快了退出宽松货币政策的步伐。3月2日、4月6日和5月4日澳大利亚储备银行三次提高基准利率各25个基点。自2009年10月以来，澳大利亚储备银行已连续五次上调政策利率，目前基准利率为4.5%。1月29日，印度储备银行将存款准备金率提高75个基点至5.75%；3月19日，印度储备银行又将基准逆回购利率和回购利率分别上调25个基点至5%和3.5%。3月4日，马来西亚也宣布上调隔夜政策利率25个基点至2.25%，成为2010年以来亚洲首个上调政策利率的经济体。4月14日，新加坡金融管理局（MAS）宣布，在保持新元汇率区间不变的同时上调区间中点，结束2008年10月以来新元“水平运行”的政策，转向“温和渐进升值”，此举可能意味着危机后新加坡收紧货币政策的开始。

（五）国际经济形势展望

国际货币基金组织4月预测，在经历了全球性衰退之后，世界经济复苏好于预期，但各经济体的复苏速度不尽相同。预计2010年的全球经济增长率为4.25%，比上年10月预测上调了1个百分点，与2010年1月份的预测持平。其中，美国、欧元区、日本和新兴市场与发展中经济体的经济增长率分别为2.3%、1.0%、1.9%和6.3%，比2009年实际增长率分别高5.5个、5.1个、7.1个和3.9个百分点。国际货币基金组织预计，由于产能利用率仍保持较低水平以及各经济体对通胀预期的管理，2010年全球通货膨胀整体可控但各国情况有所不同。对于发达经济体，通胀预期保持平稳，价格下跌空间有限，总体通胀率将从2009年的0.1%上升到2010年的1.5%。而新兴市场和发展中经济体因复苏步伐相对较快，且面临资本持续流入的压力，预计2010年通货膨胀率将升至6.2%。

展望未来，由于全球主权债务危机尚未得到有效遏制，部分经济体财政赤字严重，主要经济体失业率居高不下，危机损失尚未完全暴露以及全球对"退出"政策预期的影响，全球经济复苏过程可能出现反复。国际社会应加强沟通和协调，共同反对各种形式的贸易、投资保护主义，更为坚定地推动经济全球化进程。

专栏3 欧洲主权债务危机

受金融危机影响，欧洲部分经济体财政支出扩大，税收减少，财务状况持续恶化，这引发了市场对于主权债务违约的担忧，导致全球股市、汇市、债市以及大宗商品市场出现大幅波动，从而给全球经济复苏蒙上了阴影。

2009年1月，由于经济衰退、财政状况恶化，希腊、葡萄牙及西班牙的信用评级相继被降低，从而引起了市场对欧洲主权债务偿还能力的担忧。2009年10月，希腊政府宣布2009年政府赤字和公共债务占国内生产总值的比重将达到12.7%和113.0%，则再次加大了市场对于欧洲主权债务危机的恐慌。2009年12月，惠誉、标准普尔和穆迪三大评级公司再次调低了希腊、葡萄牙以及西班牙的主权信用评级。欧盟的葡萄牙、爱尔兰、意大利、希腊、西班牙等国（PIIGS）还被评为欧洲主权债务风险最大的五个国家。

2010年2月底，在各方迟迟未能拿出解决希腊主权债务危机方案的情况下，标准普尔与穆迪几乎同时宣称，未来几个月可能会再次下调希腊的主权信用评级。4月9日，惠誉宣布将希腊主权信用评级降至BBB-，这使得希腊政府更难以从金融市场中获得资金。4月27日，标准普尔再次将希腊的长期国债信用评级降至BB+（垃圾级），并将葡萄牙长期信用评级下调至A-。金融市场对于欧元以及欧元区经济的信心进一步受到重挫。4月29日，标准普尔将西班牙长期主权信用评级由AA+调至AA。欧洲主权债务危机出现进一步扩大的趋势。

5月2日，在经历了多轮艰苦复杂的谈判之后，欧盟与国际货币基金组织就援助希腊债务危机方案达成一致，双方决定在未来三年向希腊政府提供总额为1 100亿欧元的贷款，其中欧元区国家出资800亿欧元，国际货币基金组织出资300亿美元。5月3日，欧洲中央银行也向希腊采取了援助措施，决定暂时无限期地取消希腊政府借贷的信用评级"门槛"。受此影响，金融市场出现企稳迹象。然而由于欧盟的救援计划还需要各国经过立法程序加以确认，救援所附加的条件也很可能引起各方势力的反弹，因此它并未能完全平息投资者对于欧元区前景的担心。投资者对于欧元区经济的信心依然脆弱，欧元对美元汇率目前已接近一年以来最低点。

此次欧洲主权债务危机首先是因部分成员国过度负债而造成的。这些成员国未能重视财政赤字扩大的风险，过度发债，最终造成了被动的局面。但从更深层次来看，这也与欧盟缺乏对各国财政政策的有效约束有关。欧元区有的成员国大幅举债，超出了《稳定与增长公约》的规定，从而导致上述问题。此次欧洲主权债务危机也与西方国家政府支出过度膨胀有关。欧洲中央银行行长特里谢认为，希腊目前遇到的经济问题在其他发达国家也很普遍。如果部分发达国家不能切实有效地缩减开支，增加收入，不排除主权债务危机在全球范围内扩散。

欧洲主权债务危机直接影响了欧元区经济的增长，给全球经济复苏带来了较大的不确定性。它造成全球股市、汇市和债市的大幅波动，尤其是在当前市场相对脆弱的时期，还可能引发连锁反应，产生系统性风险，因此，其未来走势值得进一步关注。

二、我国宏观经济运行分析

2010年第一季度，中国经济开局良好，回升向好势头更加巩固。内需保持较快增长，对外贸易加快恢复，工业生产快速回升，消费增长较快，固定资产投资增幅有所回落，价格总水平基本稳定。第一季度，实现国内生产总值(GDP) 8.06万亿元，同比增长11.9%，增速比上年同期高5.7个百分点；居民消费价格指数(CPI)同比上涨2.2%，比上年同期高2.8个百分点；贸易顺差144.9亿美元，比上年同期减少477.7亿美元。

（一）名义消费增速加快，投资增速有所回落，对外贸易加快恢复

城乡居民收入继续增长，国内消费需求保持稳定。第一季度，城镇居民人均可支配收入为5 308元，同比增长9.8%，扣除价格因素，实际增长7.5%；农村居民人均现金收入为1 814元，增长11.8%，扣除价格因素，实际增长9.2%。第一季度，城镇居民人均消费性支出3 475元，同比实际增长8.7%，比上年同期低0.9个百分点。第一季度，社会消费品零售总额3.64万亿元，同比增长17.9%，比上年同期高2.9个百分点；扣除价格因素影响，实际消费增长15.4%，比上年同期低0.5个百分点，实际增速和名义增速的差距反映了近几个月价格上涨的影响。分城乡看①，城镇消费增速快于乡村，但3月份差距有所缩小。第一季度，城镇消费品零售额3.06万亿元，增长18.4%，实际增长16.1%；乡村消费品零售额0.58万亿元，增长15.4%，实际增长12.5%。

固定资产投资增速有所放缓，第三产业投资增速较高。第一季度，全社会固定资产投资3.53万亿元，同比增长25.6%，增速比上年同期回落3.2个百分点，扣除价格因素后，实际增长23.3%。分城乡看，城镇固定资产投资完成2.98万亿元，同比增长26.4%，增速同比回落2.2个百分点；农村固定资产投资完成0.55万亿元，同比增长21.0%，增速比上年同期回落8.4个百分点。在城镇固定资产投资中，分地区看，东、中、西部地区城镇投资分别增长24.4%、26.2%和30.0%，西部投资增速明显快于中部和东部；分产业看，三次产业投资分别增长9.7%、22.4%和30.0%，第三产业投资增速明显高于第一、第二产业。第一季度，城镇施工项目计划总投资27.96万亿元，同比增长30.4%，施工项目153 662个，同比增

①根据统计局2009年10月开始进行的城乡划分清查工作和贸易统计改革方案，社会消费品零售总额从2010年1月开始采用新的分组，即按经营地分为城镇（含城区和镇区）和乡村，原按地区划分为市、县及县以下的分组方法不再继续使用。由于两种划分方法之间没有严格对应关系，2010年城乡消费总量、结构数据与历史数据不可比。

加24 557个。

对外贸易加快恢复，贸易顺差大幅收窄。第一季度，进出口总额6 178.5亿美元，同比增长44.1%，增速同比加快69.0个百分点。其中出口3 161.7亿美元，同比增长28.7%，增速同比提高48.4个百分点；进口3 016.8亿美元，同比增长64.6%，增速同比提高95.5个百分点；实现顺差144.9亿美元，比上年同期减少477.7亿美元。由于进口价格上涨较快及内需强劲等因素的综合影响，3月份对外贸易出现逆差72.4亿美元，这是2004年5月以来第一次出现贸易逆差。出口产品结构改善推动外贸持续复苏。机电、高新技术产品出口增长较快，第一季度分别增长31.5%和39.1%，均快于同期出口增速。进口方面，资源类大宗商品进口额急剧增加推动进口快速上涨。第一季度，铁矿砂、原油及成品油、初级形状塑料、钢材、氧化铝及原铝、原铜和大豆合计进口758.7亿美元，占进口总额的25.1%，同比增长84.1%，远高于同期机电产品和高新技术产品进口增速。第一季度，实际使用外资金额234.4亿美元，增长7.7%，比上年同期加快28.2个百分点。

（二）农业生产稳定发展，工业生产快速回升

第二产业增速大幅提升。第一季度，第一产业增加值为5 139亿元，增长3.8%，增速比上年加快0.3个百分点；第二产业增加值为39 072亿元，增长14.5%，加快9.1个百分点；第三产业增加值为36 366亿元，增长10.2%，加快2.8个百分点。第一、第二、第三产业占GDP比重分别为6.4%、48.5%和45.1%。

农业生产总体基本稳定，粮食播种面积继续增加。预计全年粮食播种面积为10 946万公顷，比上年增加47万公顷。第一季度，猪牛羊禽肉产量为2 104万吨，同比增长4.7%，其中猪肉产量为1 427万吨，增长5.2%。第一季度，全国农产品生产价格（指农产品生产者直接出售其产品时的价格）同比上涨6.7%，涨幅比上年同期高12.6个百分点，比第一季度农业生产资料价格指数高6.4个百分点，有利于农民增收。

工业生产快速回升，企业效益大幅增加。第一季度，全国规模以上工业增加值同比增长19.6%，比上年同期和上个季度分别提高14.5个和1.6个百分点；工业产销衔接状况良好，工业产品产销率为97.5%，比上年同期水平高0.5个百分点。随着国内经济快速回暖，外部需求复苏，企业利润大幅增长。全国24个地区[①]的统计数据显示，第一季度，24个地区工业实现利润6 908亿元，同比增长102.6%。在39个工业大类中，38个行业利润同比增长。第一季度中国人民银行5 000户工业企业调查显示，企业总体经营指数为62.9%，比上个季度提高2.2个百分点，连续四个季度出现上升，略低于危机前水平2.4个百分点；企业盈利状况持续向好，盈利指数已连续四个季度回升，与危机前基本持平。

（三）居民消费价格继续回升，生产价格上涨较快

居民消费价格继续回升。第一季度各月，CPI分别同比上涨1.5%、2.7%和2.4%，平均为2.2%，比上年同期高2.8个百分点。从食品和非食品分类看，食品价格上涨5.1%，拉动CPI上涨1.7个百分点；非食品价格上涨0.8%，拉动CPI上涨0.5个百分点。从环比角度看，第一季度1～2月，CPI分别环比上涨0.6%和1.2%，经季节调整后环比正增长，3月份，环

① 指除内蒙古、湖南、广东、海南、重庆、云南、西藏以外的24个地区的规模以上工业企业，主营业务收入占82%，利润总额占84%。

比下降0.7%，主要与春节后食品价格下降有关，剔除季节因素后，第一季度环比CPI仍保持正增长。从基期因素和新涨价因素看，新涨价因素影响大于基期因素。第一季度，基期因素平均为1.0%；新涨价因素平均为1.2%。

生产价格上涨较快。第一季度，工业品出厂价格同比上涨5.2%，比上年同期高9.8个百分点，各月同比涨幅分别为4.3%、5.4%和5.9%。原材料、燃料、动力购进价格同比上涨9.9%，比上年同期高17.0个百分点，各月涨幅分别为8.0%、10.3%和11.5%。农业生产资料价格同比上涨0.3%，比上年同期低5.5个百分点，各月涨幅分别为-0.4%、0.3%和0.9%。中国人民银行监测的企业商品价格指数（CGPI）第一季度上涨5.3%，比上年同期提高10.9个百分点。CGPI中投资品和消费品价格分别上涨5.9%和3.8%。当前引起CGPI上涨的主要是初级产品涨幅过大。按商品基本分类看，第一季度，CGPI中农产品、矿产品和煤油电价格同比分别上涨9.1%、14.6%和17.6%。

进口价格大幅上涨。第一季度，进口价格各月同比涨幅分别为13.5%、15.6%和17.6%，平均为15.6%，涨幅比上年同期提高31.2个百分点；出口价格各月同比涨幅分别为-5.3%、-5.5%和1.4%，平均为-3.1%，降幅比上年同期扩大1.2个百分点。进口价格同比涨幅快速扩大主要是受国际大宗商品价格持续上涨的影响。第一季度，纽约商品交易所原油期货当季平均价格环比上涨3.6%，同比上涨82.2%。布伦特原油现货当季平均价格环比上涨2.3%，同比上涨71.1%。伦敦金属交易所铜和铝现货当季平均价格分别比上季度上涨8.9%和8.1%，比上年同期上涨110.6%和59.2%。

劳动报酬增长有所加快。第一季度，全国城镇单位在岗职工月平均工资2 754元，同比增长13.1%，比上年同期高0.3个百分点。其中，城镇国有经济单位为2 928元，增长13.0%；城镇集体经济单位为1 708元，增长14.3%；城镇其他经济类型单位为2 666元，增长13.2%。

GDP缩减指数回升较快。第一季度，我国GDP为80 577亿元，实际增长11.9%，GDP缩减指数（按当年价格计算的GDP与按不变价格计算的GDP的比率）变动率为4.8%，比上年同期提高7.3个百分点，比上年提高6.6个百分点。

资源性产品价格改革稳步推进。国家发展和改革委员会根据现行成品油价格形成机制，结合近一段时间国际市场油价变化情况，决定自4月14日起，将汽、柴油价格每吨均提高320元。未来应在充分考虑社会各方面承受能力的情况下，继续推进电力、天然气、水等资源性产品价格改革和环保收费制度改革，完善污染者付费制度，更大程度地发挥市场在资源配置中的基础性作用，增加资源供给和抑制不合理需求，促进经济结构优化和发展方式转变。

专栏4　通货膨胀预期管理

通货膨胀预期是社会公众对未来通货膨胀变动方向和幅度的事前主观估计。通货膨胀预期会从需求和供给两方面推动包括资产价格在内的广义通货膨胀水平。从需求方面看，通货膨胀预期会降低社会公众的货币需求意愿相应增加资产和商品需求，从而推高资产和商品价格。从供给方面看，通货膨胀预期会提升工资成本的上升预期，厂商也可能因预期生产成本上升而提高出厂价格。通货膨胀预期对各类价格实际变动的影响存在差异。一般来说，相对于生产率较高的工业制成品部门，生产效率较低、劳动密集的农业、服务业的价格变化受通胀预期的影响更大；相对于一般消费品市场，资产市场具有更强的流动性和货币替代功能，其价格变化受通胀预期的影响更大。

世界各国都非常重视通胀预期的管理，目前主要采取以下方法，一是实行通胀目标制，增强社会公众对货币政策控制通胀的信心。二是中央银行加强与公众沟通，提高货币政策透明度，引导公众预期。三是必要时对一些基础性生产要素价格进行限制，如保证工资增长率不超过劳动生产率的增速，避免出现物价—工资螺旋上升式的通货膨胀。

2009年以来，国内通胀预期逐步显现。中国人民银行城镇储户问卷调查的未来物价预期指数自2009年第一季度以来持续上升，2010年第一季度虽有所回落，但仍维持较高水平。通胀预期有所显现的主要原因，一是世界主要经济体为应对危机普遍实施了超宽松的货币政策，全球货币环境宽松特别是美元等主要货币利率超低推动了全球的通胀预期，表现为国际初级产品价格大幅反弹；二是从国内来看，2009年以来，为应对国际金融危机，信贷总量快速增长，一定程度上推动了社会公众对未来价格水平上涨的预期；三是虽然CPI、PPI等价格总水平指标的变化相对平稳，但部分初级产品、服务价格以及房价等资产价格明显上涨；四是近期极端天气、重大灾害也引发了未来农产品价格的上涨预期。

我国正处于改革转轨阶段，转变经济发展方式和推动经济结构调整的任务十分艰巨，包括重要资源产品在内的一些生产要素价格形成机制也有待进一步理顺，通货膨胀预期的形成因素较发达经济体更为复杂也有所不同，在管理通胀预期时，既要借鉴国外经验，也要从国情出发有针对性地加以管理。一是做好与公众的沟通和引导工作，增强社会公众对稳定价格的信心。明确宣示保持价格稳定是政府的重要政策目标，政府通过采取必要措施能够使价格保持基本稳定。对具体可能影响价格的因素，要向公众解释说明。如阐明能源资源价格形成机制改革主要是为了理顺价格关系，促进资源节约利用和节能减排，为发展生产力、提高人民群众生活水平创造良好的价格环境，并不意味整体价格的上涨。二是通过适当的政策操作切实管理好流动性和货币信贷总量，发挥货币政策工具在管理通货膨胀预期中的作用。三是针对我国食品消费比重较高，食品价格对消费价格总水平影响较大的实际，采取综合措施增加国内农产品供给，保持国内农产品价格的基本稳定。四是针对我国资产市场相对不成熟以及居民对金融资产需求逐渐增加的特点，采取综合措施加强宏观审慎管理，将金融杠杆率保持在一个合理、审慎水平，防止房地产等资产价格过快上涨而强化一般消费价格上涨的预期。五是针对我国投资率较高、资源消耗比重大、上游价格易受国际初级产品变化冲击的特点，继续积极稳妥地推进水、电、油、气等资源类产品价格改革，同时，建立健全对低收入群体的利益保障机制，积极采取社会保障、财政补贴等措施，缓解改革对困难群众实际生活水平的影响。

（四）财政收入大幅增长

受经济回升向好带动和同比基数较低等因素影响，第一季度财政收入（不含债务收入）大幅提高，第一季度全国财政收入为19 627.1亿元，同比增长34.0%，增幅较上年同期大幅提高42.3个百分点；全国财政支出为14 330.0亿元，同比增长11.9%，增幅较上年同期下降22.9个百分点。收支相抵，收入大于支出5 297.1亿元，比上年同期增加3 466.0亿元。

第一季度，税收收入同比增长35.9%，增速比上年同期高46.2个百分点。其中，国内增值税同比增长11.3%，营业税同比增长41.2%，国内消费税同比增长69.4%，分别比上年同期高13.7个、42.7个和30.9个百分点。受企业经济效益好转影响，企业所得税同比增长16.1%，比上年同期高32.8个百分点。从支出结构看，在各项支出中，位居前三位的分别是教育(2 164.9亿元，占15.1%)，社会保障和就业(1 960.0亿元，占13.7%)，一般公共服务支出(1 696.4亿元，占11.8%)。从增速看，第一季度，除科学技术支出同比增长66.6%高于上年同期外，其他各项支出增速同比均有减缓，其中，政府一般公共服务支出同比增长11.5%，教育支出同比增长17.1%，医疗卫生支出同比增长6.5%，社会保障支出同比增长9.1%，环境保护支出同比下降21.1%。

（五）国际收支继续保持顺差

第一季度，我国外汇净流入继续呈现上升趋势，外汇储备继续增长，外汇供过于求压力进一步加大。第一季度，结售汇顺差同比增长117%，2009年同期为下降73%。3月末，外汇储备余额为2.45万亿美元，较2009年年末增加479亿美元。未来，虽然主要经济体重新陷入衰退的可能性不大，但是金融领域风险尚未完全消除，全球经济复苏之路难以一帆风顺，国际资本跨境流动可能出现较大波动。受此影响，未来一段时期，我国国际收支仍将面对复杂的国际环境，外汇净流入趋势仍将持续。

外债规模总体上升。截至2009年年末，我国外债余额为4 286.5亿美元，比上年年末增加539.9亿美元，增长14.4%。其中，登记外债余额为2 669.5亿美元，比上年年末增加63.9亿美元，增长2.5%，占外债余额的62.3%；短期外债余额为2 592.6亿美元，比上年年末增加484.7亿美元，增长23.0%，占外债余额的60.5%。

（六）行业分析

工业生产快速回升，工业利润增幅较高。1～2月，全国规模以上工业企业实现利润4 867.4亿元，同比增长119.7%，增速快速回升。对利润增长贡献较大的行业大多为重化工业和交通运输产品行业，利润增长相对不高的行业大多为轻工业和原材料价格波动较大的行业。在39个工业大类中，35个行业利润同比增长，2个行业由亏转盈，一个行业亏损额减少。其中，电力行业利润同比增长17.8倍，交通运输设备制造业增长2.7倍，化纤行业增长86.1倍，化工行业增长1.7倍，石油和天然气开采业增长3.5倍，电子通信设备制造业增长5.6倍，钢铁行业由上年同期亏损7.2亿元转为盈利176.7亿元，有色金属冶炼及压延加工业由亏损16.3亿元转为增长140.7亿元。煤、电、油、运供求基本稳定。第一季度，原煤产量7.5亿吨，同比增长28.1%；发电量9 489亿千瓦时，同比增长20.8%；原油产量4 819万吨，同比增长4.6%；全社会货运量71.4亿吨，同比增长16.5%。

1. 房地产行业

2010年第一季度，全国商品房销售面积和销售额继续增长，房屋销售价格上涨较快，房地产开发投资增幅较大。商业性房地产贷款增长较快，3月末，增速略有减缓。

房地产开发投资增幅较大，土地购置和房屋新开工面积增长较多。2010年第一季度，全国完成房地产开发投资6 594亿元，同比增长35.1%，增幅比上年同期高31个百分点，比上年全年水平高19个百分点。其中，商品住宅完成投资4 552亿元，占房地产开发投资总量的69.0%，同比增长33.0%，较上年全年增速高18.8个百分点。第一季度，全国房地产开发企业购置土地面积6 166万平方米，同比增长30.0%，上年全年水平则为下降18.9%；房屋新开工面积为3.23亿平方米，同比增长60.8%，比上年全年增速高48.3个百分点。

商品房销售面积和销售额继续增长，增幅低于上年全年水平。2010年第一季度，全国商品房累计销售面积为1.54亿平方米，同比增长35.8%，增速比上年同期高27.6个百分点，但比上年全年增速低6.3个百分点。全国商品房累计销售额为7 977亿元，同比增长57.7%，比上年同期高34.6个百分点，但比上年全年增速低17.8个百分点。

房屋销售价格上涨较快。2010年3月份，全国70个大中城市房屋销售价格同比上涨11.7%，为历史的最高水平；环比上涨1.1%，较1月份回落0.2个百分点，较2月份高0.2个百分点。其中，新建商品住宅销售价格同比上涨15.9%，海口（64.8%）、三亚（57.5%）、温州（22.3%）、金华（20.9%）和广州（20.3%）为涨幅最大的五个城市；二手住宅销售价格同比上涨9.5%，三亚（50.4%）、海口（40.4%）、深圳（23.9%）、温州（18.6%）和银川（16.2%）为涨幅最大的五个城市。

商业性房地产贷款增速略有减缓，但仍然较快。截至2010年3月末，主要金融机构商业性房地产贷款余额为8.18万亿元，同比增长44.3%，增速比上月末低0.6个百分点，比上年年末高6.2个百分点。其中，地产开发贷款增速持续回落，3月末，地产开发贷款余额为7 453亿元，同比增长80.2%，比上年年末低24个百分点；房产开发贷款总体处于缓慢上升通道，3月末，房产开发贷款余额为2.10万亿元，同比增长19.6%，增速比上年年末高3.8个百分点，但较上月末低0.7个百分点；购房贷款增速继续提高，3月末，购房贷款余额为5.33万亿元，同比增长52.6%，比上年年末高10.1个百分点，其中新建房贷款和再交易房贷款增速分别达50.3%和91.6%。截至2010年3月末，房地产贷款余额占各项贷款余额的20.1%，比上年年末高0.9个百分点。

针对部分城市房价上涨过快的问题，2010年1月7日，国务院发布了《国务院办公厅关于促进房地产市场平稳健康发展的通知》，进一步加强和改善房地产市场调控，稳定市场预期，全国房地产市场整体上出现了一些积极变化。但近期部分城市房价、地价又出现过快上涨势头，投机性购房再度活跃，引起了国务院高度重视，2010年4月17日，国务院颁布《国务院关于坚决遏制部分城市房价过快上涨的通知》，要求各地区、各有关部门切实履行稳定房价和住房保障职责，坚决抑制不合理住房需求，增加住房有效供给，加快保障性安居工程建设，加强市场监管。

2. 水的生产与供应业

近期，我国西南地区发生严重旱灾，极大地影响了当地生产和人民生活。这种情况进一步凸显了水资源的重要性和合理利用水资源的必要性。随着人口增长和经济社会的快速发展，水资源短缺问题成为影响我国国民经济和社会发展的重要因素。2000年至2009年，我国可供利用的淡水资源人年均仅为900立方米，已成为世界严重缺水国家之一。目前全国每年缺水约400亿立方米，在655个城市中，已有400多个不同程度地缺水，其中又有110个城市严重缺水，农业平均每年因旱成灾面积约2.3亿亩左右。①

水的生产和供应事业是关系群众生产、生活的重要行业，包括自来水的生产供应、污水处理及其再生利用、其他水的处理、利用与分配。近年来，我国水的生产和供应事业快速发展，供水能力、供水水质、供水服务、供水技术和运行管理水平有了一定程度提高。2009年，我国有城镇公共水厂4 000多座，有污水处理厂2 000多座；城市供水能力为2.66亿立方米／日，城镇污水处理能力为1.05亿立方米／日；城市自来水管网为48万公里，城市排水管网为31.5万公里；城市供水总量近500亿立方米，城市污水排放量为360多亿立方米。② 但目前我国水的生产和供应业也存在两个方面的问题，一是经营效率较低，相当多的企业出现亏损。2010年2月，水的生产和供应行业中亏损企业占48%，亏损额累计达16.2亿元，行业销售利润率为-2.77%。③ 二是水资源供应能力整体偏低，利用效率不高。目前，我国人均供水能力仅为世界平均水平的2/3，单方水GDP产出仅为世界平均水平的1/3，农业灌溉水有效利用系数仅为0.48左右，远低于发达国家0.7～0.8的水平。④

水价形成机制不完善是造成以上问题的重要原因之一。受计划经济体制的影响，水价基本是由政府定价或政府指导定价，只反映了资源开发成本，没有完全覆盖对资源耗费的补偿和对环境污染的补偿，更重要的是没能真实反映市场供求关系和资源稀缺程度。目前，城市供水价格、污水处理费、水资源费等仍然存在征收标准偏低、征收范围偏窄等问题，致使水价偏低。农业用水尚未建立一个完善的水价体系。水价偏低一方面不利于节约用水和防止水污染，另一方面导致水价不能完全涵盖污水处理成本和水资源费，水的生产与供应行业经营效益低下，很多企业出现亏损，影响了水的生产和供应。

近年来，党和政府十分重视水价形成机制问题，采取了一系列政策措施，调整和理顺水价，推进水价改革。目前，我国城市水价构成逐步改善，城市供水价格即终端用户水价，由自来水价格（管网建设和维护成本）、污水处理费、水资源费（受益地区还加收了南水北调基金）和城市公用事业附加构成，水价也有所调高，这对于调节水的供求关系具有积极作用。针对目前水的生产和利用情况，我国还需进一步完善水价形成机制，建设节水型社会，提高用水效率和效益。一是要深化水的生产和供应行业改革，遵循公用行业的特点，积极引入市场机制，建立和完善政府监督体系，促进水的生产与供应业不断发展，适应经济快速发展和人民生活水平提高的需要。二是进一步完善水价形成机制。积极稳妥地推进城市供水价格改革，建立充分反映市场供求、资源稀缺程度以及污染损失成本的价格形成机制，以发挥价格机制对用水需求和供给的调节作用。探索农业用水价格改革，加快建立有利于节约用水和减轻农民负担的水价管理体制。

---

①数据来源：国家发展改革委，《中国水资源及水价现状调研报告》。

②数据来源：住房和城市建设部城建司水务处，“2010城市水业战略论坛”新闻稿。

③Wind资讯。

④水利部部长陈雷，人民日报、光明日报署名文章《严格水资源管理　保障可持续发展》，2010年3月22日。

第五部分　货币政策趋势

一、我国宏观经济展望

下一阶段，我国经济面临的有利因素较多，有望继续保持较快增长的基本态势。中国人民银行2010年第一季度企业家问卷和银行家问卷调查显示，企业家和银行家均预期下个季度宏观经济继续向好，企业家宏观经济热度预期指数为47.5%，比上个季度上升2.6个百分点；银行家宏观经济预期指数为52.4%，比上个季度上升2.5个百分点。从外部需求看，虽然有主权债务危机等不确定因素冲击全球金融市场，但全球经济总体仍保持复苏态势，我国面临的外部环境继续好转。中国人民银行第一季度企业家问卷调查显示，出口订单指数已达50.0%，比上个季度上升0.8个百分点。从内部需求看，国内经济活力和信心逐步增强，地方加快发展和扩大投资的热情较高，投资扩张动力较大，城镇化和消费结构升级对经济增长的拉动作用正在增强，内需有望继续保持较快增长。在上年快速增长的基础上，2010年第一季度，新开工项目计划总投资又增长34.5%，新开工项目58 787个，同比增加5 882个。此外，目前城市消费逐步进入更新换代期，随着收入水平提高，农村消费也将跃上新的台阶，加之经济回升、企业效益改善、就业状况好转，都有利于提升居民收入和消费倾向，促进消费增长。中国人民银行第一季度全国城镇储户问卷调查显示，城镇居民当期收入感受指数连续第三个季度回升，就业感受指数连续第四个季度上升，居民对收入和就业感觉趋好。

不过也要看到，当前经济发展环境仍比较复杂。世界经济运行中不确定因素依然存在，全球经济新的增长点尚不明朗，同时内需回升的基础还不平衡，民间投资和内生增长动力还要强化，持续扩大居民消费、改善收入分配、促进经济结构优化的任务艰巨，财政金融领域的潜在风险也不容忽视。必须把保持我国经济当前平稳较快发展和为长远发展营造良好条件有机结合起来，毫不动摇地加快经济发展方式转变。

价格上涨的潜在压力值得关注。当前外需还在恢复之中，国内工业产能较为充裕，有利于稳定价格。但在全球货币条件较为宽松、经济总体复苏的大背景下，国际初级产品价格呈上升态势，伴随国内经济持续较快回升，市场信心逐步增强，我国价格上行的压力也在增加。当前国内劳动力价格趋升，资源环保成本加大，也可能影响价格水平。总体来看价格上行压力相对更大，价格稳定的潜在威胁有所增加。中国人民银行第一季度城镇储户问卷调查显示，居民对当期物价满意指数较上个季度再降2.3个百分点，未来物价预期指数为65.6%，仍处于较高水平。

二、下一阶段主要政策思路

2010年是继续应对国际金融危机、保持经济平稳较快发展、加快转变发展方式的关键一年。下一阶段，中国人民银行将继续认真贯彻科学发展观，按照国务院统一部署，继续实施适度宽松的货币政策，把握好政策实施的力度、节奏、重点，保持政策的连续性和稳定性，增强针对性和灵活性，处理好保持经济平稳较快发展、调整经济结构和管理好通胀预期的关系，提高金融支持经济发展的可持续性，维护金融体系健康稳定运行。

一是加强流动性管理，保持货币信贷适

度增长。根据经济、金融形势和外汇流动的变化情况，综合运用多种货币政策工具，合理安排货币政策工具组合、期限结构和操作力度，加强流动性管理，保持银行体系流动性合理适度，促进货币信贷适度增长。引导金融机构根据宏观调控要求和实体经济部门的信贷需求，相对均衡地安排全年贷款投放节奏，防止大起大落。

二是加大金融支持经济发展方式转变和经济结构调整的力度。继续落实“有保有控”的信贷政策，调整优化信贷结构。加大信贷对经济社会薄弱环节、就业、节能环保、战略性新兴产业、产业转移等方面的支持，有效地缓解农业和小企业融资难问题，保证重点建设项目贷款需要，严格控制对高耗能、高排放行业和产能过剩行业的贷款。执行好差别化房贷政策，促进房地产市场健康平稳发展。加强对金融机构的风险提示，加强地方融资平台公司贷款风险管理，探索建立和完善宏观审慎管理的制度框架，发挥其跨周期的逆风向调节功能，研究强化对具有系统重要性影响银行的资本约束和流动性要求，保持金融体系稳健，防范系统性风险，增强金融持续支持经济发展的能力。

三是稳步推进利率市场化改革，完善人民币汇率形成机制。继续推进货币市场基准利率体系建设，不断提高科学定价能力，发挥利率调节作用。按照人民币汇率形成机制改革的原则，进一步完善以市场供求为基础、参考一篮子货币进行调节、有管理的浮动汇率制度，保持人民币汇率在合理均衡水平上的基本稳定。继续推动外汇市场发展，丰富汇率风险管理工具。稳步推进跨境贸易人民币结算试点工作，促进贸易投资便利化，支持企业“走出去”。继续深化外汇管理体制改革，促进资本平衡流动，规范和完善跨境资本流动管理，加强对违规和异常资金的监测和管理。

四是推动金融市场健康发展。继续深化金融企业改革，加快建立现代金融企业制度。进一步拓宽企业直接融资渠道，加快债券市场发展，丰富金融衍生产品。继续推动非金融企业债务融资工具创新，进一步推动中小企业短期融资券、集合中期票据的发行，研究中小企业发行可转换债务融资工具的可行性，研究并推动企业发行资产支持票据。

此外，要进一步加强财政政策、产业政策与货币政策之间的协调配合，保持内需合理稳定增长，发展新型消费模式，培育消费热点，鼓励和引导民间投资健康发展，积极推进结构调整，促进经济增长由主要依靠投资、出口拉动向依靠消费、投资、出口协调拉动转变，由主要依靠第二产业带动向依靠第一产业、第二产业、第三产业协同带动转变，由主要依靠增加物质资源消耗向主要依靠科技进步、劳动者素质提高、管理创新转变。

PART 1 Monetary and Credit Performance

In the first quarter of 2010, the momentum for an economic upturn in China was enhanced, with sound financial performance, sufficient liquidity in the banking system, and money and credit growth gradually returning to their normal levels.

I. Growth of money supply fell from high levels

At end-March, the outstanding balance of broad money M2 grew 22.5 percent year on year to RMB65.0 trillion yuan, a deceleration of 3.0 and 5.2 percentage points from the same period of 2009 and end-2009 respectively. The outstanding balance of narrow money M1 reached RMB22.9 trillion yuan, an increase of 29.9 percent year on year, representing an acceleration of 12.9 percentage points from the first quarter of 2009 and a deceleration of 2.4 percentage points from end-2009. Cash in circulation M0 grew 15.8 percent year on year to RMB3.9 trillion yuan, up 4.9 percentage points from the growth in the first quarter of 2009. Net cash injections in Q1 of 2010 totaled RMB83.4 billion yuan, RMB130.7 billion yuan more than that recorded in the first quarter of 2009.

In general, money aggregates still remained at high levels, but they were growing at a decelerated pace. In particular, the growth of M2 continued to decline for four consecutive months, which was due not only to the high base growth recorded the previous year, but also due to monetary policy that was conducted in a targeted and flexible manner since the beginning of 2010. Liquidity remained abundant, with a higher growth of M1 compared to that of M2 since September 2009.

II. Growth of deposits of financial institutions slowed down

At end-March, the outstanding balance of deposits of all financial institutions (throughout this Report, "all financial institutions" includes also foreign-funded financial institutions) denominated in both RMB and foreign currencies increased 21.7 percent year on year to RMB65.3 trillion yuan, 4.0 percentage points lower than the growth in the same period of 2009, representing an increase of RMB4.1 trillion yuan from the beginning of the year and a deceleration of RMB1.6 trillion yuan year on year. In particular, the outstanding balance of RMB deposits rose 22.1 percent year on year to RMB63.8 trillion yuan, 3.6 percentage points lower than the growth during the same period of 2009, representing an increase of RMB4.0 trillion yuan from the beginning of the year and a deceleration of RMB1.6 trillion yuan year on year. Outstanding balance of foreign currency deposits rose 6.5 percent to USD213.4 billion, an increase of USD4.7 billion from the beginning of the year and a deceleration of USD2.8 billion year on year.

Broken down by sectors and maturities, the growth of household deposits and non-financial corporate deposits decelerated, with demand deposits accounting for a larger share. At end-March, the outstanding balance of household

RMB deposits had gown 15.1 percent to RMB28.5 trillion yuan, 14.7 percentage points lower than the growth during the first quarter of 2009, representing growth of RMB2.0 trillion yuan from the beginning of 2009 and a deceleration of RMB536.1 billion yuan year on year. The outstanding balance of non-financial corporate RMB deposits stood at RMB26.5 trillion yuan, an increase of 26.6 percent year on year, 1.2 percentage points lower than the growth during the same period of 2009, representing an increase of RMB1.3 trillion yuan from the beginning of the year and a deceleration of RMB1.5 trillion yuan year on year. In the first quarter, the proportion of demand deposits among new household deposits and non-financial corporate deposits registered 42 and 43 percent, up 10 and 8 percentage points respectively from the previous year, indicating a stronger willingness of households to invest and more dynamic operations by enterprises. By end-March, the outstanding balance of fiscal deposits had increased 45.3 percent year on year to RMB2.5 trillion yuan, growth of RMB252.4 billion yuan from the beginning of the year and an acceleration of RMB340.5 billion yuan from that registered at end-March 2009.

III. Loans issued by financial institutions decelerated at a steady pace

At end-March, the outstanding balance of loans issued by all financial institutions in both RMB and foreign currencies stood at RMB45.4 trillion yuan, representing year-on-year growth of 24.1 percent, 2.9 and 8.9 percentage points lower than the growth during the same period of 2009 and end-2009 respectively, and representing an increase of RMB2.8 trillion yuan from the beginning of the year or a deceleration of RMB1.7 trillion yuan year on year.

Broken down by sectors and maturities, the growth of household loans accelerated, with medium- and long-term loans accounting for a large share. At end-March, the outstanding balance of RMB loans had grown 21.8 percent year on year to RMB42.6 trillion yuan, 8.0

Table 1 RMB Loans of Financial Institutions in the First Quarter of 2010

Unit: RMB100 million yuan

	In the first quarter of 2010	
	New loans	Acceleration year on year
Large national banks[1]	13,777	-14,649
Small and medium-sized national banks[2]	6,253	-5,856
Small and medium-sized regional banks[3]	1,691	-590
Rural cooperative financial institutions[4]	4,763	538
Foreign-funded financial institutions	511	775

Notes: 1. Large national banks refer to banks with total assets denominated in both RMB and foreign currencies exceeding RMB2 trillion yuan (based on statistics at end-2008).

2. Small and medium-sized national banks refer to banks with total assets, denominated in both RMB and foreign currencies, less than RMB2 trillion yuan and operating across provinces.

3. Small and medium-sized regional banks refer to banks with total assets denominated in both RMB and foreign currencies, less than RMB2 trillion yuan and not operating across provinces.

4. Rural cooperative financial institutions include rural cooperative banks, rural commercial banks, and rural credit cooperatives.

Source: The People's Bank of China.

percentage points lower than the growth during the same period of 2009, representing an increase of RMB2.6 trillion yuan from the beginning of the year and a deceleration of RMB2.0 trillion yuan year on year. Broken down by institutions, loans extended by large national banks, small- and medium-sized national banks, and small- and medium-sized regional banks decelerated on a year-on-year basis. In terms of loan destinations, household loans posted relatively rapid growth, whereas lending to non-financial corporates and other sectors decelerated notably. By end-March, the outstanding balance of household loans had grown 51.5 percent year on year, representing an increase of RMB920.2 billion yuan from the beginning of the year and an acceleration of RMB497.9 billion yuan year on year. In particular, housing mortgage loans for individuals grew rapidly and saw an increase of RMB482.5 billion yuan from the beginning of the year, accounting for 52.4 percent of household loans. The outstanding balance of loans issued to non-financial corporates and other sectors had grown 15.4 percent year on year, an increase of RMB1.7 trillion yuan from the beginning of the year or a deceleration of RMB2.5 trillion yuan year on year. In particular, medium- and long-term loans had grown RMB1.8 trillion yuan from the beginning of the year, and had accelerated by RMB104.2 billion yuan year on year. Paper financing had decreased by RMB624.3 billion yuan from the beginning of 2010, a deceleration of RMB2.1 trillion yuan year on year, and was still on a declining trend since the second half of 2009, which mainly was due to the intensified asset restructuring in financial institutions.

Financial institutions further strengthened their credit support to small-and medium-sized enterprises (SMEs). In the first quarter, lending to SMEs by banking institutions increased by RMB1.12 trillion yuan, or 22.9 percent year on year, 5.5 percentage points more than the year-on-year growth of loans to large enterprises. In particular, lending to small enterprises grew RMB445.5 billion yuan in the first quarter, or 23.9 percent year on year at end-March.

Foreign exchange loans continued to play a significant role in supporting foreign trade and the "going global" strategy. By end-March, the outstanding balance of foreign exchange loans had grown 74 percent year on year to USD408.7 billion, representing an increase of USD29.2 billion from the beginning of the year or an acceleration of USD37.7 billion year on year. In terms of loan destinations, foreign trade financing had increased by USD17 billion, an acceleration of USD18.55 billion yuan year on year; overseas loans issued to support the "going global" strategy of enterprises and medium- and long-term loans increased by USD7.84 billion, an acceleration of USD6.51 billion year on year.

Box 1 Analysis of Medium- and Long-term Loans

Since the beginning of 2010, medium- and long-term loans of financial institutions continued to grow at a rapid pace. According to statistics, at end-March outstanding medium- and long-term loans (denominated in both RMB and foreign currencies) of major financial institutions (including the China Development Bank, the policy banks, state-owned commercial banks, joint-stock commercial banks, postal savings banks and city commercial banks) to primary, secondary, and tertiary industries increased by 36.4 percent to RMB17.9 trillion yuan, an acceleration of 6.2 percentage points from the previous year. In the first quarter, new medium- and long-term loans issued to industrial sectors registered a total of RMB1.6 trillion yuan, a deceleration of RMB52.2 billion yuan year on year.

Broken down by industries, medium- and long-term loans to tertiary industries maintained rapid growth. At end-March, growth of medium- and long-term loans to tertiary, secondary, and primary industries registered 43.4, 24.3, and 15.3 percent respectively. In the first quarter, new medium- and long-term loans to tertiary, secondary, and primary industries amounted to RMB1.2 trillion yuan, RMB354.2 billion yuan, and RMB2.8 billion yuan respectively, accounting for 77.0, 22.8, and 0.2 percent of the total medium- and long-term loans.

Broken down by sectors, the bulk of new medium- and long-term loans went to the infrastructure sector (transportation, warehousing and postal services, production and supply of electricity, gas, and water, water conservation, environmental protection, and public facility management), the real estate sector, and the manufacturing sector. Both the growth and amount of new medium- and long-term loans to the infrastructure sector fell sharply from the previous year. At end-March, medium- and long-term loans to the infrastructure sector had risen by 33.3 percent, 5.2 percentage points lower than the growth recorded the previous year, among which new loans registered RMB710.8 billion yuan in the first quarter, accounting for 45.8 percent of all medium- and long-term loans, down 8.0 percentage points year on year. New medium- and long-term loans to the infrastructure sector tilted further toward transportation and warehousing and postal services, with loans to these sectors accounting for 43.8 percent of the infrastructure loans, up 9.4 percentage points from the previous year. New medium- and long-term loans to the production and supply of electricity, gas, and water, and water conservation and environmental protection, and public facility management accounted for 8.6 percent and 47.7 percent of all new medium- and long-term infrastructure loans respectively, 4.9 and 4.5 percentage points lower than the growth in the first quarter of 2009. Medium- and long-term loans to the real estate sector grew rapidly. By end-March, medium- and long-term real estate loans had increased by 38.5 percent, up 20.4 percentage points on a year-on-year basis. In the first quarter, new medium- and long-term real estate loans registered RMB339.4 billion yuan, accounting for 21.9 percent of all medium- and long-term loans, up 9.4 percentage points from the same period of 2009. Recently, a battery of differentiated credit policy measures were introduced to promote the sound and healthy development of the real estate market, with the effects on future movements of real estate loans not yet clear. In addition, the growth of medium- and long-term loans to the manufacturing sector rebounded, reaching 30.9 percent at end-March, up 7.9 percentage points from the previous year. In the first quarter, new medium- and long-term loans to the manufacturing sector amounted to RMB174.4 billion yuan, accounting for 11.2 percent of all medium- and long-term loans, up 1.6 percentage points from the same period of 2009.

In the first quarter of 2010, in line with the spirit of the Central Economic Work Conference and the overall arrangements of the State Council, the PBC will continue to pursue an relatively easy monetary policy, maintain policy consistency and stability, and make its policies better targeted and more flexible in response to new developments, with money and credit gradually returning to their normal levels. Meanwhile, it should be noted that the growth of medium- and long-term loans were still at high levels and the momentum of credit expansion remained strong, giving rise to potential problems and risks. First, there was a booming demand for medium- and long-term loans. In 2009, the total planned investment for projects under construction rose 34.0 percent year on year to RMB42 trillion yuan. Massive unfinished projects, inelastic extension of medium- and long-term loans, and vibrant extension of loans via local investment and financing platforms boosted the demand for project loans. Second, the rapid growth of medium- and long-term loans gave rise to liquidity risks for financial institutions. At present, the share of demand deposits and the share of medium- and long-term loans have obviously increased, aggravating the maturity mismatch in financial institutions, and the relevant risks should be monitored. Third, attention should be paid to problems that might emerge from lower investment efficiency and increasing overcapacity in certain sectors and areas.

Going forward, while carrying out an relatively easy monetary policy, the PBC will properly manage the intensity, pace, and focus of policy implementation, provide intensified guidance to financial institutions, work to improve the credit structure, implement differentiated credit policies, tightly control lending to new projects, strictly restrain lending to high energy-consuming, heavily-polluting industries, and industries with excess capacity so as to ensure that credit extensions are conducive to economic restructuring, and concretely enhance the quality and sustainability of credit support to economic growth.

IV. Liquidity in the banking system was sufficient

At end-March, the outstanding balance of base money had increased by 20.7 percent to RMB15.0 trillion yuan, an increase of RMB604.8 billion yuan from the beginning of the year. The money multiplier at end-March was 4.35, up 0.08 percentage point from the same period of 2009 and 0.24 percentage point from the end of 2009, indicating a stronger capacity for money creation. At end-March, the excess reserve ratio of financial institutions stood at 1.96 percent. Specifically, the excess reserve ratio of large, medium-sized, and small domestic commercial banks as well as rural credit cooperatives was 1.43 percent, 1.90 percent, 3.15 percent, and 4.67 percent respectively.

V. The lending rate of financial institutions rose slightly

In the first quarter of 2010, the interest rate for loans to non-financial corporates and other sectors rebounded slightly month by month. In March, the weighted average interest rate for loans to non-financial corporates and other sectors stood at 5.51 percent, up 0.26 percentage point from the beginning of the year. In particular, the general weighted average lending rate and the weighted average paper financing rate stood at 6.04 percent and 3.55 percent, up 0.16 and 0.81 percentage point from the beginning of the year respectively. In March, the weighted average interest rate of housing mortgage loans rose to 4.63 percent, up 0.21 percentage point from the beginning of 2010.

Table 2 Shares of Loans with Rates Adjusted at Various Ranges, January through March 2010

Unit: %

Month	Adjusted downward	At benchmark	Adjusted upward					
	[0.9,1.0)	1.0	Sum	(1.0,1.1]	(1.1,1.3]	(1.3,1.5]	(1.5,2.0]	Above 2.0
January	35.38	31.18	33.44	11.92	8.74	4.42	5.71	2.65
February	32.64	31.95	35.41	12.77	9.21	4.31	6.09	3.03
March	30.05	28.91	41.04	13.12	10.91	5.45	7.11	4.45

Source: The People's Bank of China.

Table 3 The Average Interest Rates of Large-value Deposits and Loans Denominated in US Dollars, January through March 2010

Unit: %

Month	Large-value deposits						Loans				
	Demand deposit	Within 3 months	3-6 months (including 3 months)	6-12 months (including 6 months)	1 year	Above 1 year	Within 3 months	3-6 months (including 3 months)	6-12 months (including 6 months)	1 year	Above 1 year
January	0.12	0.62	0.88	1.07	1.88	2.96	1.55	1.91	2.07	2.09	3.04
February	0.15	0.70	0.85	1.50	1.65	1.75	1.68	1.88	1.90	2.16	2.79
March	0.15	0.76	0.81	1.34	2.32	0.82	1.69	1.82	2.03	2.32	2.87

Source: The People's Bank of China.

As for the adjusted interest rate, the proportion of loans with interest rates adjusted downward or at the benchmark rate declined the general lending of non-financial corporates and other sectors registering 30.05 percent and 28.91 percent in March, down 3.14 and 1.35 percentage points respectively from the beginning of the year; the share of loans with interest rates adjusted upward from the benchmark rate accounted for 41.04 percent, up 4.49 percentage points from the beginning of the year.

Affected by movements in the global financial markets and changes in supply and demand for domestic funds, on an overall basis the interest rates on domestic foreign currency increased. In March, the weighted average US dollar lending rate for maturities of less than three months and for between three months and six months in the domestic market stood at 1.69 and 1.82 percent respectively, up 0.10 and 0.16 percentage point from the beginning of the year. The weighted average rate of domestic US dollar demand deposits and large-value US dollar deposits with a maturity of less than 3 months stood at 0.15 and 0.76 percent respectively, up 0.02 and 0.30 percentage point from the beginning of the year.

VI. The RMB exchange rate remained broadly stable at an equilibrium and adaptive level

Since the beginning of 2010, the RMB exchange rate remained broadly stable at an equilibrium and adaptive level to cope with the global financial crisis. At end-March, the central parity of the RMB against the US dollar was RMB6.8263 yuan per US dollar, an appreciation of 19 bps, or 0.03 percent, from the end of 2009; the central parity of the RMB against the euro and Japanese yen was RMB9.1588 yuan per euro and RMB7.3421 yuan per 100 yen respectively, appreciations of 6.97

percent and 0.49 percent from the end of 2009. From the initiation of the reform of the exchange rate regime in July 2005 to end-March 2010, the RMB had appreciated 21.24 percent against the US dollar and 9.34 percent against the euro, and had depreciated 0.49 percent against the Japanese yen. According to the BIS calculation, from the initiation of the reform of the exchange rate regime to March 2010, the nominal effective exchange rate of the RMB had appreciated by 14.33 percent, whereas the real effective exchange rate had appreciated by 18.28 percent.

In the first quarter, the peak and trough central parities of the RMB against the US dollar were RMB6.8261 yuan per US dollar and RMB6.8281 yuan per US dollar respectively. Among the 58 trading days, the inter-bank foreign exchange market saw RMB appreciations on 35 days, at par on 3 days, and RMB depreciations on 20 days. Since 2010, the RMB exchange rate against the US dollar has remained stable, moving within a band between RMB6.81 yuan and RMB6.85 yuan per US dollar, with relatively stable expectations.

PART 2 Monetary Policy Conduct

In accordance with the overall arrangements of the State Council, the PBC continued to implement a moderately easy monetary policy in 2010. While ensuring policy consistency and stability, the PBC worked to make policies better targeted and more flexible in response to new developments. It strengthened management of liquidity in the banking system and guided financial institutions to properly manage the aggregate, pace, and structure of credit provision. These measures greatly promoted steady and healthy economic development.

I. Open market operations were conducted in a flexible manner

In the first quarter of 2010, keeping a close watch on global and domestic economic and financial developments and movements of liquidity in the banking system, and in line with the relatively easy monetary policy stance, the PBC conducted open market operations in a flexible manner and made liquidity management more forward-looking, scientific, and effective. First, the PBC properly managed the intensity and pace of open market operations. Central bank bills and short-term repurchases were used in a flexible combination to conduct sterilization operations. In the first quarter, on a cumulative basis the PBC issued RMB1.43 trillion yuan of central bank bills and conducted RMB893 billion yuan of short-term repurchase operations. Outstanding central bank bills stood at RMB4.37 trillion yuan at end-March. Second, the PBC enhanced the role of open market operations in making proactive adjustments and micro-adjustments. To deal with the seasonal problem of enormous cash supplies and withdrawals around the Spring Festival and the massive operations maturing in the open market, the PBC refined the mix of instruments on a dynamic basis and flexibly adjusted the maturity and frequency of short-term repurchases in line with the pace of the supply and withdrawal of cash, successfully ironing out the short-term liquidity fluctuations caused by seasonal factors. Third, the PBC properly strengthened the flexibility of interest rates of open market operations. It guided the interest rate for central bank bill issuances to move upward in January and to stabilize in February. By making the open market interest rates more flexible, the PBC effectively guided market expectations and enhanced the role of market interest rates in adjusting the supply and demand of funds. At end-March, the interest rates of 91-day repo, 3-month central bank bills, and 1-year central bank bills stood at 1.41 percent, 1.4088 percent, and 1.9264 percent respectively, up 8 percentage points, 8.08 percentage points, and 16.59 basis points from end-2009. Fourth, the PBC carried out time deposits of state treasury funds with commercial banks in a timely manner. In an effort to enhance coordination between monetary policy and proactive fiscal policy, the PBC completed three such deposits in the first quarter, with a total value of RMB100 billion yuan, i.e., RMB40 billion yuan in 3-month deposits, RMB30 billion yuan in 6-month deposits, and another RMB30 billion yuan in 9-month deposits.

II. The reserve requirement ratio was raised

In an effort to enhance liquidity management, encourage proper money and credit growth, and manage inflationary expectations, the PBC raised the reserve requirement ratio for RMB deposits in depository financial institutions on January 18 and February 25, each time by 0.5 percentage point. The reserve requirement ratio for rural credit cooperatives and other small financial institutions remained unchanged to support agriculture, rural areas and farmers, and county-level development, reflecting the focus and flexibility of monetary policy. The higher reserve requirement ratio helped sterilize part of the excess liquidity in the banking system. After these policy moves, there was still sufficient liquidity available in the market to support proper money and credit growth and economic development.

III. Rediscounts and central bank lending were improved to guide the flow of credit and to promote adjustments in the credit structure

The PBC believes that rediscounts are important to encourage more credit support for agriculture, rural areas and farmers, small- and medium-sized enterprises (SMEs), as well as other weak parts of the economy. The PBC improved rediscount management and focused its support by giving rediscount priority to a range of selected bills, including commercially accepted bills, agro-linked bills, and bills issued, accepted, and held by county-level enterprises and small- and medium-sized financial institutions. In a review of the distribution of the rediscount quota at the beginning of the year, the PBC added RMB14 billion yuan of rediscount quota to 14 provinces (municipalities) where the volume of bill business is relatively large and consists of a large share of agro-linked bills and SME bills. Outstanding rediscounted bills recovered in the first quarter and reached RMB26.3 billion yuan at end-March, up RMB25.7 billion yuan year on year. Of the bills rediscounted, 19 percent were agro-linked and 63 percent were issued by SMEs, a structure that suggests that agro-linked financing and financing by SMEs have been boosted.

The PBC properly designed plans for central bank lending to boost agriculture, supported a greater amount of agro-linked credit, and improved financial services in counties and rural areas. In 2010, the PBC stepped up efforts to rebalance the allocation of the quota of agro-linked central bank lending across regions and, in an effort to enhance positive incentive mechanisms, shifted RMB10 billion yuan of the quota to the western regions and major grain-producing provinces that have a large share of agro-linked loans and have achieved noteworthy progress in reform, including 1 billion yuan to areas hit by the blizzards in Xinjiang Autonomous Region and RMB3 billion yuan to the 5 drought-stricken provinces in southwestern China. After the quota realignment, the geographic distribution of agro-linked central bank lending was improved, with the share of the quota granted to the western regions and major grain- producing provinces reaching 93 percent. Total agro-linked central bank lending totaled RMB149.7 billion yuan as of end-March and amounted to RMB1.35 trillion yuan cumulatively since the business was introduced in 1999.

IV. Window guidance and credit policy guidance were enhanced

The PBC encouraged financial institutions to properly manage aggregate credit provision, to optimize the credit structure, and to pace credit extensions through enhanced window guidance and credit policy guidance for financial institutions. In line with the differentiated credit policy, the PBC improved window guidance for financial institutions, urging them to focus on projects under construction, to support spring farming activities and drought relief efforts in the southwestern regions, and to step up support for small enterprises and agriculture, rural areas, and farmers. The PBC strengthened coordination between credit and industrial policy and environmental protection policy. In particular, it supported the structural adjustment and revitalization of key industries, promoted the development of the culture industry, outsourcing services, emerging industries of strategic importance and the development of low-carbon economy. It took action to reduce overcapacity in certain industries and to rein in lending to heavy energy-consuming and polluting industries. In implementing the credit policy for the real estate market, the PBC adopted more stringent differentiated housing credit policies in accordance with the *Notice of the State Council on Containing Excessive House Price Increases in Several Cities*. It supported affordable housing projects, strengthened management of credit used for real estate development, and promoted the stable and healthy development of the real estate market. Moreover, the PBC improved financial services that directly relate to people's livelihood as well as financial services for employment programs, students facing financial difficulties, and poverty reduction. It developed consumer credit to support expansion of domestic demand and improved financial support for balanced economic development across regions. The PBC also encouraged financial institutions to update their examination system and properly pace credit extensions to moderate lending fluctuations between months and quarters.

V. Reform of financial institutions proceeded steadily

Reform was deepened at the four listed large state-owned shareholding commercial banks, i.e., the Industrial and Commercial Bank of China (ICBC), the Bank of China (BOC), the China Construction Bank (CCB), and the Bank of Communications, and the governance structure in these banks was improved. As of end-2009, the capital adequacy ratio in the ICBC, BOC, CCB, and Bank of Communications stood at 12.4 percent, 11.1percent, 11.7 percent, and 12.0 percent respectively; the non-performing loan (NPL) ratio in these banks posted 1.54 percent, 1.52 percent, 1.50 percent, and 1.36 percent, while profits before taxes were recorded at RMB167.2 billion yuan, RMB111.1 billion yuan, RMB138.7 billion yuan, and RMB38.2 billion yuan. Reform of the Agricultural Bank of China (ABC) was advanced following the principle of overhauling the overall system to shift to commercial operations and to prepare for listing while remaining focused on agro-linked businesses. It took action to build sound corporate governance and improve business operations and made progress in seeking investment and preparing for public offerings. The China Development Bank continued the market-oriented reform, supporting development in key areas of the economy and sound and rapid economic and social development. Progress was made in the Export and Import Bank of China and the China Export & Credit Insurance Corporation specially tailored to their individual circumstances, improving their capacity to support foreign trade and the "going global" initiative. Preliminary work to deepen internal reform in preparation for overall reform was launched at the China Agricultural Development Bank.

Major progress was achieved in the reform of the rural credit cooperatives (RCCs). First, the quality of RCC assets was greatly improved. Based on the four-category loan classification, NPLs in RCCs registered RMB361.4 billion yuan at end-March, or 7.7 percent of their total lending, and the NPL ratio declined 0.43 percentage point from end-2009. Second, lending capacity was enhanced substantially. At end-March, RCC deposits registered RMB7.6 trillion yuan, while RCC lending was recorded at RMB5.2 trillion yuan, making up 12 percent of the total lending by financial institutions, up 0.39 percentage point from end-2009. Third, support for agriculture was strengthened significantly. At end-March, agro-linked loans totaled RMB3.4 trillion yuan, up RMB300 billion yuan from end-2009, and lending to rural households had increased RMB162.6 billion yuan from end-2009 to RMB1.8 trillion yuan. Fourth, progress was made to reform the property rights system. As of end-March, a total of 2,023 RCCs, 46 rural commercial banks, and 205 rural cooperative banks had been established, all with a legal person status at the county (city) level.

VI. The pilot program for RMB settlement of cross-border trade transactions was advanced

Cross-border trade transactions settled in RMB in regions where the pilot program was launched grew notably in 2010. The volume of RMB settlement of cross-border trade soared over 5 times from the second half of 2009 to RMB18.35 billion yuan in the first quarter of 2010, and from when the pilot program started to end-March totaled RMB21.94 billion yuan at end-March,

Figure 1 Monthly RMB Settlement of Cross-border Trade Transactions

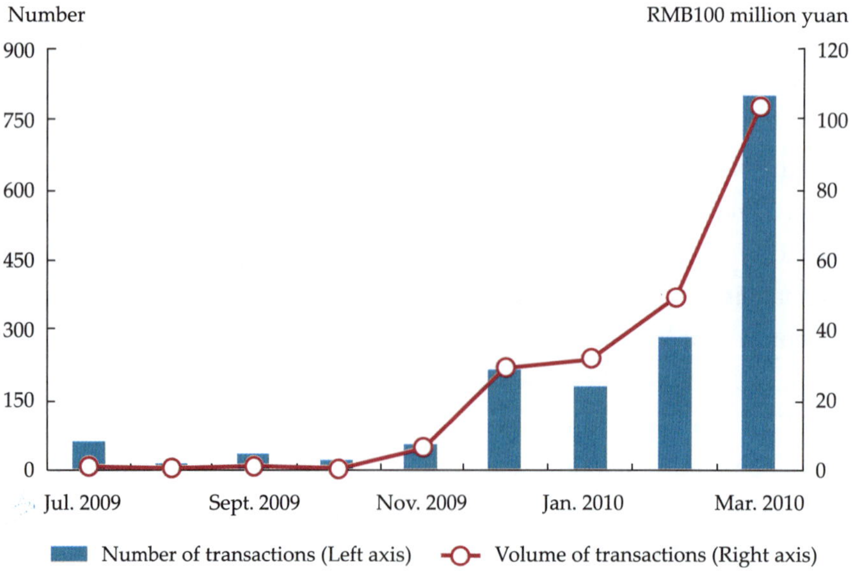

Source: The People's Bank of China.

comprising RMB1.86 billion yuan of export goods, RMB18.13 billion yuan of import goods, and RMB1.95 billion yuan in services trade and other items under the current account. Agent banks in the mainland opened 205 inter-bank RMB transfer accounts for overseas participating banks, with a balance of RMB3.18 billion yuan. Overseas RMB settlement was concentrated in Hong Kong China and Singapore, which together accounted for 88 percent of the total RMB payment and receipt business. To ensure effective functioning of the Cross-border RMB Receipt and Payment Information Management System (RCPMIS), on March 8, 2010, the PBC published the *Temporary Measures for the Management of the Cross-border RMB Receipt and Payment Information Management System*. The regulation provides that financial institutions allowed to conduct cross-border RMB business should join the RCPMIS and submit accurate and complete data on cross-border RMB receipts and payments and other relevant businesses timely and in accordance with the relevant regulations.

VII. Reform of the foreign exchange administration system was deepened

In response to heightened pressures of net foreign exchange inflows in the first quarter, the foreign exchange administration authority launched a special campaign against irregular fund inflows in 13 provinces and municipalities. The campaign focused on banks, enterprises, and individuals, and examined key channels of fund flows, such as trade of goods, services trade, foreign direct investment (FDI), external debt, and individual activities. The authority will impose penalties for irregularities identified during the campaign and will step up efforts to fight various kinds of unusual cross-border fund flows so as to deter hot money inflows and to safeguard economic and financial security.

VIII. The RMB exchange rate regime was improved

The PBC improved the managed floating exchange rate regime, which is based on market supply and demand and adjusted with reference to a basket of currencies, in accordance with the principle of making it a self-initiated, controllable, and gradual process. It enhanced the fundamental role of market supply and demand in exchange- rate formation, and kept the RMB exchange rate basically stable at an adaptive and equilibrium level.

PART 3 Financial Market Analysis

In Q1 2010, China's financial market performed in a healthy and sound manner and market liquidity was adequate. Performance of the money market was stable and interest rates fluctuated upward. Indices on the bond market went up slightly and bond issuances grew significantly. Stock indices declined while the volume of funds raised on the stock markets surged.

In Q1 2010, the aggregate financing volume of the domestic non-financial sector (including the household, corporate, and public sectors) stood at RMB3.3 trillion yuan. Loans dominated the financing structure but their share of the total financing declined remarkably year on year. The volume of financing through enterprise bonds increased rapidly and the share of financing through stocks rose notably. Bonds and stocks played a more important role in financing.

I. Financial market analysis

1. Performance of the money market was stable and interest rates fluctuated upward

In Q1 2010, growth of repo trading on the money market slowed down while inter-bank borrowing rose remarkably. The turnover of bond repos totaled RMB17.1 trillion yuan, with an average daily turnover of RMB285 billion yuan, up 1.2 percent year on year. The turnover of inter-bank borrowing reached RMB5.2 trillion yuan, with an average daily turnover of RMB87.5 billion yuan, an increase of 62.6 percent year on year. Overnight products dominated bond repo and inter-bank borrowing transactions, accounting for 80.4 percent and 87.8 percent of their total turnovers. The total turnover of repos

Table 4 Financing by Domestic Non-financial Sectors in the First Quarter of 2010

	Volume of financing (RMB100 million yuan)		As a percentage of total financing(%)	
	In the first quarter of 2010	In the first quarter of 2009	In the first quarter of 2010	In the first quarter of 2009
Financing by domestic non-financial sectors	32,784	47,757	100.0	100.0
Bank loans	28,000	45,235	85.4	94.7
Equities[1]	1,919	266	5.9	0.6
Government securities[2]	280	63	0.8	0.1
Enterprise bonds[3]	2,585	2,193	7.9	4.6

Notes: 1. Equity financing in this table excludes financing by financial institutions on the stock markets.
2. The financing volume of government securities in 2009 includes municipal bonds issued by the Ministry of Finance on behalf of local governments.
3. Enterprise bonds include enterprise bonds, corporate bonds, short-term financing bills, and medium-term notes.
Source: The People's Bank of China, China Securities Regulatory Commission.

Table 5 Fund Flows among Financial Institutions in the First Quarter of 2010

Unit: RMB100 million yuan

	Repo		Inter-bank borrowing	
	In the first quarter of 2010	In the first quarter of 2009	In the first quarter of 2010	In the first quarter of 2009
State-owned commercial banks	-62,499	-77,238	-9,800	-4,130
Other commercial banks	17,958	-3,740	6,282	-103
Other financial institutions	38,133	72,118	1,962	1,790
Of which: Securities companies and fund management companies	19,943	28,767	224	317
Insurance companies	3,335	12,595	—	—
Foreign-funded financial institutions	6,408	8,860	1,556	2,443

Note: "Other financial institutions" in this table include policy banks, associations of rural credit cooperatives, finance companies, trust and investment companies, insurance companies, securities companies, and fund management companies. A negative sign indicates net lending; a positive sign indicates net borrowing.
Source: The People's Bank of China.

on the stock exchanges soared 99.1 percent to RMB1.2 trillion yuan.

The financing structure on the money market was characterized by the following: (1) due to the large cash supply in the run-up to the Spring Festival and strong lending motivation of financial institutions, net lending of state-owned commercial banks declined and other commercial banks became net borrowers in Q1 2010, rather than net lenders as in Q1 2009. Net lending of state-owned commercial banks registered RMB7.2 trillion yuan, down RMB906.9 billion yuan year on year. Net borrowing of other commercial banks stood at RMB2.4 trillion yuan, RMB2.8 trillion yuan more year on year; (2) Due to heightened fluctuations on the stock market, changes in expectations, and improved balance sheets, securities and fund management companies and insurance companies showed a much lower demand for funds, illustrated by a year-on-year decline of 30.7 percent and 73.5 percent respectively in Q1; (3) Foreign-funded financial institutions still had a strong demand for funds and their net borrowing in Q1 posted RMB796.4 billion yuan, accounting for 11 percent of the total net borrowing.

Trading of interest rate derivatives grew rapidly. In Q1 2010, there were 552 bond forward transactions with a total turnover of RMB195.14 billion yuan, up 113.7 percent year on year. A total of 1,872 transactions in RMB interest rate swaps were conducted, with an aggregate nominal principal of RMB209.81 billion yuan, up 162.0 percent year on year. Two-to-seven day bond forward products were the most frequently traded among all maturities, with a total turnover of RMB149.01 billion yuan, accounting for 76.4 percent of the total. The trading of interest rate swaps with a maturity of 1 year or less was fairly brisk, with a total principal of RMB115.37 billion yuan, accounting for 55 percent of the total turnover. The Shibor played a more important role in pricing interest rate derivatives and the turnover of Shibor-based interest rate swaps posted RMB60 billion yuan, accounting for 29 percent of the total turnover of interest rate swaps.

Table 6 Transactions of Interest Rate Derivatives

Year	Bond forwards		Interest rate swaps		Forward rate agreements	
	Transactions	Amount (RMB100 million yuan)	Transactions	Nominal principal amount (RMB100 million yuan)	Transactions	Nominal principal amount (RMB100 million yuan)
2006	398	664.5	103	355.7	—	—
2007	1,238	2,518.1	1,978	2,186.9	14	10.5
2008	1,327	5,005.5	4,040	4,121.5	137	113.6
2009	1,599	6,556.4	4,044	4,616.4	27	60.0
Q1 2010	552	1,951.4	1,872	2,098.1	0	0

Source: China Foreign Exchange Trade System.

Interest rates on the money-market fluctuated upward. The huge demand for cash pushed short-term money-market rates to a high since the beginning of 2010 in the run-up to the Spring Festival; these rates gradually reverted to normal after the Spring Festival as massive cash flowed back into the banking sector. In Q1, the monthly weighted average interest rates of bond-pledged repo and inter-bank borrowing hovered within the range of 1.16 percent to 1.55 percent. In March, the monthly weighted average interest rates of bond-pledged repo and inter-bank borrowing were both 1.40 percent, up 14 basis points and 15 basis points respectively over end-2009. At the end of March of this year, overnight and 7-day Shibor stood at 1.34 percent and 1.60 percent respectively, increasing by 19 basis points and 4 basis points over end-2009. The three-month and 1-year Shibor registered 1.94 percent and 2.35 percent, up 11 basis points and 10 basis points respectively.

2. Indices on the bond market went up slightly and bond issuances posted rapid growth

Spot trading on the inter-bank bond market was stable. In Q1 2010, the turnover of spot bond trading on the inter-bank bond market totaled RMB10.8 trillion yuan, with a daily turnover of RMB180.2 billion yuan, up 6.5 percent year on year. All financial institutions were net bond buyers except for other commercial banks, whose net bond sales posted RMB398.5 billion yuan. In particular, state-owned commercial banks dominated bond purchases, with total bond purchases registering RMB277.6 billion yuan. Bond purchases by other financial institutions and foreign-funded financial institutions stood at RMB89.5 billion yuan and RMB31.4 billion yuan respectively. The turnover of spot government securities trading at the exchanges in Q1 2010 registered RMB52.8 billion yuan, down RMB5.4 billion yuan year on year.

Bond indices on the inter-bank bond market steadily increased. In Q1 2010, bond indices on the inter-bank market and on the stock exchanges both went up. The index of total returns on the inter-bank bond market rose 2.6 points, or 1.97 percent, from 130.2 points at the beginning of the year to 132.8 points at end-March. The index of government securities on the stock exchanges increased 2.0 points, or 1. 63 percent, from 122.3 points at the beginning of 2010 to 124.3 points at end-March.

The yield curve of government securities moved upward. Due to abundant market liquidity,

Figure 2 Yield Curve of Government Securities on the Inter-bank Market in the First Quarter of 2010

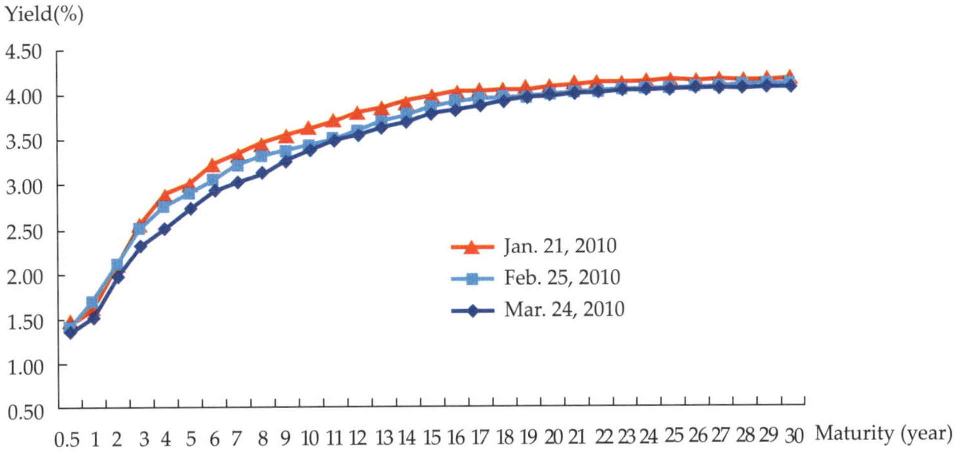

Source: China Government Securities Depository Trust and Clearing Co., Ltd..

lower stock markets, and changes in market expectations, the yield curve of government securities went downward. Take the yield curve of government securities on the inter-bank market on March 24, for example, compared with January 6, the yield of 1-year, 5-year, 10-year, and 20-year government securities declined 1 basis point, 28 basis points, 26 basis points, and 10 basis points respectively.

Bond issuances grew rapidly. In Q1 2010, a total of RMB921.6 billion yuan of bonds (excluding central bank bills) was issued on the primary bond market, up 54.3 percent year on year. The issuance of government securities, bonds issued by policy banks, and short-term financing bills grew significantly by 105.5 percent, 152.9 percent, and 75.2 percent respectively to RMB230 billion yuan, RMB278.9 billion yuan, and RMB162.1 billion yuan. At end-March, outstanding bonds deposited with the China Government Securities Depository Trust and Clearing Co. Ltd. totaled RMB16.5 trillion yuan, up 23.1 percent year on year (without taking into account special government securities).

Bond issuance rates were generally on a decline. As a result of abundant market liquidity and strong demand for bond investment, bond issuance rates went down despite the rapid growth in issuances. The interest rate for 10-year book entry government securities issued in March 2010 was 3.36 percent, 7 basis points and 32 basis points lower than February 2010 and November 2009 respectively. The interest rate of 20-year fixed-rate bonds issued by the China Development Bank in March 2010 stood at 4.3 percent, down 40 basis points from those issued in December 2009. The issuance rate of 1-year short-term financing bills hovered within a range from 2.50 percent to 4.50 percent.

The Shibor played a greater role in bond pricing. In Q1 2010, all 40 fixed-rate enterprise bonds were priced based on the Shibor, with a total issuance value of RMB89.2 billion yuan, and 37 percent of the fixed rate short-term financing bills worth RMB58.4 billion yuan were priced based on the Shibor. In addition, 5 floating-rate bills, 1 enterprise bond, and 4 short-term financing bills were issued based on the Shibor,

Table 7 Issuance of Bonds in the First Quarter of 2010

Type of bonds	Issuances (RMB100 million yuan)	Year-on-year growth (%)
Government securities	2,300	105.5
Policy financial bonds	2,789	152.9
Bank subordinated bonds and hybrid capital bonds	332	-32.3
Bank ordinary bonds	0	—
Enterprise bonds [1]	3,862	18.5
Of which: Short-term financing bills	1,621	75.2
Medium-term notes	1,149	-31.2
Corporate bonds	70	—

Note: 1. Including enterprise bonds, short-term financing bills, medium-term notes, and corporate bonds.
Source: The People's Bank of China.

with a total worth of RMB3.4 billion yuan.

3. Bill financing continued the downturn

Bill acceptances maintained steady growth whereas bill discounts continued to decline. Bill interest rates remained at a heightened level. In Q1, commercial drafts issued by enterprises valued RMB2.8 trillion yuan, down 6.9 percent year on year. Discounted bills declined 0.3 percent year on year to RMB6.2 trillion yuan. At end-March, the total value of outstanding commercial drafts dropped 1.5 percent year on year to RMB4.4 trillion yuan. Outstanding discounted bills registered RMB1.8 trillion yuan, plummeting 48.3 percent over Q1 2009. Since 2010, the outstanding value of bill financing has been on a decline. The value at end-March was RMB624.3 billion yuan lower than that at the beginning of this year and accounted for 4.1 percent of the total outstanding loans, 6 percentage points lower year on year. Since 2010, as interest rates on the money market rose, bill interest rates gradually went up and remained at an elevated level.

4. Stock indices declined while the volume of funds raised on the stock markets surged

Trading and investment on the stock markets were brisk in Q1 2010 due to rapid economic growth, abundant market liquidity, and buoyant trading on stock markets outside of mainland China. In Q1, the turnover on the Shanghai and Shenzhen Stock Exchanges totaledRMB11.6 trillion yuan, up RMB2.3 trillion yuan year on year, and the daily turnover rose 23.1 percent year on year to RMB200.6 billion yuan. By end-March 2010, market capitalization had grown 3.5 percent over end-2009 to RMB15.7 trillion yuan.

The stock indices declined. After last year's boom, the Shanghai Stock Exchange Composite Index hovered within a band from 2,900 points to 3,300 points. At end-March, the Shanghai Stock Exchange Composite Index and the Shenzhen Stock Exchange Component Index dropped 5.1 percent and 8.8 percent respectively year on year to close at 3,109 points and 12,494 points. Average P/E ratios on the A-share markets in Shanghai and Shenzhen posted 28 times and 41 times, down 1 time and 6 times respectively over end-2009.

Funds raised from the stock markets rose remarkably. In Q1 2010, a total of RMB191.9 billion yuan was raised by non-financial corporates and financial institutions on the domestic and foreign stock markets by way of IPOs, secondary offerings, rights issuances, stock vesting, and convertible bond issuances, a surge of RMB162.4 billion yuan or 550.8 percent year on year. Among this total, RMB181.4 billion yuan was raised through IPOs and rights issuances on the A-share market, soaring RMB154.9 billion yuan or 585.5 percent over Q1 2009.

5. Total assets in the insurance industry continued fairly rapid growth

Total premium income increased significantly. In Q1 2010, the aggregate insurance premium grew 38.6 percent year on year to RMB454.1 billion yuan, 28.6 percentage points more than the growth during the same period of the last year. The premium income of life insurance grew 38.7 percent year on year, 29.2 percentage points more than in Q1 of the previous year. The premium income for property insurance rose 38.4 percent, an acceleration of 26.4 percentage points year on year. Total compensation and claim payments declined RMB9.1 billion yuan over Q1 in the previous year to RMB73.2 billion yuan.

Total assets of the insurance industry maintained fairly rapid growth. Since 2010, the share of investment products in the total assets of insurance companies increased by 2.5 percentage points year on year. By end-March, total assets in the insurance industry had grown 21.2 percent to RMB4.3 trillion yuan. Among this total, investment assets were enhanced by 26 percent year on year, an acceleration of 13.4 percentage points. Bank deposits were up 15.9 percent over Q1 2009, a deceleration of 29 percentage points.

6. Trading on the foreign exchange market was brisk

The foreign exchange spot market operated soundly. The trading volume of swap transactions continued to rise and the trading volume of forward transactions increased by a large margin. In Q1 2010, the turnover of spot RMB foreign exchange swaps continued its stable growth and OTC transactions remained the major trading transactions. The total turnover of RMB foreign exchange swaps registered RMB285 billion yuan and the daily turnover soared 165.9 percent year on year. Among this total, overnight RMB/USD swaps accounted for 60 percent of the total, 3.7 percentage points more than during the same period of the last year. The share of transactions with short maturities increased. The turnover on the RMB foreign exchange forward market totaled USD3 billion, and the daily turnover rose 71.6 percent over Q1 2009. The turnover of 8 foreign currency pairs amounted to USD12.5 billion, and their daily turnover increased 25.8 percent year on year. The USD/HKD and EUR/USD currency pairs accounted for 64.5 percent

Table 8 Use of Insurance Funds at End-March 2010

	Outstanding balance(RMB100 million yuan)		As a share of total assets (%)	
	End-March 2010	End-March 2009	End-March 2010	End-March 2009
Total assets	42,929.4	35,434.7	100.0	100.0
Of which: Bank deposits	11,594.7	10,004.7	27.0	28.2
Investment	27,943.3	22,178.5	65.1	62.6

Source: The China Insurance Regulatory Commission.

of the total.

7. Performance of the gold market was basically stable

In Q1 2010, trading on the Shanghai Gold Exchange was basically stable. A total of 1,437.7 tons of gold was traded, up 36 percent year on year. The total turnover rose 65.8 percent year on year to RMB351.97 billion yuan. The trading volume of silver surged 386.2 percent over Q1 2009 to 6,848.2 tons and its turnover soared 581.2 percent year on year to RMB27.24 billion yuan. The trading volume of platinum declined 13.4 percent year on year to 13.1 tons and its turnover rose 28.4 percent over Q1 2009 to RMB4.66 billion yuan.

The movement of gold prices on the Shanghai Gold Exchange was consistent with that on international gold markets. During the last ten days of January and the first ten days of February, gold prices stabilized after a downturn. The domestic price of gold had been higher than the international price of gold and the gap between the two widened significantly. The price of gold reached a peak of RMB255.10 yuan per gram and a trough of RMB233.10 yuan per gram. It closed at RMB244.40 yuan per gram at end-March, up 1.34 percent over the beginning of the year.

II. Financial market institutional building

1. Improvements in institutional arrangements for the inter-bank bond market

A pilot program for margin trading and short selling was launched. On March 31, a trading system for margin trading and short selling was launched on the Shanghai Stock Exchange and the Shenzhen Stock Exchange and they started to accept applications for transactions by pilot members. The launch of margin trading and short selling is an important measure to improve institutional arrangements on China's capital market, helping to improve the pricing mechanism and enhance market liquidity in China's capital market.

Stock index futures were launched. As approved by the State Council, stock index futures were launched on April 8 and the first batch of Shanghai-Shenzhen 300 index futures contracts began trading on the China Financial Securities Exchange on April 16. China is an emerging transition economy. In order to satisfy the needs of capital market development during this stage, institutional arrangements of stock index futures need to be improved to lay a solid foundation for the smooth functioning and healthy development of the financial securities market.

Long-term mechanisms for the protection of securities investors improved. On March 15, the CSRC issued the *Rules on Contributions Made by Securities Exchanges and Securities Companies for the Securities Investors' Protection Fund*, further defining the details. Improvements in the fund-raising mechanism in the securities investors' protection fund are significant to make securities institutions more legally compliant, to reinforce the competition, and to protect the legal rights and interests of the investors.

2. Strengthening basic institutional arrangements on the insurance market

In order to improve the management of directors, supervisors, and senior executives in insurance companies, in January the China Insurance Regulatory Commission (referred to as CIRC hereinafter) issued the *Rules on the Qualification of Directors, Supervisors, and Senior Executives of Insurance Companies*. The Rules raised the threshold for taking such jobs and defined how to verify the qualifications, facilitating improvements in the governance structure of insurance companies.

The *Administrative Measures on Terms and Insurance Premium Rates of Property Insurance Companies* and the *Rules on Basic Services for Life Insurance* were launched in succession in February 2010. The Measures improve the terms of insurance policies, the approval and filing of insurance premium rates, and the implementation of contractual insurance premium rates. The Rules further define details concerning telephone services and claim settlements for life insurance, which help improve order on the property insurance market and tackle problems such as difficult claim settlements and misleading sales on the life insurance market.

At present, there are 8 insurance groups (holdings) in the insurance industry in China. The aggregate of their total assets, net assets, and premium income accounted for more than 75 percent of the industry's total, playing a dominant role. In order to reinforce supervision of the insurance groups, the CIRC issued the *Administrative Measures on Insurance Groups (Provisional)* in March, defining details on eligibility of access, scope of business, corporate governance, capital management, and information disclosure by insurance groups.

PART 4 Macroeconomic Analysis

I. Global economic and financial developments

In Q1 2010, the world economy was off on an overall rebound, but it was proceeding at different speeds in the various economies and regions. The emerging market and developing economies experienced a relatively rapid recovery and the United States also witnessed marked growth. However, the euro areas and Japan were lagging behind, especially conditions in Eastern and Southern Europe that remained alarmingly sluggish. Major risks facing the world economy now include: rising sovereign debt risks and trade protectionism, uncoordinated exits from stimulus policies across the various countries due to different recovery speeds, and ballooning asset prices in some areas. Looking ahead, the world economy is expected to further solidify, with better readings of consumption, investment, and export indices in the major economies and a decline in the risks of a double-dip.

1. Economic developments in the major economies

Most economic indices in the U.S. moved upward but the recovery was yet to solidify. In Q1 2010, the annualized GDP growth after seasonal adjustments reached 3.2 percent, which was the third positive reading over three consecutive quarters. But it will take more time for the economy to be back on track and to realize full employment, which means government support is indispensable to the still-fragile recovery. Unemployment rates for the three months in Q1 after seasonal adjustments all stood at 9.7 percent, down 0.3 percentage point compared with December 2009 but still at a high level. Trade volume picked up gradually and the trade deficit edged up a bit. In January and February 2010, total U.S. exports registered USD362.72 billion and total U.S. imports registered USD286.06 billion, and the accumulated trade deficit stood at USD76.66 billion, an increase of USD13.25 billion from the same period of the last year, which was USD63.41 billion. Though the fiscal deficit dropped a little, the outlook remained gloomy. The deficits for the three months in Q1 were USD42.6 billion, USD220.9 billion, and USD65.4 billion respectively, adding up to a 29.8 percent decline year on year. According to the budget released by President Obama on February 1, the deficit for the 2010 year registered USD1.56 trillion and expected expenditures for 2011 would be a record high of USD3.83 trillion. Price levels showed signs of stabilizing, with the seasonally adjusted year-on-year CPI growth for the three months in Q1 standing at 2.7 percent, 2.2 percent, and 2.4 percent respectively and the month-on-month figures were 0.2 percent, 0 percent, and 0.1 percent respectively. Credit was still tight but the crunch eased somewhat. For the three months of Q1 2010, annualized month-on-month bank credits after seasonal adjustments dropped by 8.5 percent, 7.3 percent, and 5.1 percent respectively, showing a slowdown in the decline.

The economy in the euro area continued to rebound but with a weakened momentum. Influenced by the sovereign debt crises in Greece,

Portugal, and Ireland and against the background that the effect of the stimulus policy was phasing out, annualized GDP growth in Q4 2009 registered 0 percent after seasonal adjustments, remarkably lower than the 1.7 percent in Q3 of 2009. The employment condition was still serious, with unemployment rates after seasonal adjustments for the three months in Q1 standing at 9.9 percent, 10 percent, and 10 percent, better than those for Q4 2009. The growth of foreign trade was sluggish. In January and February 2010, year-on-year imports and exports after seasonal adjustments increased by 3.4 percent and 8.2 percent respectively, leading to a surplus of 5.17 billion euro in contrast to the 4.9 billion euro deficit in the same period of the last year. The public debt and deficit call for attention. According to statistics of the European Commission, the budget deficits of the countries in the EU area accounted for 6.9 percent of their GDP in 2010, up by 0.5 percentage point compared with the last year and only a few countries were able to keep their deficits below the standard of 3 percent of GDP. Prices increased moderately, with the month-on-month HICP growing by -0.8%, 0.3%, and 0.9% respectively, and the year-on-year figures edging up by 1.0 percent, 0.9 percent, and 1.4 percent respectively for the three months of Q1.

The Japanese economy rebounded strongly but deflationary pressures lingered. In Q4 2009, the seasonally adjusted annualized GDP was 3.8 percent, and the deflator slid by 2.8 percent compared with the same period of the last year. The employment situation showed signs of improvement, with unemployment rates for the three months in Q1 reading at 4.9 percent, 4.9 percent, and 5.0 percent respectively, decreasing for the first time since July 2009. Trade continued to pick up. In the first three months, imports and exports grew by 19.5 percent and 43.2 percent year on year, leading to a trade surplus of 1.7394 trillion yen, while the same period of the last year saw a deficit of 832.9 billion yen. The budget deficit of the government further expanded, with expenditures registering 92.3 trillion yen in the 2010 fiscal year, among which 44.3 trillion yen was financed through the issuance of treasuries. According to the statistics from the Ministry of Finance of Japan, public debts including those issued by local governments had soared to 174 percent of GDP and were projected to increase further. Demand from the private consumption side remained tepid. In February, household consumption calculated in real prices dropped by 0.5 percent year on year. Price levels fell steadily, with the year-on-year CPI for the three months in Q1 declined by 1.3 percent, 1.1 percent, and 1.1 percent respectively.

The recovery of the emerging market economies was proceeding at different speeds. Due to improvements in domestic and external demand, the economies of the emerging markets in Asia showed obvious signs of recovery. Economic growth in India gained momentum. But the recovery of Russia was yet to be firmed up, reflecting continually growing industrial production but remarkably sluggish retail sales. The major economies in Latin America enjoyed stable fiscal conditions and healthy international balances, contributing to a higher than average speed of recovery. The Latin America Economic Climate Index[1] in January was 5.6, a historical high since July 2007. The sovereign debt crisis

1 The data are released by Getulio Vargas Foundation, a Brazilian economic survey institution.

in the European area cast shadows on the growth of the emerging market economies in Europe. The uncertainties facing the growth of some emerging market countries were increasing due to heavy fiscal burdens, fragile financial systems, and declining appeal to foreign capital.

2. International financial market

In Q1 2009, the exchange rates of the major currencies fluctuated within a narrow band. The euro slumped all the way down against the US dollar after the Fitch Rating suddenly degraded Portugal's sovereign rating and market concerns about the European countries' heavy debt heightened. The movement of the Japanese yen against the US dollar can be divided into two stages: in the first two months of Q1, the yen was pushed upward by the strong performance of the Japanese economy and the better-than-expected economic indices; but beginning in March, the yen was driven down by factors such as heightened expectations for a widening interest spread between the U.S. and Japan and the investors' removing the yen's long positioning right before Easter. The greenback gained against the currencies of most developed countries but depreciated against those of most developing countries. But the effective exchange rate of the US dollar remained generally stable. At the end of Q1, the euro traded at USD1.3526 per euro, down 5.6 percent from end-2009. The exchange rate of the yen against the US dollar closed at 93.28 yen per dollar, weakening slightly by 0.3 percent from end-2009. The Trade Weighted US Dollar Index, which is published by the Federal Reserve, edged up cumulatively by 0.3 percent in the first quarter.

The US dollar Libor remained low and fluctuated a bit. On March 4, the 1-year US dollar Libor hit 0.83 percent, a record low for the year, and then rose gradually. On March 31, the 1-year US dollar Libor was fixed at 0.92 percent, down 0.06 percentage point from the beginning of the year. The Euribor fluctuated downward. On March 31, the 1-year Euribor read 1.212 percent, down 0.036 percentage point from the beginning of the year.

With the gradual recovery of the world economy and the firm expectation that inflation would remain low, fluctuations in the yields of U.S. and Japanese treasuries flattened. The yields of long-term U.S. treasuries dipped before rising again and yields of long-term Japanese treasuries gained slightly. Risk aversion demands stemming from the Greek debt crisis weighed on the yields of long-term euro treasuries. On March 31, the yield of 10-year treasury bonds of the U.S., euro area, and Japan closed at 3.832 percent, 3.095 percent, and 1.413 percent respectively, up 0.039 percentage point, down 0.286 percentage point, and up 0.122 percentage point compared with the beginning of the year.

The major stock markets rallied after initially dropping. Triggered by expectations of the exit of the stimulus policies and worries about the European sovereign debt crisis, the major stock markets all experienced a dramatic correction at the beginning of the year. But a new round of rallies began when the global economy showed signs of a firm recovery and the European sovereign crisis eased somewhat. On March 31, the Dow Jones Industrial Average, the NASDAQ, the STOXX50, and the Nikkei 225 closed at 10,857, 2,398, 2,931, and 11,090 respectively, up 4.1 percent, 5.7 percent, 1.1 percent, and 5.2 percent from the beginning of the year.

Box 2 Carry Trade

Carry trade refers to a strategy in which investors borrow in a low interest currency, convert the borrowed sum into currencies with higher interest rates or an expectation of appreciation and make investments in the relevant capital markets. Earnings from carry trade include the interest spread, currency appreciation, and capital gains. Elements influencing carry trade involve interest rates, exchange rates, and risk preferences. The Japanese yen and Swiss franc, with their low interest rates, have been traditional funding currencies for carry trade. Since Japanese interest rates were set at low levels for a very long period of time, Japanese residents and households engaged in carry trade using yen as the vehicle, and made investments in the bond markets of countries with high-yielding currencies such as Australia and New Zealand to earn higher profits. Later, the huge interest spread attracted many international investors and made yen carry trade into a thriving strategy.

Since the outbreak of this round of the financial crisis, the interest rate of the US dollar was kept low, gradually making the US dollar a popular funding currency for carry trade. According to statistics from the U.S. banking sector, dollar carry trade rocketed to USD400 billion in the first half of 2009. The magnitude of US dollar carry trade is even larger compared with the yen carry trade because of the huge U.S. economic aggregate, the important status of the dollar, and the large number of investors. First, US dollar carry trade involves more investors and sectors. High-yielding currencies, emerging markets, and commodity markets are hot spots for US dollar carry trade, and major investors in dollar carry trade are institutional investors. Second, dollar carry trade adds to the complexity in the making and conduct of monetary policy in various countries. Capital inflows as a result of carry trade challenges the independence and effectiveness of the monetary policy of the emerging market economies. Meanwhile, dollar carry trade also keeps capital away from the real U.S. economy, expands the spillover effect of U.S. monetary policy, and dampens its recovery. Third, dollar carry trade increases global inflation pressures. When carry trade money goes into commodity markets, it increases the proportion of transactions that are made for financial purposes and distorts commodity prices from reflecting real demand, putting upward pressures on global inflation.

Normal carry trade helps narrow interest spreads among different countries and optimizes capital allocations. However, excessive carry trade might cause shocks in the financial markets, especially when large-scale carry trade closes its position. Asset prices might fluctuate dramatically, even triggering a regional financial crisis. Though the factors behind the 1997 Asian financial crisis were complicated, some scholars believe that the fast unwinding of large-scale yen carry trade was one of the contributing reasons.

The US dollar carry trade is developing very rapidly. However, the closing of the dollar position is also frequent in financial markets and causes money to reflow to the U.S. In the future, the US dollar interest rate, exchange rate, and risk preference might have a directional change, causing large uncertainties for the prospects of the US dollar carry trade. The development and the short selling of carry trade might have a great impact on the global economy and the functioning of financial markets, therefore it needs to be followed closely.

3. Housing market development in the major economies

The U.S. housing market continued to be sluggish. In February 2010, the national housing price index decreased by 0.58 percent month on month. In the same month, new home sales registered 575,000, up by 0.17 percent year on year; and the start of new homes registered 308,000, down by 13 percent year on year, indicating that the decline had leveled off.

The recovery of the European housing market was tepid. Since Q1 2010, the price hike in the British housing market slowed down. For the first three months of the year, the Halifax Housing Index rose by 0.42 percent, -1.64 percent, and 1.09 percent month on month after seasonal adjustments. In March, the start of new homes in France registered 33,457, up for two consecutive months. Since December 2009, the total number of building permits issued in Germany continued to drop. It is expected that the lingering sovereign debt crisis and the high unemployment rate will continue to drag down the European housing market for the near term.

The Japanese housing market remained weak. Since the outbreak of the financial crisis, the housing market was hit hard by the slumping demand and deflationary economy. In January and February, month-on-month new home starts decreased by 6.3 percent and 13 percent respectively, but they picked up by 15 percent in March. Land prices were restrained by the rising vacancy/rent rate of office buildings and falling rent. According to a survey conducted by the Ministry of Land, Infrastructure, Transport, and Tourism of Japan, land prices in Japan plummeted by 4.6 percent in 2009, among which the price of commercial land declined by 6.1 percent and that of residential land declined by 4.2 percent However, the speed of the decline in land prices slowed.

4. The monetary policies of the major economies

The unconventional monetary policies adopted by the central banks of the major economies for quantitative easing began to unwind, but the exit was proceeding at different speeds across the regions. The size of the central banks' balance sheets remained much larger than the during the crisis level. Although signs of a global recovery became stronger as time went on, economic growth was yet to be solidified due to the weak labor market, slow income growth, and still tight credit conditions. To support an economic rebound, the U.S. Federal Reserve, the ECB, and the Bank of Japan kept their benchmark interest rates unchanged at 0–0.25 percent, 1 percent, and 0.1 percent respectively in Q1 2010. In order to manage inflation expectations, except for Japan, the U.S. Federal Reserve and the ECB started to gradually exit from the accommodative monetary policy. On February 18, the Fed boosted its discount rate to 0.75 percent, the first increase in the interest rate since December 2008. On March 8, the Federal Reserve Bank of New York announced the beginning of a program to expand its counterparties for conducting reverse repurchase agreement transactions, so as to drain excessive liquidity from the U.S. banking system. On March 31, the Federal Reserve closed all the special liquidity facilities except for loans backed by new-issue commercial mortgage-backed securities under the Term Asset-Backed Securities Loan Facility. In line with the improved market conditions, the ECB, the Bank of England, the Bank of Japan, and the Swiss National Bank terminated the temporary US dollar swap arrangements with the U.S. Fed on February 1. On March 4, the ECB decided to continue the gradual phasing-out of its non-standard operational measures but it would continue to provide liquidity support to the banking system. On February 4, the Bank of England voted to maintain the stock of asset purchases at £200 billion and to suspend further purchases for the moment, the first suspension during the past 11 months. Against the backdrop of deflation, the Bank of Japan reiterated the importance of maintaining an accommodative monetary policy and vowed to prevent at any cost the economy from entering into a recession.

In contrast to the major developed economies, Australia and some emerging market economies experienced a strong rebound and accelerated the process of exiting from the accommodative monetary policy. The Reserve Bank of Australia boosted its cash rate by 25 basis points three times, on March 2, April 6, and May 4. Since October 2009, the Reserve Bank of Australia has increased its policy rates five times to the current 4.5 percent. On January 29, the Reserve Bank of India increased the Cash Reserve Ratio by 75 basis points to 5.75 percent And on March 19, the Reserve Bank of India raised the repo rate and the reverse repo rate by 25 basis points to 5 percent and 3.5 percent respectively. On March 4, Bank Negara Malaysia announced it would raise the Overnight Policy Rate by 25 basis points to 2.25 percent, becoming the first Asian economy to boost policy rates since 2010. On April 14, the Monetary Administration of Singapore (MAS) decided to re-center its exchange-rate policy band upward, switching the "zero percent appreciation" path of the Singapore dollar implemented since October 2008 to a "moderate and gradual appreciation." This might mark the beginning of monetary tightening in Singapore.

5. Global economic outlook

According to the IMF projection in April, as the global economy came out of recession, the recovery evolved better than expected but was proceeding at varying speeds across the countries. In 2010, world output was expected to rise by about 4.25 percent, an upward revision of 1 percentage point from the October 2009 projection and similar to the January 2010 projection. The growth rates for the U.S., the euro area, Japan, and the emerging market economies were estimated to be 2.3 percent, 1.0 percent, 1.9 percent, and 6.3 percent respectively, up by 5.5 percentage points, 5.1 percentage points, 7.1 percentage points, and 3.9 percentage points from real growth in 2009. The IMF believed that the still-low levels of capacity utilization and well-anchored inflation expectations would keep inflation under control in 2010, but conditions might vary across countries. For the developing economies, inflation expectations remained subdued and downward price rigidities became more binding. Overall inflation rate was estimated to increase from 0.1 percent in 2009 to 1.5 percent in 2010. For the emerging market and developing economies, inflation was expected to rise to 6.2 percent in 2010 because of the strong economic rebound and capital inflows.

Looking ahead, the global recovery might be undermined by factors such as untamed sovereign debt crises, battered fiscal conditions in some economies, high unemployment rates in the major economies, yet to be disclosed losses from crises and uncertainties about the influence of the policy exit. International communications and coordination should be enhanced to fight all kinds of trade and investment protectionism and to firmly facilitate economic globalization.

Box 3 The European Sovereign Debt Crisis

As a result of the financial crisis, fiscal expenditures in some economies in Europe soared, whereas their tax income declined, leading to a continual deterioration of their fiscal conditions. Worries about a sovereign default tightened in the market, causing large fluctuations in global stock markets, exchange markets, security markets, and commodity markets, casting shadows on a global recovery.

In January 2009, the sovereign ratings of Greece, Portugal, and Spain were downgraded due to the recession and the gloomy fiscal situation, adding to market worries about the solvency of the European countries. In October 2009, the Greek government unveiled a budget with a deficit and total debt standing at 12.7 percent of GDP and 113.0 percent of GDP respectively, and the market panicked. In December 2009, Fitch, Moody's and S&P again downgraded the sovereign ratings of Greece, Portugal and Spain. Portugal, Ireland, Italy, Greece, and Spain (PIIGS) were cited as the (PIIGS) were cited as the five Eurozone countries facing the greatest risks of sovereign defaults.

By end-February 2010, since there was still no rescue agreement for the Greek sovereign crisis, S&P and Moody's warned almost simultaneously that the sovereign rating of Greece might be decreased again in the following several months. On April 9, Fitch downgraded Greece to BBB-, making it more difficult for the Greek government to raise funds in the market. On April 27, S&P cut Greece's long-term debt rating to BB+ (junk bond status) and decreased Portugal's long-term rating to A-. Market confidence in the euro and the Eurozone was hit hard. On April 29, S&P downgraded Spain's sovereign rating from AA+ to AA. The European sovereign crisis showed signs of expanding.

On May 2, after rounds of tough negotiations, an agreement on a rescue package for Greece was finally reached between the EU and the IMF. The deal consisted of a loan of 110 billion euro to the Greek government for the following three years, among which 80 billion euro would come from the Eurozone countries while USD30 billion would come from the IMF. On May 3, 2010, as a rescue measure the ECB suspended its minimum threshold for Greek debts until further notice. These measures served as a sign of stability for the market. However, the rescue plan had to go through EU legal procedures and the terms were conditional, therefore possibilities for future setbacks and reversals remained and concerns about the outlook for the Eurozone still existed. The fragile confidence of investors in the Eurozone drove down the exchange rate of the euro to the dollar to a year low.

A major reason behind the European sovereign crisis was that some countries spent beyond their means. Those countries ended up in such a situation because they overlooked the risks of a rocketing fiscal deficit and issued too many debts. But from a deeper perspective, this crisis also reflected that the EU lacked effective ways to enforce fiscal discipline. The debt level of some countries far exceeded the level prescribed by the Growth and Stability Pact, eventually evolving into a crisis. The European sovereign crisis is also related to the excessive expenditures by the Western governments. According to Jean-Claude Trichet, president of the ECB, the Greek economic problem was not rare among the developed countries. If some developed countries fail to substantially cut expenditures and to increase income, a sovereign crisis might spread to other parts of the world.

The European sovereign crisis directly impaired the growth of the Eurozone and brought enormous uncertainties about a global recovery. It triggered large fluctuations in global stock markets, exchange markets, and securities markets. With the markets still fragile, the crisis might even lead to a chain reaction and systemic risks. Therefore, the development of the European sovereign debt crisis should be closely followed.

II. Analysis of China's macroeconomic performance

In Q1 2010, Chinese economic performance was stable and displayed a stronger momentum for recovery and growth. Domestic demand continued to grow while external trade activities recovered in a more resilient manner; industrial output rebounded rapidly, consumption rose fairly quickly, and the growth of fixed-asset investment moderated. The general price level was stable. In Q1, GDP was up 11.9 percent year on year to RMB8.06 trillion yuan, representing an acceleration of 5.7 percentage points; CPI was up 2.2 percent year on year, 2.8 percentage points higher than in Q1 2009; the trade surplus was down USD47.77 billion year on year to USD14.49 billion.

1. Nominal growth of consumption accelerated, while growth of investment moderated and external trade rebounded more rapidly

Urban and rural household income increased further and domestic consumer demand remained stable. In Q1, the per capita disposable income of urban households registered RMB5,308 yuan, representing a nominal increase of 9.8 percent and real growth of 7.5 percent year on year; the per capita net income of farmers was RMB1,814 yuan, a nominal increase of 11.8 percent and real growth of 9.2 percent year on year. In Q1, per capita consumer spending of urban residents increased 8.7 percent to RMB3,475 yuan, down 0.9 percentage point from the previous year. In Q1, total retail sales rose 17.9 percent nominally and 15.4 percent in real terms, an acceleration of 2.9 percentage points and a deceleration of 0.5 percentage point respectively from the previous year. The gap between nominal and real growth rates reflected the impact of rising prices in recent months. Broken down by urban and rural[1], urban consumption grew faster than rural consumption, but the gap

1 In line with the definition of urban and rural areas for statistical purpose and the reform plan on trade statistics released by the National Bureau of Statistics in October 2009, data on retail sales are classified by rural and urban areas according to new categorization standard since January 2010. The former categorization based on administrative levels, i.e. city, county and below county level was replaced by the new classification of whether it is in urban areas (including cities and towns) or rural areas. As the two ways of classification are based on different standards, the aggregate and structural data on urban consumption in 2010 are not comparable with historical data.

closed a bit. In Q1, retail sales in urban areas posted RMB3.06 trillion yuan, up 18.4 percent nominally and 16.1 percent in real terms year on year, whereas retail sales in rural China registered RMB0.58 trillion yuan, up 15.4 percent in nominal terms and 12.5 percent in real terms.

Fixed-asset investments rose in a moderate manner, with investment in tertiary industries remaining high. In Q1, fixed-asset investments totaled RMB3.53 trillion yuan, up 25.6 percent year on year nominally (representing a deceleration of 3.2 percentage points from the previous year), and up 23.3 percent in real terms. Broken down by urban and rural, fixed-asset investments in the urban areas posted RMB2.98 trillion yuan, up 26.4 percent year on year and representing a deceleration of 2.2 percentage points from the previous year; fixed- asset investments in the rural areas stood at RMB0.55 trillion yuan, an increase of 21.0 percent and representing a deceleration of 8.4 percentage points. Among the urban fixed-asset investments, investments in eastern, central, and western China rose 24.4 percent, 26.2 percent, and 30.0 percent respectively, with investment growth in the west exceeding that in the other areas; Broken down by industries, investment in the primary, secondary and tertiary industries increased 9.7 percent, 22.4 percent, and 30.0 percent respectively, with investment growth in tertiary industries surpassing the other two. In Q1, planned investment in urban construction projects was up 30.4 percent year on year to RMB27.96 trillion yuan, and projects under construction increased by 24,557 to 153,662.

Exports and imports recovered more vigorously and the trade surplus declined by a large margin. In Q1, exports and imports totaled USD617.85 billion, up 44.1 percent year on year and representing an acceleration of 69.0 percentage points. In particular, exports amounted to USD316.17 billion, up 28.7 percent year on year and representing an acceleration of 48.4 percentage points whereas imports totaled USD301.68 billion, up 64.6 percent and representing an acceleration of 95.5 percentage points, resulting in a surplus of USD14.49 billion, down USD47.77 billion year on year. Due to factors such as rising import prices and strong domestic demand, external trade showed a surplus of USD7.24 billion, the first time since May 2004. Improvements in the structure supported the continuous recovery of external trade. The export of electronics and high-tech products rose 31.5 percent and 39.1 percent respectively in Q1, both exceeding the growth of external trade. On the import side, ballooning resource and bulk commodity imports drove up imports. In Q1, the import of iron ore, crude oil, and finished oil products, primary shaped plastic, steel, aluminum oxide, and crude aluminum, crude copper, and soybeans grew 84.1 percent year on year to USD75.87 billion, accounting for 25.1 percent of total imports and far exceeding the growth of imports of electronics and high-tech products. In Q1, actually utilized foreign direct investment totaled USD23.44 billion, up 7.7 percent year on year and representing an acceleration of 28.2 percent.

2. Development of the agricultural sector remained stable and industrial production rebounded rapidly

The output of secondary industries rebounded. In Q1, the added value of primary, secondary, and tertiary industries reached RMB513.9 billion yuan (up 3.8 percent and representing an acceleration of 0.3 percentage point from the previous year), RMB3,907.2 billion yuan (up 14.5 percent and representing an acceleration of 9.1

percent), and RMB3,636.6 billion yuan (up 10.2 percent and representing an acceleration of 2.8 percentage points) respectively. The shares of the three industries were 6.4 percent, 48.5 percent, and 45.1 percent of GDP year on year respectively.

Development of the agricultural sector was stable and the grain-farming area continued to increase. It is estimated the grain-farming area will increase by 470,000 hectares year on year to 1,094.6 million hectares in 2010. In Q1, pork, beef, mutton, and poultry output totaled 21.04 million tons, up 4.7 percent. In particular, pork output grew 5.2 percent to 14.27 million tons. In Q1, the producer price of agricultural products was up 6.7 percent year on year, representing an acceleration of 12.6 percentage points and 6.4 percentage points higher than the agricultural capital goods index. This positive gap helped to increase the income of the farmers.

Industrial production rebounded quickly and profits of industrial enterprises rose. In Q1, growth of industrial added value was up 19.6 percent year on year, representing an acceleration of 14.5 percentage points from the previous year and 1.6 percentage points from the previous quarter. Sales of industrial products were brisk, with their sales to output ratio up 0.5 percentage point year on year to 97.5 percent. With the domestic recovery on the fast track and the recovery of external demand, enterprise profits surged. According to statistics from 24 regions in China[1], profits of statistically large industrial enterprises in the 24 regions increased 102.6 percent year on year to 690.9 billion yuan. In 39 industrial sectors, profits of 38 sectors increased year on year. The PBC's survey of industrial enterprises in 24 regions in Q1 showed that the enterprise business performance index was up 2.2 percentage points from the previous quarter to 62.9 percent, representing growth for four consecutive quarters, but lower than the pre-crisis level by 2.4 percentage points; generally, enterprise profits were on the rise, with their profitability index rising for four consecutive quarters to reach their pre-crisis level.

3. Consumer prices further recovered and producer prices rose quickly

Consumer prices rallied further. In the three months of Q1, the CPI was up 1.5 percent, 2.7 percent, and 2.2 percent respectively, averaging 2.2 percent and higher than in Q1 2009 by 2.8 percentage points. Food prices were up 5.1 percent and contributed 1.7 percentage points to CPI growth, whereas non-food prices were up 0.8 percent and contributed 0.5 percentage point to CPI growth. The month-on-month CPI was up 0.6 percent and 1.2 percent in the first two months and saw positive growth with the seasonal adjustments. The month-on-month CPI was down 0.7 percent in March, due to declining food prices after the Spring Festival. After seasonal adjustments, the March month-on-month CPI was positive. As for the contribution of base period and new rise factors, new rise factors played a greater role, with the base period factor averaging 1.0 percent and the new rise factor averaging 1.2 percent in Q1.

Producer prices went up sharply. In Q1, the producer price of industrial goods was up 5.2

1 This includes statistically large industrial enterprises in 24 provinces (autonomous regions and municipalities directly under the central government), excluding Inner Mongolia, Hunan, Guangdong, Hainan, Chongqing, Yunnan, and Tibet. Their income from their main business accounts for 82 percent of the total of all statistically large enterprises in China, and their profits account for 84 percent of the total.

percent year on year, representing an acceleration of 9.8 percentage points, or up 4.3 percent, 5.4 percent, and 5.9 percent monthly. In Q1, the purchase price of raw materials, fuel, and power was up 9.9 percent year on year, or up 8.0 percent, 10.3 percent, 11.5 percent respectively in the three months, representing an acceleration of 17.0 percentage points from the previous year. The price of agricultural capital goods was up 0.3 percent, or by -0.4 percent, 0.3 percent, and 0.9 percent respectively, representing a deceleration of 5.5 percentage points. In the CGPI, investment goods and consumer goods were up 5.9 percent and 3.8 percent respectively. The rising prices of primary products contributed to the growth of the CGPI. In the basket of the CGPI, the prices of agricultural products, mineral products, and coal and electricity were up 9.1 percent, 14.6 percent, and 17.6 percent respectively in Q1.

Import prices rose by a very large margin. In Q1, import prices were up 13.5 percent, 15.6 percent, and 17.6 percent in the three months respectively, representing an acceleration of 31.2 percentage points from the previous year; export prices were down 5.3 percent, 5.5 percent, and up 1.4 percent, averaging -3.1 percent and representing a deceleration of 1.2 percentage points from the previous year. The continued hike in international commodity prices contributed to the surge in import prices. In Q1, the crude oil futures price was up 3.6 percent quarter on quarter, and 82.2 percent year on year, on the New York Mercantile Exchange, whereas the Brent oil spot price was up 2.3 percent quarter on quarter and up 71.1 percent year on year. In the London Metal Exchange, spot copper and aluminum prices were up 8.9 percent and 8.1 percent respectively quarter on quarter and up 110.6 percent and 59.2 percent year on year.

Labor compensation increased rapidly. In Q1, the average monthly salary of urban employees was up 13.1 percent year on year to RMB2,754 yuan, representing an acceleration of 0.3 percentage point. In particular, the average monthly salary in state-owned urban entities was up 13.0 percent to RMB2,928 yuan; that in collectively-owned urban entities was up 14.3 percent to RMB1,708 yuan; and that in other types of urban entities was up 13.2 percent to RMB2,666 yuan.

The GDP deflator rebounded fairly quickly. In the period under review, the GDP was up 11.9 percent in real terms to RMB8,057.7 billion yuan. The rate of change in the GDP deflator (as a ratio of nominal GDP to real GDP) was 4.8 percent, up 7.3 percentage points from Q1 2009 and up 6.6 percentage points from 2009.

The reform of resource prices made further progress. The National Development and Reform Commission (NDRC) decided to raise the price of gasoline and diesel by RMB320 yuan per ton based on the improved pricing mechanism with reference to oil price movements on the international market. Going forward, it is necessary to continue the pricing reform of fuel, natural gas, water, and other resource goods and the reform of the mechanism for charging environmental fees based on the affordability of the various parties, improve the system where the polluters pay, enhance the fundamental role of the market in allocating resources, and increase resource supplies while suppressing irrational demands so as to promote the optimization of the economic structure and the transformation of the development pattern.

Box 4 Management of Inflation Expectations

Inflation expectations are the public's expectations of the future direction and range of movements in the inflation rate. Inflation expectations will have an impact on the level of general inflation, including asset prices from both the demand and supply sides. On the demand side, inflation expectations will reduce the public's demand for cash and increase their demand for assets and goods, thus pushing up the prices of assets and goods. On the supply side, inflation expectations will boost upward expectations of salary costs, and thus corporate expectations of higher manufacturing costs, which may prompt companies to raise factory prices. Inflation expectations have different impacts on the movement of various categories of prices. Generally, relative to the manufacturing sector where productivity is higher, the less productive and more labor-intensive agricultural and service sectors are more prone to inflation expectations; relative to the consumer goods market prices in asset market, which is more liquid and has a stronger ability for currency substitution, are more prone to inflation expectations.

All countries attach much importance to management of inflation expectations and usually take one or several of the following approaches. First, inflation targeting is adopted to boost public confidence in the effectiveness of monetary policy. Second, the central bank enhances communications with the public, increases monetary policy transparency, and guides public expectations. Third, when necessary, measures are taken to limit the prices of fundamental capital goods, for example making sure salary growth is not higher than the growth of labor productivity, to forestall inflation in the form of a price-salary spiral.

Since 2009, inflation expectations have become more pronounced. The future price expectation index in the PBC's urban depositor survey has been on the rise since Q1 2009 and has remained high in Q1 2010 after some moderation. Several factors have pushed up inflation expectations. First of all, with the major economies adopting exceptionally loose monetary policies and thus creating an easy monetary environment globally, the very low interest rates of the dollar and other major currencies have given rise to higher global inflation expectations, as reflected in the sharp rebound in the prices of primary product. Second, on the domestic front, the ballooning of money and credit aggregates as a result of measures taken to mitigate the impact of the international financial crisis have also led the general public to expect higher prices in the future. Third, despite the stable movements of indices, such as the CPI and PPI, prices of primary products, services, and assets including housing surged. Fourth, the recent extreme weather and natural calamities have led to expectations of higher prices for agricultural products.

On the track of the reform and transition, China faces an arduous task to transform the growth pattern and to adjust the economic structure. The domestic pricing mechanism of important resource products and other capital goods needs to be further adjusted. The factors giving rise to inflation expectations in China are more complex than and different from those in the advanced economies. The management of inflation expectations should be based on domestic circumstances while drawing reference from the experiences of other countries. Specifically, first, it is necessary to communicate with the general public and to guide public opinion and increase the public's confidence in price stability; it is necessary to explicitly state that price stability is an important policy goal and the measures taken by the government will keep prices stable; it is also necessary to explain to the public those factors affecting price levels, such as the energy and resource pricing reform that is designed to adjust the supply and demand relationship, to promote energy efficiency and conservation, and to create a good price environment for economic development and greater social welfare, and that such reforms will not mean higher general price levels. Second, monetary policy operations should manage liquidity, credit, and money aggregates effectively so that monetary policy instruments will play a role in managing inflation expectations. Third, given the large share of food in domestic consumption, and consequently the large impact of food prices on consumer prices, it is necessary to take measures to increase the domestic supply of agricultural products and to keep their prices stable. Fourth, due to the relatively underdeveloped state of the real estate market and the growing household demand for financial assets, it is necessary to take multiple measures to enhance macro-prudential management, keep the leveraging ratio within a safe range, and prevent excessive asset price inflation which would strengthen expectations of consumer price inflation. Fifth, with the investment ratio remaining high, resource consumption extensive, and upstream prices prone to the shock of international primary goods prices, China needs to continue the pricing reform of water, electricity, petroleum, gas, and other resource products and improve the basic welfare system for low-income groups by taking social welfare and subsidy measures to ease the impact of the reform on the livelihood of low-income people.

4. Fiscal revenue grew by a large margin

With the economic recovery on the way and a low year-on-year base, fiscal revenue (excluding debt income) surged in Q1. Fiscal revenue increased 34.0 percent year on year to RMB1,962.71 billion yuan, representing an acceleration of 42.3 percent from Q1 2009, whereas fiscal expenditures grew 11.9 percent to RMB1,433.00 billion yuan, representing an acceleration of 22.9 percentage points. Revenue exceeded expenditures by RMB529.71 billion yuan, representing an expansion of RMB346.60 billion yuan from Q1 2009.

In Q1, tax revenue was up 35.9 percent year on year, an acceleration of 46.2 percent from the previous year. In particular, domestic VAT revenue, business tax, and consumption tax revenue were up 11.3 percent, 41.2 percent, and 69.4 percent respectively, representing an acceleration of 13.7 percentage points, 42.7 percentage points, and 30.9 percentage points from the previous year. Due to the improved enterprise profits, VAT revenue was up 16.1 percent, representing an acceleration of 32.8 percentage points. Within the expenditure basket, the three largest items were education (RMB216.49 billion yuan, or 15.1 percent of total spending), social security and employment (RMB196.00 billion yuan, or 13.7 percent of total spending), and general public services (RMB169.64 billion yuan, or 11.8 percent of total spending). As for item-by-item growth of expenditures, with the exception of spending on science and technology that grew by 66.6 percent year on year, faster than during the same period of the last year, growth of spending on other items all decelerated, i.e., general public services spending was up by 11.5 percent year on year, education was up 17.1 percent, medical and health care was up 6.5 percent, social security was up 9.1 percent, and environmental protection was down 21.1 percent.

5. The balance of payments remained in surplus

In Q1, net foreign exchange inflows expanded and foreign exchange reserves continued to build up. The oversupply of foreign exchange became more salient. In Q1, banks incurred a surplus in their foreign exchange surrender business that was 117 percent larger year on year, compared with a surplus that was 73 percent less year on year in Q1 2009. At end-March, official foreign exchange reserves posted USD2.45 trillion yuan, up USD47.9 billion from end-2009. Going forward, though a second-dip recession is unlikely, given the lingering risks in the financial sector, the global recovery may not be smooth and large fluctuations in cross-border capital flows cannot be ruled out. Therefore, the international environment remains very complex for China's BOP account and the trend of net capital inflows will continue.

The size of the external debt expanded. At end-2009, outstanding external debt totaled USD428.65 billion, an increase of 14.4 percent or USD53.99 billion from end-2009. In particular, outstanding registered external debt USD266.95 billion, an increase of 2.5 percent or USD6.39 billion, accounting for 62.3 percent of the total outstanding external debt; outstanding short-term external debt increase 23.0 percent, or USD48.47 billion, to USD259.26 billion, accounting for 60.5 percent.

6. Sectoral analysis

Industrial output recovered quickly and profits rose by a large margin. In January and February, profits of statistically large enterprises increased 119.7 percent to RMB486.74 billion yuan. Heavy chemical industries and transportation and communications industries contributed greatly to profit gains whereas light industries and those whose raw materials suffered from huge price fluctuations did not register large profit gains. Among the 39 sectors, 35 sectors reported a year-on-year growth of profits, two loss- making sectors began to make profits, and one loss-making sector reduced its losses. In particular, the electricity industry, transportation and communications sector, chemical fiber industry, chemical industry, oil and gas extracting industry, and electronic telecommunications equipment manufacturing industry showed profit gains of 17.8 times, 2.7 times, 86.1 times, 1.7 times, 3.5 times, and 5.6 times year on year, whereas the steel and iron industry turned from losing RMB720 million yuan to making RMB17.67 billion yuan, and the non-ferrous metal smelting and rolling industry turned from losing RMB1.63 billion yuan to making RMB14.07 billion yuan. The supply of coal, electricity, and oil remained generally stable. In Q1, the output of raw coal, power generation, and crude oil increased by 28.1 percent year on year to 750 million tons, or 20.8 percent to 948.9 billion kilowatts per hour and 4.6 percent to 48.19 million tons respectively; a total of 7.14 billion tons of freight volume was handled, up 16.5 percent year on year.

(1) Real Estate Sector

In Q1, the sold floor area and volume of commercial real estate continued to expand, the price of housing rose rapidly, and the growth of real estate development accelerated. The growth of commercial real estate development was fast but moderated by end-March.

Real estate development investment increased rapidly and land purchases and floor areas of newly started projects both registered large growth. In Q1, a total of RMB659.4 billion yuan was invested in real estate development, an increase of 35.1 percent year on year, representing an acceleration of 31 percentage points from Q1 2009 and 19 percentage points from 2009. In particular, investment in commercial residential property grew 33.0 percent to RMB455.2 billion yuan, representing an acceleration of 18.8 percentage points from 2009. In Q1, land purchases by real estate development enterprises increased 30.0 percent to 61.66 million square meters, as compared to a reduction of 18.9 percent year on year in 2009; the floor area of newly started housing projects increased 60.8 percent year on year to 323 million square meters, representing an acceleration of 48.3 percentage points from 2009.

The floor area and sales volume of sold commercial real estate continued to grow, albeit at a rate lower than that in 2009. In Q1, the total floor area of sold commercial real estate was up 35.8 percent to 154 million square meters, an acceleration of 27.6 percentage points from Q1 2009 but a deceleration of 6.3 percentage points from 2009. The sale of commercial real estate was up 57.7 percent year on year to RMB797.7 billion yuan, an acceleration of 34.6 percentage points from Q1 2009 but a deceleration of 17.8 percentage points from 2009.

Housing prices surged. In March 2010, housing prices in the 70 large and medium cities grew a record high of 11.7 percent year on year and 1.1 percent month on month, with the latter representing a deceleration of 0.2 percentage point from January and an acceleration of 0.2 percentage point from February. The price of new homes in these 70 cities was up 15.9 percent year on year, led by the five cities of Haikou (growing 64.8 percent), Sanya (growing 57.5 percent), Wenzhou (growing 22.3 percent), Jinhua (growing 20.9 percent), and Guangzhou (growing 20.3 percent); the price of pre-owned homes was up 9.5 percent year on year, led by Sanya (growing 50.4 percent), Haikou (growing 40.4 percent), Shenzhen (growing 18.6 percent), Wenzhou (growing 18.6 percent), and Yinchuan (growing 16.2 percent).

Growth of outstanding commercial real estate loans moderated but remained high. At end-March 2010, outstanding commercial real estate loans of major financial institutions were up 44.3 percent year on year to RMB8.18 trillion yuan, representing a deceleration of 0.6 percentage point from end-February 2010 and an acceleration of 6.2 percentage points from 2009. In particular, growth of land development loans continued to decline as they grew 80.2 percent year on year to RMB745.3 billion yuan, representing a deceleration of 24 percentage points from end-2009. Real estate development loans grew in a generally moderate manner. At end-March, outstanding real estate development loans were up 19.6 percent year on year to RMB2.10 trillion yuan, representing an acceleration of 3.8 percentage points from end-2009 but a deceleration of 0.7 percentage point. Growth of mortgage loans accelerated. At end-March, outstanding mortgage loans were up 52.6 percent year on year to RMB5.33 trillion yuan, representing an acceleration of 10.1 percentage points from the end of 2009, with mortgage loans for new homes up 50.3 percent and mortgage loans for pre-owned homes up 91.6 percent. At end-March, outstanding real estate loans accounted for 20.1 percent of the total outstanding loans, an acceleration of 0.9 percentage point from end-2009.

To address the excessive housing price hike, on January 7, 2010 the State Council issued the *Notice on Promoting Steady and Healthy Development of the Real Estate Market* to improve and strengthen macro-management of the market and to stabilize market expectations. In general, positive changes have occurred on the real estate market. Yet, a trend of excessive housing prices and land price hikes reemerged in some cities, and speculative purchases again became brisk. The State Council attached great importance to this and on April 17, 2010 issued the *Notice on Containing Excessive Price Hikes in Some Cities*, requiring that local governments and relevant departments perform their duties in stabilizing housing prices and in ensuring a supply of welfare housing, containing irrational demand, increasing effective housing supply, accelerating the building of welfare homes, and strengthening market supervision.

(2) Water Production and Supply Industry

The serious drought in several southwestern provinces has affected local economic activities and people's daily life to a very large extent. The situation has also highlighted the vital importance of water resources and the necessity for the efficient use of water resources. As a result of population and economic growth, water shortages have become a bottleneck factor in China's development. Between 2000 and 2009, with per capita disposable fresh water resources at a mere 900 cubic meters, China became one of the water shortage countries. The water shortage has amounted to 40 billion cubic meters per year and 400 out of 655 cities are experiencing water shortages, including 110 cities with severe water shortages. About 230 million mu of farming land is affected by drought as a result of the water shortages.[1]

The production and supply of water, sewage treatment and recycling, and treatment and re-use of water are vitally important to people's daily lives and economic activities. In recent years, due to the rapid growth of the water production and supply industry, water supply capacity, water quality, and water supply technology and services have all improved. In 2009, there were over 4,000 public water factories and over 2,000 sewage processing factories in urban China. The water supply capacity and sewage treatment capacity in urban China is 266 million and 105 million cubic meters per day respectively; the total length of water supply pipes and drain pipes is 480,000 kilometers and 315,000 kilometers respectively; urban water supply and sewage drainage are 50 billion cubic meters and 36 billion cubic meters respectively.[2] There are two main problems in the water production and supply industry. The first problem is poor efficiency, as evidenced by the widespread losses in water production and supply factories. In February 2010, about 48 percent of these enterprises incurred total losses of RMB1,620 million yuan, and the entire industry showed sales profitability of -2.77 percent.[3] The second problem is low supply ability and poor utility efficiency. At the moment,

1 National Development and Reform Commission, *Report on the State of Water Resources and Water Prices.*

2 Water Department of the Ministry of Housing and Urban Construction, news release on the 2010 Urban Water Strategy Forum.

3 Wind information service.

per capita water supply ability in China is only two-thirds of the world average, GDP output per cubic meter of water is only one-third of the world average, and the coefficient of agricultural irrigation water utilization is only about 0.48, far below the average range between 0.7 and 0.8 in the developed countries.[1]

The flawed water pricing mechanism is an important reason behind these problems. As a result of the planned economy, the price of water is basically set by or under the guidance of the government, thus it neither covers compensation for resource consumption and environment pollution nor reflects the relationship of supply and demand or resource scarcity. In urban China, the low level of the price of water supplies, sewage treatment fees, and water resource charges and the limited scope of the charges have contributed to low water prices. The use of water in the agricultural sector is not based on a good pricing mechanism. The low price of water does not help conserve water or prevent water pollution, and without covering sewage treatment costs and water resource fees, the low price also means that the water production and supply sector has low or no profits. The production and supply of water is thus compromised.

In recent years, the government has attached importance to the water-pricing mechanism and has taken a series of policy measures to reform water prices by adjusting and straightening out the prices. Urban water prices are improving in terms of its composition. The urban water supply price or the price for end-users consists of the tap water price (the cost of building and maintaining the pipe network), sewage treatment fees, water resource fees (the contribution to the south-north water diversion fund is also included in the water resource fee in the benefiting regions), and a surcharge on urban public utilities, and the level of water prices has been higher. This plays a positive role in adjusting the supply and demand of water. Given the current situation in the production and utilization of water, the water-pricing mechanism needs to be further improved to build a water-conserving culture and improve water-utilization efficiency. First of all, reform of the water production and supply sector will be deepened. As this is a public utility sector, a market mechanism shall be introduced and a government oversight system shall be established and improved to promote development of the water production and supply sector and to satisfy the demands for water in people's daily lives and in economic activities. Second, the water-pricing mechanism will be improved. The urban water-supply price will be advanced to establish a water-pricing mechanism that fully reflects market supply and demand, water resource scarcity, and the cost of pollution, so that the water-pricing mechanism can adjust water supply and demand. There will be efforts to explore a reform of agricultural water to establish a price-management mechanism that promotes water conservation and reduces the farmers' burdens.

---

1 Chen Lei, minister of water resources, "Strict Management of Water Resources to Guarantee Sustainable Development", *Guangming Daily*, March 22, 2010.

PART 5 Future Monetary Policy Stance

I. Macroeconomic outlook

Supported by a host of favorable factors, the Chinese economy is expected to continue to grow rapidly during the next stage. The PBC business survey and survey on bankers in the first quarter of 2010 both show strong confidence in robust macroeconomic performance into the next quarter, with the macroeconomic expectation index rising 2.6 percentage points quarter on quarter to 47.5 percent in the business survey and picking up 2.5 percentage points to 52.4 percent in the bankers' survey. Externally, despite the shocks of the sovereign debt crisis and other uncertainties in global financial markets, the global recovery in general remains on track, helping to improve the external environment. According to the PBC business survey in the first quarter, the export order index had climbed 0.8 percentage point from the last quarter to 50.0 percent. Domestically, domestic demand is expected to expand rapidly due to growing economic activities and confidence, enthusiasm for a quicker pace of development and greater investment across regions, and stronger growth drivers brought about by urbanization and upgrading of the consumption structure. Newly started projects in the first quarter increased by 5,882 year on year to 58,787, with the total planned investment rising 34.5 percent, continuing the rapid growth from 2009. Structural upgrading in urban consumption and expanding rural consumption supported by higher incomes combined with the economic upturn and improvements in corporate profits and employment will contribute to higher household income and a propensity for consumption that will boost consumption growth. The PBC urban depositors' survey in the first quarter shows that sentiment about future income recovered for three consecutive quarters while sentiment about employment rose for four consecutive quarters, indicating improving household sentiment regarding income and jobs.

Nevertheless, it should be noted that the economy faces a complex environment. At the global level, uncertainties about global economic performance persist and new sources of global growth have not emerged. In the domestic economy, the recovery of domestic demand needs to be established on a more balanced foundation, private investment and endogenous growth drivers need to be enhanced, and expanding consumption, improving income distribution, and optimizing the economic structure remain demanding challenges. Potential risks in public finance must not be overlooked. In this context, it is important to take action that will both support the current sound and relatively rapid development momentum and create favorable conditions for development over the long term. It is also important to accelerate the transformation of the economic development pattern.

Potential pressures for price hikes need to be closely watched. Though the price level is expected to remain stable for the time being as external demand is still in the process of recovery and domestic capacity is adequate, pressures are building up as a result of rising commodity prices, which are supported by the loose monetary conditions, the overall recovery across the globe, and the strengthening confidence as the domestic economy recovers at a rapid speed. The higher costs of labor, resources, and environmental protection may also drive up prices. All these point to heightened upward pressures for prices and greater potential threats to price stability. This is reflected in the results of the PBC urban depositors' survey in the first quarter, which suggests the price approval index dropped 2.3 percentage points from the last quarter and the price expectation index remains high at 65.6 percent.

II. Policy stance for the next stage

The year 2010 will be a critical juncture for China to succeed in its efforts to address the impact of the global financial crisis and to make achievements in supporting sound and rapid economic development and accelerating the transformation of the development pattern. Going forward, the PBC will continue to follow the scientific outlook on development and implement the relatively easy monetary policy in line with the overall arrangements of the State Council. It will properly manage the intensity, pace, and focus of policies and make policies better targeted and more flexible while also maintaining policy consistency and stability. It will strike a balance between supporting sound and relatively rapid development and restructuring the economy and managing inflationary expectations, strengthen the sustainability of financial support to economic development, and ensure that the financial system performs in a sound manner.

First, the PBC will strengthen liquidity management and guide money and credit to grow at a proper pace. In line with economic and financial developments and changes in foreign exchange flows, the PBC will deploy a wide range of monetary policy tools and carefully arrange the mix and term of the policy tools and manage the intensity of monetary policy operations to enhance liquidity management, making sure that liquidity in the banking system remains at a reasonable level and money and credit grow properly. It will guide financial institutions to properly pace provision of loans in line with the requirements for macroeconomic management and the needs of economic developmrient to eliminate sharp monthly credit fluctuations.

Second, the PBC will step up financial support to promote a shift in the development pattern and economic restructung. It will continue to implement differentiated credit policies and to improve the credit structure. Specifically, the PBC will enhance credit policies to support weak links in the economy, employment, energy conservation, and environmental protection, emerging industries of strategic importance, and industrial relocation; address the financing difficulties facing the agricultural sector and small enterprises; ensure that loans to key projects are granted; and rein in lending to high energy-consuming and polluting industries and industries with overcapacity. It will implement differentiated mortgage policies to promote the healthy and stable development of the real estate market. It will improve risk warnings to financial institutions and enhance management of risks of loans extended by local financing corporations. Moreover, the PBC will explore the establishment of a macro-prudential management framework and, taking advantage of the framework's counter-cyclical adjustment function across business cycles, will raise capital restrictions and liquidity requirements for systemically important banks so as to maintain the soundness of the financial system, prevent systemic risks, and improve the sustainability of financial support to economic development.

Third, the PBC will steadily advance the market-based interest rate reform and improve the RMB exchange rate regime. It will press ahead with the establishment of a benchmark interest rate system on the money market to improve pricing ability and the adjustment role of interest rates. It will improve the managed floating exchange rate regime based on market supply and demand and adjusted with reference to a basket of currencies in accordance with the relevant principles, and will keep the RMB exchange rate basically stable at an adaptive and equilibrium level. The PBC will promote the development of the foreign exchange market and introduce more tools for managing exchange rate risks. It will steadily advance the pilot program for RMB settlement of cross-border trade transactions to facilitate trade and investment and will support the going-global initiative. It will deepen the reform of the foreign exchange administration system to promote balanced capital flows. It will also regulate cross-border capital flows and step up monitoring and management of irregular and abnormal fund flows.

Fourth, the PBC will promote the sound development of the financial market. The PBC will deepen the reform of financial enterprises and accelerate the introduction of modern financial enterprise systems. It will provide more direct financing channels for enterprises, speed up the development of the bond market, and introduce more financial derivatives. While promoting innovations in debt-financing instruments for non-financial enterprises, the PBC will encourage SMEs to issue short-term financing bills and medium-term collective bonds, will explore the possibility of issuing SME convertible debt-financing instruments, and will study the issuance of asset-backed bills by enterprises.

Moreover, it will be necessary to strengthen the coordination and cooperation among fiscal, industrial, and monetary policy. Efforts will be needed to support proper and stable growth of domestic demand, develop new consumption models and new sources of consumption growth, and encourage and guide private investment to develop in a healthy way. It will be important to advance the economic restructuring so that economic growth will be driven collectively by consumption, investment, and exports rather than mainly driven by investment and exports, led by the primary, secondary, and tertiary industries together instead of being led by the secondary industries alone; and will shift to economic growth that is based on technological advances, improvements in the labor force, and managerial innovation from economic growth that is based on consumption of additional materials and resources.

附录一　2010年第一季度中国货币政策大事记

1月12日，中国人民银行决定从2010年1月18日起上调存款类金融机构人民币存款准备金率0.5个百分点，农村信用社等小型金融机构暂不上调。

2月1日至2日，召开2010年中国人民银行货币信贷与金融市场工作会议。

2月3日，中国人民银行向全国人大财经委员会汇报2009年货币政策执行情况。

2月11日，发布《2009年第四季度中国货币政策执行报告》。

2月12日，中国人民银行决定从2010年2月25日起上调存款类金融机构人民币存款准备金率0.5个百分点，农村信用社等小型金融机构暂不上调。

3月4日，中国人民银行召开信贷形势座谈会。按照宏观调控的总体部署和要求，引导金融机构贷款合理均衡增长，同时着力优化信贷结构，增强风险防范意识。

3月8日，中国人民银行发布《人民币跨境收付信息管理系统管理暂行办法》（银发[2010]79号），加强人民币跨境收付信息管理系统的管理，保障人民币跨境收付信息管理系统安全、稳定、有效运行，规范银行业金融机构的操作和使用。

3月19日，中国人民银行会同中共中央宣传部等八个部委出台《关于金融支持文化产业振兴和发展繁荣的指导意见》（银发[2010]94号），督促金融机构认真落实金融支持文化产业发展振兴的政策措施，进一步改进和提升对我国文化产业的金融服务，促进文化产业的振兴和发展繁荣。

3月24日，中国人民银行与白俄罗斯国家银行签署《中白双边本币结算协议》。该协议是我国与非接壤国家签订的第一个一般贸易本币结算协议，也是人民币跨境贸易结算试点实施后的区域金融合作的新进展，有利于进一步推动中白两国经济合作，便利双边贸易投资。

3月29日，中国人民银行印发《中国人民银行关于做好春季农业生产和西南地区抗旱救灾金融服务工作的紧急通知》（银发[2010]100号），要求加大政策支持力度，确保金融机构支持春季农业生产和抗旱救灾必须的流动性需求，切实加大对春季农业生产和抗旱救灾的有效信贷投入。

3月30日，中国人民银行货币政策委员会召开2010年第一季度例会。

Appendix 1 Highlights of China's Monetary Policy in the First Quarter of 2010

On January 12, the PBC announced it would raise the RMB reserve requirement ratio for deposit-taking financial institutions, with the exception of small financial institutions such as rural credit cooperatives, by 0.5 percentage point effective from 18 January, 2010.

On February 1 and 2, the 2010 Meeting of the PBC on Money and Credit Policy and the Financial Market was convened.

On February 3, the PBC reported to the finance and economy committee of the National People's Congress on implementation of the monetary policy in 2009.

On February 11, the *Monetary Policy Report for Q4 2009* was released.

On February 12, the PBC announced it would raise the RMB reserve requirement ratio for deposit-taking financial institutions, with the exception of small financial institutions such as rural credit cooperative, by 0.5 percentage point effective from 25 February, 2010.

On March 4, the PBC convened a workshop on credit. In line with the overall arrangements and requirements for macroeconomic management, efforts were made to guide reasonable and balanced growth in the loan extensions of financial institutions, to optimize the credit structure, and to enhance awareness of risk prevention.

On March 8, the PBC issued the *Provisional Administrative Measures on the Information Management System for Cross-border RMB Payments and Receipts* (PBC Document No. 79 [2010]) to reinforce management of information concerning cross-border RMB payments and receipts, to ensure secure, stable, and efficient operation of the information system, and to standardize the operation and use of the system by financial institutions.

On March 19, the PBC, in joint efforts with 8 ministries and commissions including the Propaganda Department of the CPC, released the *Guiding Opinion on Extending Financial Support to Revitalize and Develop the Cultural Industry* (PBC Document No. 94 [2010]), urging financial institutions to take concrete measures and improve financial services to revitalize and develop the cultural industry.

On March 24, the PBC and the National Bank of the Republic of Belarus signed the *Sino-Belarusian Agreement on Bilateral Settlement in Local Currencies*. This is the first time that China has signed an agreement on trade settlement in local currencies with a non-neighboring country and it represents a new step forward in promoting regional financial cooperation after implementation of the pilot for RMB settlement of cross-border trade transactions. This development will promote economic cooperation between the two countries and will facilitate bilateral trade and investment.

On March 29, the PBC issued the *Emergency Notice on Providing Financial Services for Agricultural*

Production in the Spring and for Disaster Relief in Drought-stricken Areas in Southwest China (PBC Document No.100 [2010]) to urge stronger policy support to make sure that financial institutions have adequate liquidity to support agricultural production in the spring and drought relief efforts with effective credit.

On March 30, the Monetary Policy Committee of the PBC convened its regular meeting for Q1 2010.

附录二　2010年第一季度主要经济体中央银行货币政策

一、美联储

美联储公开市场委员会在1月27日、3月16日的例会上均宣布维持0～0.25%的联邦基金利率目标区间。同时表示，为支持抵押贷款和房地产市场并改善私人信贷市场的整体状况，美联储购买了住房抵押贷款支持债券和机构债，将于3月末完成。委员会将继续监测经济和金融状况，在必要时运用政策工具以促进经济复苏和价格稳定。随着金融市场功能逐步改善，除定期招标工具（TAF）外，美联储逐步结束了危机时为支持市场而创设的大多数特殊流动性支持工具。2月1日，美联储与欧洲中央银行、英格兰银行、日本中央银行和瑞士中央银行共同结束了金融危机期间推出的货币互换安排。2月18日，美联储将贴现利率调高至0.75%，使得贴现利率与联邦基金利率之差扩大至0.5个百分点，这是自2008年12月以来的首次利率调整。美联储表示，采取此项举措不应被视为政策紧缩或即将紧缩的信号。

二、欧洲中央银行

欧洲中央银行理事会在1月14日、2月4日和3月4日例会上均决定维持基准利率不变，主要再融资利率、存款便利利率和贷款便利利率继续保持在1.00%、0.25%和1.75%。在3月4日的例会上，欧洲中央银行理事会还讨论了如何随着经济和金融市场变化逐步退出非常规的操作措施，在继续以优惠条件向欧元区银行体系提供流动性支持以促进信贷的同时，避免过长时间维持非常规措施带来扭曲。

三、日本银行

日本银行在1月26日、2月18日、3月17日的例会上均决定维持0.1%的无担保隔夜拆借利率不变。3月17日，日本银行还决定强化2009年12月开始的旨在促进长期利率降低的措施，增加以固定利率提供的资金供给额。日本银行多次声明，抗击通货紧缩、重返价格稳定下的可持续增长道路是日本经济面临的关键挑战，将通过货币政策操作继续保持极度宽松的金融环境。

四、英格兰银行

1月14日、2月4日和3月11日，英格兰银行均宣布维持0.5%的官方利率不变。2月4日，英格兰银行宣布完成此前推出的2 000亿英镑的资产购买计划，并将维持这一资产规模。

Appendix 2 Monetary Policies of the Central Banks of the Major Economies in the First Quarter of 2010

I. The U.S. Federal Reserve

At its regular meetings held on January 27 and March 16, the Federal Open Market Committee (FOMC) announced that the federal funds target rate would remain unchanged within a band between 0 and 0.25 percent. Meanwhile, in order to provide support to the mortgage and housing markets and to improve conditions in the private credit markets, the Federal Reserve has been purchasing agency mortgage-backed securities and agency debt and anticipates these transactions will be executed by the end of the first quarter. The FOMC will continue to monitor economic and financial developments and when necessary will adopt policy instruments to promote economic recovery and price stability. As the financial market gradually resumed its functions, the Federal Reserve phased out the extraordinary liquidity support instruments designed for crisis assistance, with the exception of the Term Auction Facility (TAF). On February 1, the Federal Reserve, the European Central Bank, the Bank of England, the Bank of Japan, and the Swiss National Bank jointly put an end to the currency swap arrangements they had put in place during the financial crisis. On February 18, the Federal Reserve raised the discount rate to 0.75 percent, the first interest rate adjustment since December 2008. As a result, the spread between the discount rate and the federal funds target rate expanded to 0.5 percentage point. According to the Federal Reserve, this measure should not be interpreted as a sign of tightening.

II. The European Central Bank

On January 14, February 4, and March 4, the Governing Council of the European Central Bank (ECB) decided at its regular meetings to keep the interest rate on the main refinancing operations unchanged, the marginal interest rate on the deposit facility and the marginal interest rate on the lending facility at 1.00 percent, 0.25 percent, and 1.75 percent respectively. At the regular meeting on March 4, the Governing Council of the ECB discussed how to gradually exit from the extraordinary operations and measures in line with the development of the economy and the financial market, and how to avoid distortions as a result of the prolonged use of extraordinary measures while continuing liquidity support to banks in the Euro zone on favorable terms.

III. The Bank of Japan

At regular meetings held on January 26, February 18, and March 17, the Bank of Japan decided to keep the uncollateralized overnight call rate unchanged at 0.1 percent. On March 17, the Bank of Japan also decided to strengthen measures taken to lower the long-term interest rates, which had been in place since December 2009, so as to increase funds supplied at fixed interest rates. On several occasions the Bank of Japan noted that Japan faces the critical challenge of overcoming deflation and returning to a sustainable growth path with price stability and in the conduct of monetary policy, the Bank of

Japan will aim to maintain an extremely accommodative financial environment.

IV. The Bank of England

On January 14, February 4, and March 11, the Bank of England announced it would keep the official rate of 0.5 percent unchanged. On February 4, the Bank of England announced completion of the asset purchase program of GBP 200 billion and that the size of asset purchases would remain unchanged.

附录三 中国主要经济和金融指标
Appendix 3 China's Major Economic and Financial Indicators

一、经济增长与经济发展水平
1. Economic Growth

1978年以来我国经济增长与宏观经济政策

China's economic growth and macroeconomic policies since 1978

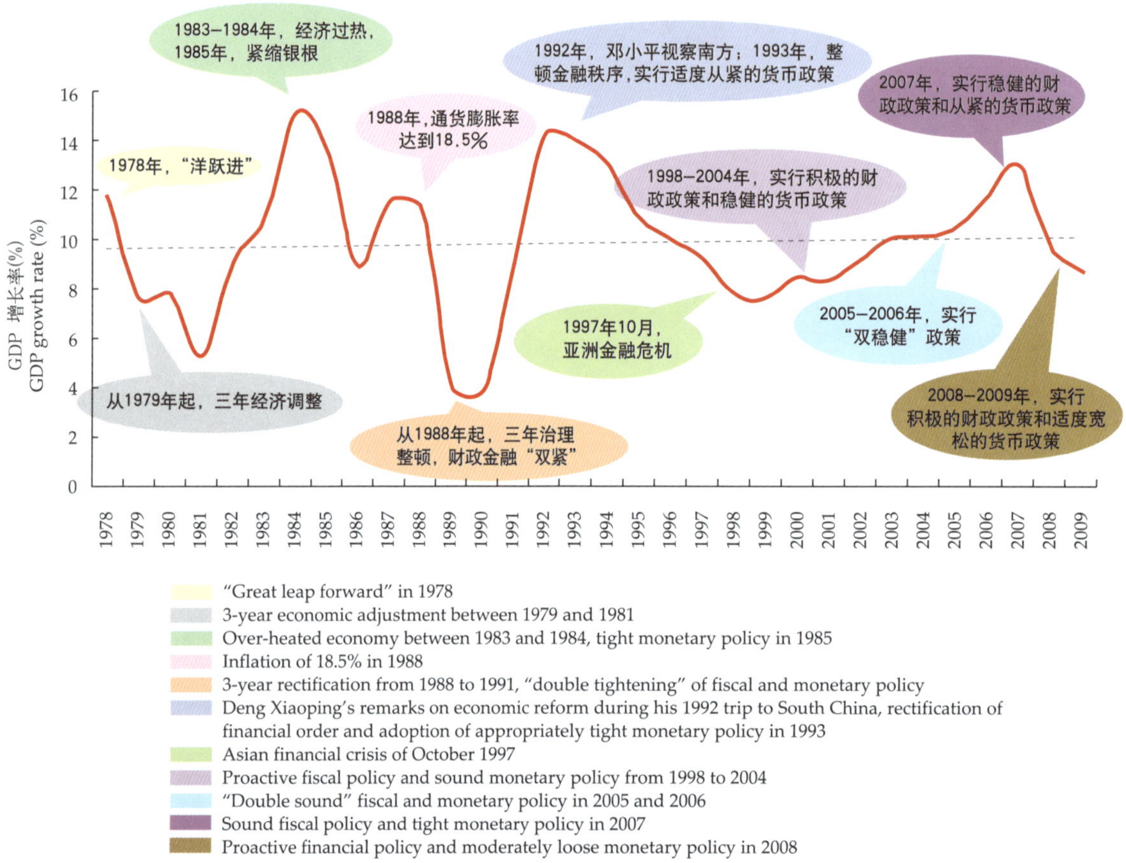

人均国内生产总值

Per capita GDP

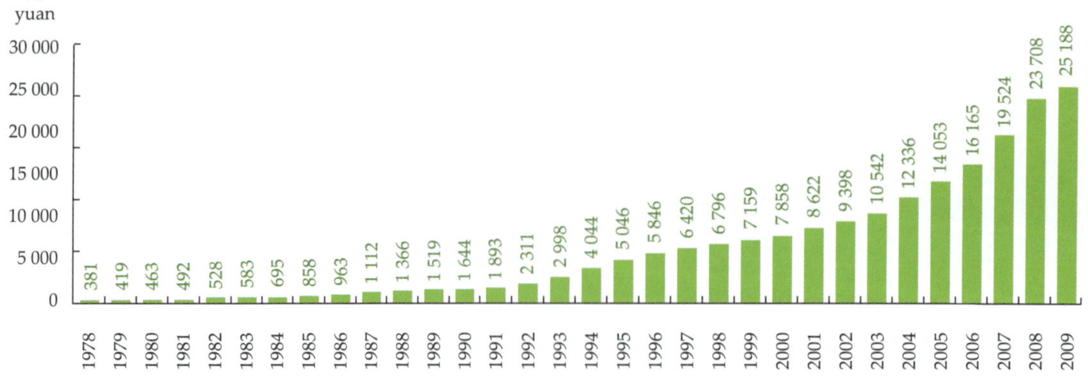

GDP 总量：据世界银行测算，按汇率折算方法计算，2008年中国GDP总量为4.33万亿美元，占世界GDP总量60.59万亿美元的7.1%，位居第三，排在美国和日本之后。根据《2009年世界发展指标》，按购买力平价方法计算，2008年，中国GDP总量为7.9万亿美元，占世界GDP总量69.7万亿美元的11.3%，位居第二，排在美国之后。

人均 GDP：2008年，我国人均GDP达到22 698元，按年末汇率折算达3 321美元。

人均国民收入：据世界银行测算，按汇率折算方法计算，2008年世界人均国民收入为8 613美元，中国人均国民收入为2 940美元，位居世界210个经济体由高向低排列的第127位，属于中等收入国家中的较低收入组。按购买力平价方法计算，2008年，中国人均国民收入为6 020美元，相当于世界人均国民收入10 357美元的58.1%，位居世界210个经济体由高向低排列的第120位，依然属于中等收入国家中的较低收入组。

Gross Domestic Product (GDP): The World Bank estimated that the world total GDP and China's GDP in 2008 were USD 60.59 trillion and USD4.33 trillion respectively based on the current exchange rate. Accounting for7.1 percent of the world total, China's GDP ranked 3th in the world after the U.S. and Japan. The World Bank estimated that the world total GDP and China's GDP in 2008 were USD 69.7 trillion and USD7.9 trillion respectively based on a PPP basis, according to the *World Development Indicators* 2009. Accounting for 11.3 percent of the world total, China's GDP ranked 2nd in the world, after the U.S..

GDP per capita: In 2008, China's GDP per capita reached RMB22,698 yuan, or USD3,321 based on the exchange rate at the end of 2008.

Gross National Income (GNI) per capita: The World Bank estimated that in 2008 the GNI per capita for the world as a whole was USD8,613 based on the current exchange rate. The GNI per capita in China was USD2,940, ranking 127th among 210 worldwide economies, meaning that China is a lower-middle-income country. In PPP terms, the GNI per capita in China in 2008 was USD6,020, equivalent to 58.1 percent of the world figure which was USD10,357, thus ranking 120th among the 210 worldwide economies, and a ranking that still indicates China's status as a lower-middle-income country.

世界银行估算的2008年人均国民收入

National income per capita in 2008
(estimated by the World Bank)

单位：美元 Unit: USD

	世界平均 Global average	低收入国家 Low-income countries	中等收入国家			高收入国家 High-income countries
			Middle-income countries	较低收入组 Lower-middle-income countries	较高收入组 Upper-middle-income countries	
汇率折算法 On the basis of the current exchange rate	8 613	524	3 260	2 078	7 878	39 345
购买力平价法 On a PPP basis	10 357	1 407	6 154	4 592	12 297	37 141

2008年世界银行按汇率折算方法估算的GDP总量前10名排序

Top ten economies in terms of GDP based on the current exchange rate in 2008 (World Bank estimation)

排名 Rank	国家	Country	GDP(万亿美元) GDP (USD trillion)	占世界GDP总量的比重(%) As a percent of the world total (%)
1	美国	U.S.	14.20	23.4
2	日本	Japan	4.91	8.1
3	**中国**	**China**	**4.33**	**7.1**
4	德国	Germany	3.65	6.0
5	法国	France	2.85	4.7
6	英国	U.K.	2.65	4.3
7	意大利	Italy	2.29	3.7
8	巴西	Brazil	1.61	2.7
9	俄罗斯	Russia	1.61	2.7
10	西班牙	Spain	1.60	2.7
	世界	**World total**	**60.59**	**100**

2008年世界银行按购买力平价方法估算的GDP总量前10名排序

Top ten economies in terms of GDP based on PPP in 2008 (World Bank estimation)

排名 Rank	国家	Country	GDP(万亿美元) GDP (USD trillion)	占世界GDP总量的比重(%) As a percent of the world total (%)
1	美国	U.S.	14.2	20.4
2	**中国**	**China**	**7.9**	**11.3**
3	日本	Japan	4.4	6.2
4	印度	India	3.4	4.9
5	德国	Germany	2.9	4.2
6	俄罗斯	Russia	2.3	3.3
7	英国	U.K.	2.2	3.1
8	法国	France	2.1	3.0
9	巴西	Brazil	2.0	2.8
10	意大利	Italy	1.8	2.6
	世界	**World total**	**69.7**	**100**

国内生产总值
Gross domestic product

年/季 Year /Quarter	国内生产总值 GDP 绝对值(亿元) Absolute value (RMB 100 million yuan)	国内生产总值 GDP 增长(%) Growth(%)	第一产业 Primary industry 绝对值(亿元) Absolute value (RMB 100 million yuan)	第一产业 Primary industry 增长(%) Growth(%)	第二产业 Secondary industry 绝对值(亿元) Absolute value (RMB 100 million yuan)	第二产业 Secondary industry 增长(%) Growth(%)	第三产业 Tertiary industry 绝对值(亿元) Absolute value (RMB 100 million yuan)	第三产业 Tertiary industry 增长(%) Growth(%)
2006 I	44 420	11.4	3 093	4.5	22 076	12.6	19 251	11.3
I–II	93 612	12.0	7 974	5.1	47 909	13.6	37 729	11.7
I–III	144 570	11.8	15 059	4.9	72 008	13.3	57 503	11.8
I–IV	211 923	11.6	24 040	5.0	103 162	13.0	84 721	12.1
2007 I	53 058	13.0	3 654	4.4	26 465	14.6	22 940	12.7
I–II	112 458	13.4	9 283	4.0	57 615	15.0	45 561	13.5
I–III	174 428	13.4	17 937	4.3	86 405	14.8	70 086	14.0
I–IV	257 306	13.0	28 627	3.7	124 799	14.7	103 880	13.8
2008 I	63 475	10.6	4 720	2.8	31 658	11.5	27 097	10.9
I–II	134 726	10.4	11 800	3.5	69 330	11.3	53 596	10.7
I–III	208 025	9.9	22 062	4.5	103 975	10.6	81 989	10.5
I–IV	314 045	9.6	33 702	5.4	149 003	9.9	131 340	10.4
2009 I	65 745	6.2	4 700	3.5	31 968	5.3	29 077	7.4
I–II	139 862	7.1	12 025	3.8	70 071	6.6	57 767	8.3
I–III	217 817	7.7	22 500	4.0	106 477	7.5	88 840	8.8
I–IV	335 353	8.7	35 477	4.2	156 958	9.5	142 918	8.9
2010 I	80 577	11.9	5 139	3.8	39 072	14.5	36 367	10.2

注：① 表中绝对数按当年价格计算，"比上年同期增长"按不变价格计算。
② 表中2008年第一季度至第四季度的数据根据第二次全国经济普查资料调整为最终核实数。

Notes: 1. Absolute figures in this table are calculated at current prices, and the year-on-year growth rates are calculated at constant prices.
2. Q1-Q4 2008 figures, which were revised according to the 2nd national economic cencus, are finally proved.

1978年以来GDP及其增长率
GDP and its annual growth rate since 1978

年 Year	GDP(万亿元) GDP(RMB trillion yuan)	GDP增长率(%) GDP growth rate(%)
1978	0.4	11.7
1979	0.4	7.6
1980	0.5	7.8
1981	0.5	5.3
1982	0.5	9.0
1983	0.6	10.9
1984	0.7	15.2
1985	0.9	13.5
1986	1.0	8.9
1987	1.2	11.6
1988	1.5	11.3
1989	1.7	4.1
1990	1.9	3.8
1991	2.2	9.2
1992	2.7	14.2
1993	3.5	14.0
1994	4.8	13.1
1995	6.1	10.9
1996	7.1	10.0
1997	7.9	9.3
1998	8.4	7.8
1999	9.0	7.6
2000	9.9	8.4
2001	11.0	8.3
2002	12.0	9.1
2003	13.6	10.0
2004	16.0	10.1
2005	18.3	10.4
2006	21.2	11.6
2007	25.7	13.0
2008	31.4	9.6
2009	33.5	8.7

注：1993年后的数据已根据2004年和2008年经济普查结果修订。

Note: Data since 1993 are revised according to 2004 and 2008 Economic Census.

1978年以来GDP及其增长率
GDP and its annual growth rate since 1978

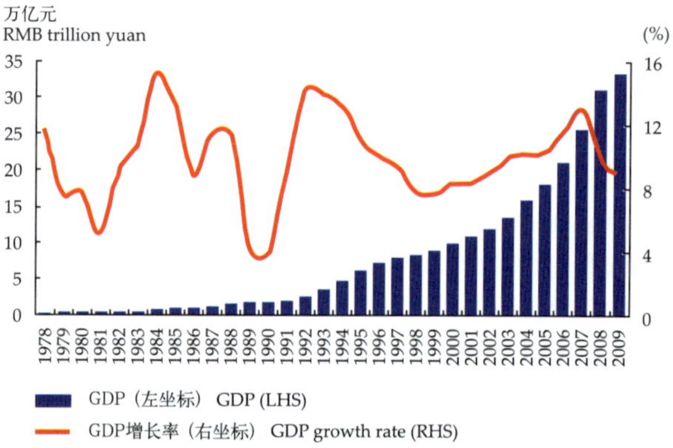

1999年以来年度GDP中三大产业比重
Shares of industries in GDP since 1999

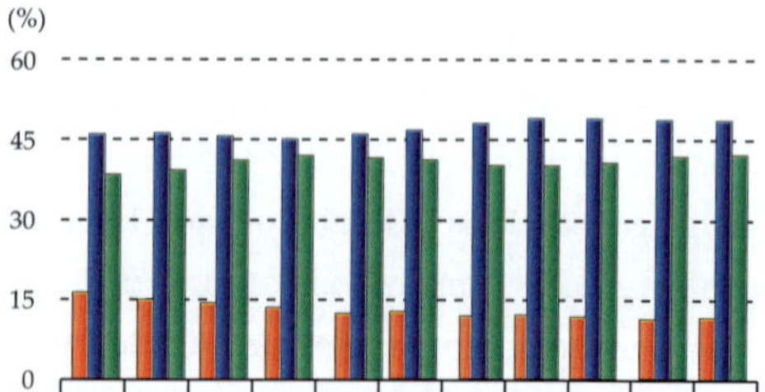

	1999	2000	2001	2002	2003	2004	2005	2006	2007	2008	2009
第一产业 Primary industry	16.2	14.8	14.1	13.5	12.6	13.1	12.2	11.3	11.1	10.7	10.6
第二产业 Secondary industry	45.8	45.9	45.2	44.8	46.0	46.2	47.7	48.7	48.5	47.4	46.8
第三产业 Tertiary industry	38.0	39.3	40.7	41.7	41.4	40.7	40.1	40.0	40.4	41.8	42.6

季度GDP三次产业所占的比重与增长率变化
Shares of industries in GDP and their growth rates on a quarterly basis

单位：% Unit: %

年/季 Year/Quarter	第一产业所占的比重 Share of primary industry	第二产业所占的比重 Share of secondary industry	第三产业所占的比重 Share of tertiary industry	第一产业同比累计增长 YOY accumulated growth of primary industry	第二产业同比累计增长 YOY accumulated growth of secondary industry	第三产业同比累计增长 YOY accumulated growth of tertiary industry
2005Q1	7.6	48.9	43.5	4.6	11.2	10.6
2005Q2	9.2	50.4	40.5	5.0	11.3	10.8
2005Q3	11.2	49.0	39.8	5.0	11.2	10.9
2005Q4	12.2	47.7	40.1	5.2	11.7	10.5
2006Q1	7.0	49.7	43.3	4.5	12.6	11.3
2006Q2	8.5	51.2	40.3	5.1	13.6	11.7
2006Q3	10.4	49.8	39.8	4.9	13.3	11.8
2006Q4	11.3	48.7	40.0	5.0	13.0	12.1
2007Q1	6.9	49.9	43.2	4.4	14.6	12.7
2007Q2	8.3	51.2	40.5	4.0	15.0	13.5
2007Q3	10.3	49.5	40.2	4.3	14.8	14.0
2007Q4	11.1	48.5	40.4	3.7	14.7	13.8
2008Q1	7.4	49.9	42.7	2.8	11.5	10.9
2008Q2	8.8	51.5	39.8	3.5	11.3	10.7
2008Q3	10.6	50.0	39.4	4.5	10.6	10.5
2008Q4	10.7	47.4	41.8	5.5	9.3	9.5
2009Q1	7.1	48.6	44.2	3.5	5.3	7.4
2009Q2	8.6	50.1	41.3	3.8	6.6	8.3
2009Q3	10.3	48.9	40.8	4.0	7.5	8.8
2009Q4	10.6	46.8	42.6	4.2	9.5	8.9
2010Q1	6.4	48.5	45.1	3.8	14.5	10.2

注：① 从2006年第一季度开始，根据《国民经济行业分类》(2002)，将"农林牧渔服务业"从第三产业调整到第一产业。
② 表中2008年第一季度至第四季度的数据根据第二次全国经济普查资料调整为最终核实数。

Notes: 1.Beginning from the first quarter 2006,according to the *Classification of National Economic Sectors*(2002), services for agriculture,forestry, animal husbandry and fishery have been readjusted from teriary industry to primary industry.
2. Q1-Q4 2008 figures, which were revised according to the 2nd national economic cencus, are finally proved.

季度GDP三次产业所占的比重与增长率变化
Shares of industries in GDP and their growth rates on a quarterly basis

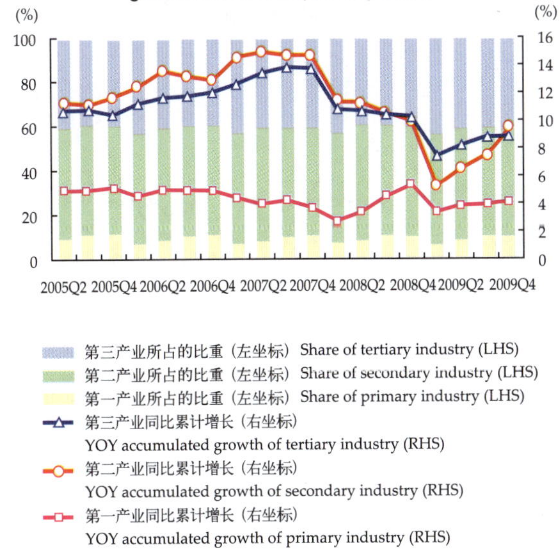

2001年以来GDP季度累计增长率
Quarterly accumulated GDP growth rates since 2001

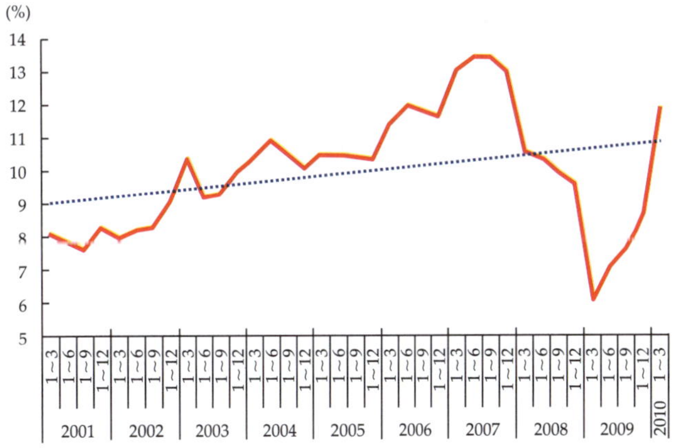

工业增加值增长速度
Growth rate of value added of industry

单位：% Unit: %

年/月 Year/Month		工业增加值 Value added	轻工业 Light industry	重工业 Heavy industry	国有及国有控股企业 State-owned and state-holding enterprises	集体企业 Collectively-owned enterprises	股份制企业 Joint-stock enterprises	外商及港澳台投资企业 Enterprises with foreign, Hongkong, Macau, and Taiwan investment
		比上年同期增长(%) Year-on-year growth rate(%)						
2005		16.4	15.2	17.0	10.7	12.4	17.8	16.6
2006		16.6	13.8	17.9	12.6	11.6	17.8	16.9
2007		18.5	16.3	19.6	13.8	11.5	20.6	17.5
2008		12.9	12.3	13.2	9.1	8.1	15.0	9.9
2009	5	8.3	8.5	8.3	2.7	5.1	10.9	3.0
	6	7.3	8.2	6.9	2.3	7.1	7.0	1.7
	7	8.9	9.7	8.6	2.4	8.5	9.7	3.6
	8	10.7	10.2	10.9	5.7	8.9	15.5	5.3
	9	10.8	9.2	11.3	7.4	12.4	14.0	5.0
	10	12.3	9.8	13.2	8.6	10.9	11.6	8.0
	11	13.9	11.8	14.8	11.8	13.5	11.2	8.9
	12	16.1	11.3	18.1	13.7	15.4	11.9	10.8
2010	1	—	—	—	—	—	—	—
	2	12.8	7.5	15.2	13.3	7.1	7.1	12.1
	3	18.1	13.4	20.0	18.2	13.0	10.2	16.3
2009	1~5	6.3	7.8	5.7	0.6	5.2	8.7	0.3
	1~6	7.0	8.2	6.6	1.7	5.9	9.4	1.2
	1~7	7.5	8.1	7.2	2.5	6.7	10.2	1.6
	1~8	8.1	8.4	8.0	3.3	7.3	10.2	2.5
	1~9	8.7	8.7	8.7	4.1	7.9	9.8	3.4
	1~10	9.4	9.0	9.6	4.9	8.7	10.0	4.2
	1~11	10.3	9.3	10.7	5.9	9.5	10.0	5.3
	1~12	11.0	9.7	11.5	6.9	10.2	10.3	6.2
2010	1~2	20.7	14.5	23.7	20.7	13.4	16.9	20.3
	1~3	19.6	14.1	22.1	19.9	13.0	14.5	18.8

注：① 自2007年1月起，工业统计范围调整为年主营收入500万元以上的工业企业。
② 本表中"比上年同期增长"是按可比价格计算的。

Notes: 1. Since January 2007, the statistical coverage of industry has been adjusted to industrial enterprises with the annual sales income from main business over 5 million yuan.
2. The year-on-year changes in this table are calculated at comparable prices.

工业增加值增长速度及工业产品销售率
Growth rate of industrial value added and ratio of sales to output of industrial products

单位：% Unit: %

年/月 Year/Month		当月工业增加值同比增长 YOY growth of monthly industrial value added	工业增加值月度累计同比增长 YOY growth of monthly accumulated industrial value added	当月销售率 Monthly ratio of sales to output
2009	1	—	—	—
	2	11.0	3.8	97.3
	3	8.3	5.1	96.9
	4	7.3	5.5	97.8
	5	8.9	6.3	97.3
	6	10.7	7.0	97.3
	7	10.8	7.5	97.9
	8	12.3	8.1	97.7
	9	13.9	8.7	97.7
	10	16.1	9.4	98.0
	11	19.2	10.3	97.8
	12	18.5	11.0	99.3
2010	1	—	—	—
	2	12.8	20.7	96.9
	3	18.1	19.6	97.8

工业增加值增长速度及工业产品销售率
Growth rate of industrial value added and ratio of sales to output of industrial products

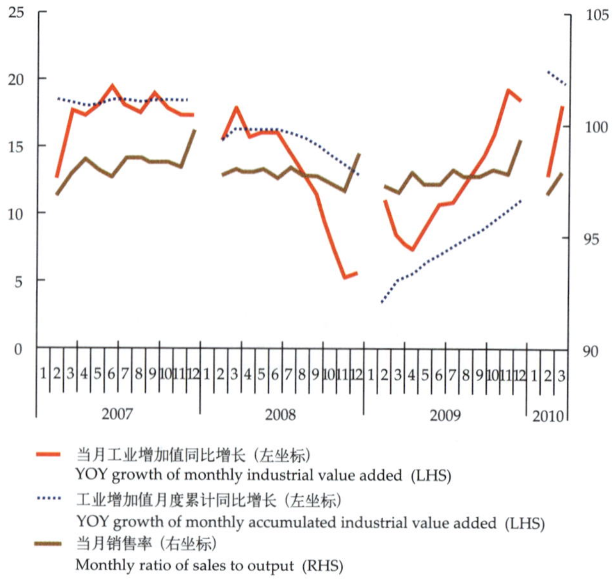

二、价格走势
2. Price Development

1.各种价格指数一览
(1) Overview of price indices

各种价格指数变动表
Changes in price indices

单位：% Unit: %

年/月 Year/Month	居民消费价格指数 CPI			农业生产资料价格指数 Agricultural production materials price index		原材料购进价格指数 Raw materials purchasing price index		工业品出厂价格指数 Industrial producer price index		房屋销售价格指数 Housing sales price index	房屋租赁价格指数 Housing rent price index	土地交易价格指数 Land transaction price index	固定资产投资价格指数 Fixed-asset investment price index		进出口同比价格指数 Import-export price index (YOY)		
	月环比 MOM	当月同比 YOY	累计同比 Accumulated YOY	当月同比 YOY	累计同比 Accumulated YOY	当月同比 YOY	累计同比 Accumulated YOY	当月同比 YOY	累计同比 Accumulated YOY	同比 YOY	当季同比 YOY	当季同比 YOY	当季同比 YOY	累计同比 Accumulated YOY	出口 Exports	进口 Imports	贸易条件 Terms of trade
2007 7	0.9	5.6	3.5	7.8	5.6	3.6	3.8	2.4	2.7	7.5	—	—	—	—	4.4	8.8	96.0
8	1.2	6.5	3.9	9.0	6.0	3.8	3.8	2.6	2.7	8.2	—	—	—	—	3.0	7.5	95.8
9	0.3	6.2	4.1	9.3	6.4	3.6	3.8	2.7	2.7	8.9	3.0	15.0	4.0	3.3	6.0	2.3	103.6
10	0.3	6.5	4.4	9.7	6.7	4.5	3.9	3.2	2.8	9.5	—	—	—	—	6.2	6.8	99.4
11	0.7	6.9	4.6	11.8	7.2	6.3	4.1	4.6	2.9	10.5	—	—	—	—	6.4	10.6	96.2
12	1.0	6.5	4.8	13.0	7.7	8.1	4.4	5.4	3.1	10.5	3.1	10.7	5.8	3.9	6.6	8.0	98.7
2008 1	1.2	7.1	7.1	14.3	14.3	8.9	8.9	6.1	6.1	11.3	—	—	—	—	6.5	14.8	92.8
2	2.6	8.7	7.9	16.5	15.4	9.7	9.3	6.6	6.4	10.9	—	—	—	—	11.9	18.1	94.8
3	-0.7	8.3	8.0	21.7	17.5	11.0	9.8	8.0	6.9	10.7	2.1	16.5	8.6	8.6	9.0	17.6	92.7
4	0.1	8.5	8.2	23.6	19.0	11.8	10.3	8.1	7.2	10.1	—	—	—	—	10.1	21.8	90.4
5	-0.4	7.7	8.1	23.3	19.9	11.9	10.6	8.2	7.4	9.2	—	—	—	—	10.4	20.9	91.3
6	-0.2	7.1	7.9	24.4	20.7	13.5	11.1	8.8	7.6	8.2	2.2	10.8	11.3	10.0	11.1	20.1	92.5
7	0.1	6.3	7.7	24.8	21.3	15.4	11.7	10.0	8.0	7.0	—	—	—	—	8.5	21.9	89.0
8	-0.1	4.9	7.3	23.8	21.6	15.3	12.2	10.1	8.2	5.3	—	—	—	—	10.6	22.7	90.1
9	0.0	4.6	7.0	22.9	21.7	14.0	12.4	9.1	8.3	3.5	1.1	6.9	11.1	10.3	6.9	17.5	91.0
10	-0.3	4.0	6.7	20.6	21.6	11.0	12.2	6.6	8.2	1.6	—	—	—	—	8.4	10.8	97.8
11	-0.8	2.4	6.3	15.7	21.1	4.7	11.6	2.0	7.6	0.2	—	—	—	—	5.5	1.9	103.5
12	-0.2	1.2	5.9	12.4	20.3	-1.3	10.5	-1.1	6.9	-0.4	0.0	3.6	4.8	8.9	5.1	-10.0	116.8
2009 1	0.9	1.0	1.0	9.7	9.7	-5.3	-5.3	-3.3	-3.3	-0.9	—	—	—	—	2.3	-10.6	114.4
2	0.0	-1.6	-0.3	6.8	8.2	-7.1	-6.2	-4.5	-3.9	-1.2	—	—	—	—	-2.5	-17.6	118.3
3	-0.3	-1.2	-0.6	1.3	5.8	-8.9	-7.1	-6.0	-4.6	-1.3	-0.5	-1.5	-1.2	-1.2	-5.6	-18.5	115.8
4	-0.2	-1.5	-0.8	-1.7	3.8	-9.6	-7.7	-6.6	-5.1	-1.1	—	—	—	—	-5.9	-19.2	116.5
5	-0.3	-1.4	-0.9	-3.6	2.3	-10.4	-8.2	-7.2	-5.5	-0.6	—	—	—	—	-6.2	-20.4	117.8
6	-0.5	-1.7	-1.1	-5.8	0.9	-11.2	-8.7	-7.8	-5.9	0.2	-1.4	1.6	-3.9	-2.6	-8.8	-16.3	109.0
7	0.0	-1.8	-1.2	-7.2	-0.4	-11.7	-9.2	-8.2	-6.2	1.0	—	—	—	—	-7.1	-16.7	111.5
8	0.5	-1.2	-1.2	-7.5	-1.3	-11.4	-9.4	-7.9	-6.4	2.0	—	—	—	—	-9.3	-20.4	113.9
9	0.4	-0.8	-1.1	-7.3	-1.3	-10.1	-9.5	-7.0	-6.5	2.8	0.5	4.7	-3.6	-2.9	-9.1	-15.3	107.3
10	-0.1	-0.5	-1.1	-6.1	-2.4	-8.4	-9.4	-5.8	-6.4	3.9	—	—	—	—	-8.7	-12.4	104.2
11	0.3	0.6	-0.9	-3.9	-2.6	-3.6	-8.9	-2.1	-6.0	5.7	—	—	—	—	-7.5	-1.3	93.7
12	1.0	1.9	-0.7	-1.9	-2.5	3.0	-7.9	1.7	-5.4	7.8	0.0	13.8	-1.0	-2.4	-3.5	8.6	88.9
2010 1	0.6	1.5	1.5	-0.4	-0.4	8.0	8.0	4.3	4.3	9.5	—	—	—	—	-5.3	13.5	83.4
2	1.2	2.7	2.1	0.3	-0.1	10.3	9.1	5.4	4.9	10.7	—	—	—	—	-5.5	15.6	81.7
3	-0.7	2.4	2.2	0.9	0.3	11.5	9.9	5.9	5.2	11.7	2.2	21.2	1.9	1.9	1.4	17.6	86.2

注：①从2005年7月起，国家发展和改革委员会开始按月发布房屋销售价格指数。
②从2005年1月起，海关总署开始按月发布进出口价格指数。

Notes: 1.From July 2005, National Development and Reform Commission began to release the monthly housing sales price index.
2. From January 2005, General Administration of Customs began to release monthly price index of imports and exports.

居民消费价格月环比指数变动
Change in CPI (month-on-month)

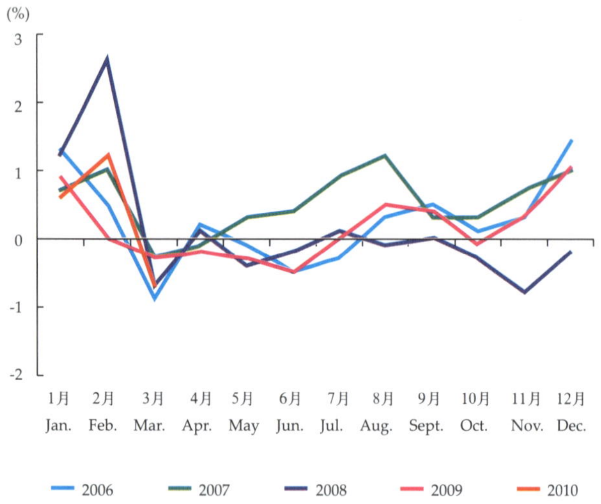

居民消费价格同比指数变动
Change in CPI (year-on-year)

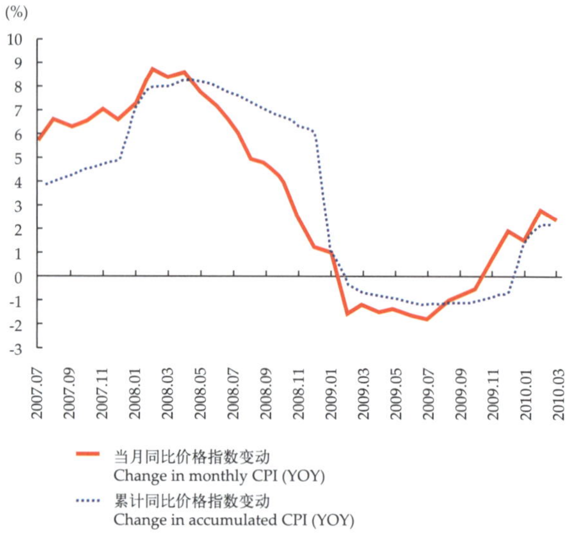

居民消费价格指数与生产价格指数的比较
Comparison between changes in CPI and PPI

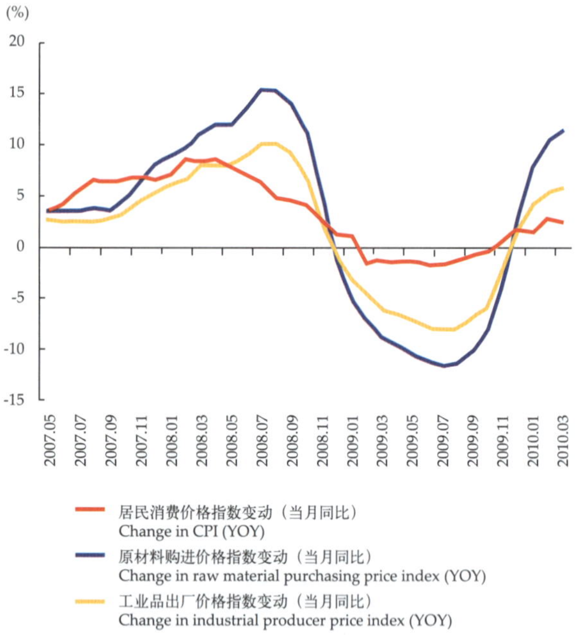

进出口价格指数和贸易条件
Import-export price index and trade terms

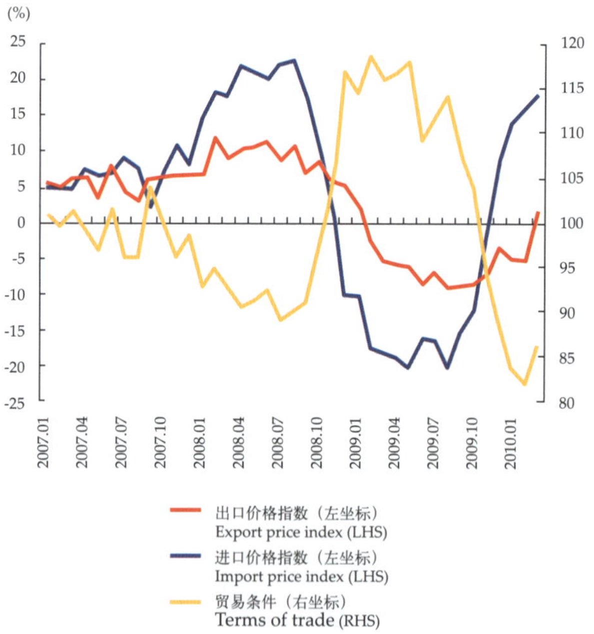

2.分类指数
(2) Breakdown of indices

居民消费价格当月同比分类指数变动
Breakdown of changes in CPI (YOY)

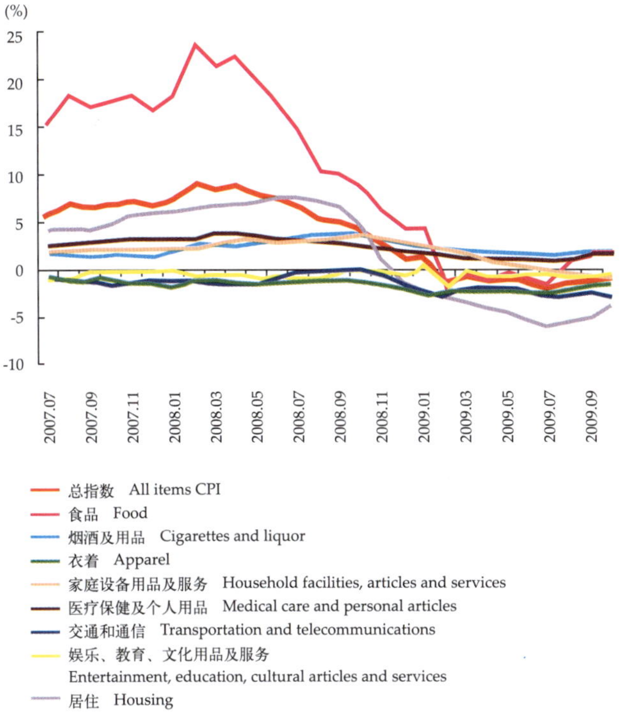

工业品出厂价格同比指数变动 按生产资料和生活资料分类
Breakdown of changes in industrial producer price index by production materials and means of livelihood

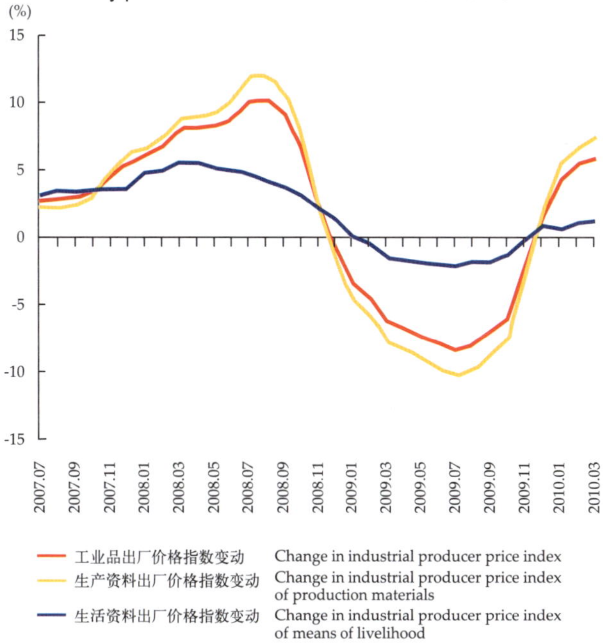

生活资料出厂价格当月同比分类指数变动
Breakdown of changes in industrial producer price index of means of livelihood (YOY)

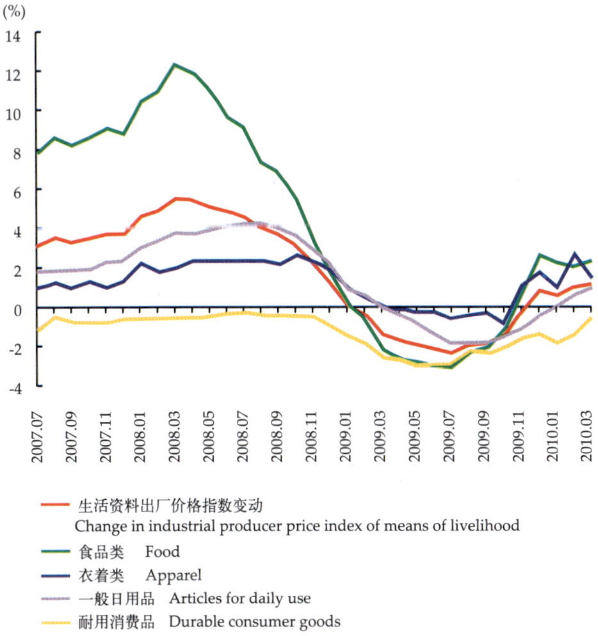

生产资料出厂价格当月同比分类指数变动
Breakdown of changes in industrial producer price index of production materials (YOY)

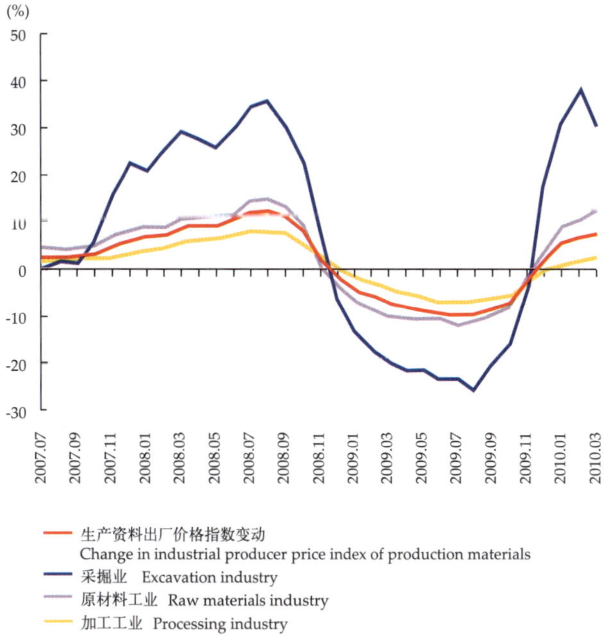

三、就业、失业与收入
3. Employment, Unemployment and Income

人口与就业基本情况
Population and employment

年 Year	年底总人口（亿人） Population at the end of the year (100 million people)	市镇 Urban	比重(%) Share (%)	乡村 Rural	比重(%) Share (%)	15~64岁人口数(亿人) Population between 15–64 years of age (100 million people)	就业人员(亿人) Employment (100 million people)
2002	12.8	5.0	39	7.8	61	9.0	7.4
2003	12.9	5.2	40	7.7	60	9.1	7.4
2004	13.0	5.4	42	7.6	58	9.2	7.5
2005	13.1	5.6	43	7.5	57	9.4	7.6
2006	13.1	5.7	44	7.4	56	9.5	7.6
2007	13.2	5.9	45	7.3	55	9.6	7.7
2008	13.3	6.1	46	7.2	54	9.7	7.7
2009	13.3	6.2	47	7.1	53	9.7	7.8

就业人员按城乡和产业分类
Employment in urban and rural areas and in industries

年 Year	就业人员(亿人) Employment (100 million people)	按城乡分 Urban and rural: 城镇 Urban	比重(%) Share (%)	乡村 Rural	比重(%) Share (%)	按产业分 Industries: 第一产业 Primary industry	比重(%) Share (%)	第二产业 Secondary industry	比重(%) Share (%)	第三产业 Tertiary industry	比重(%) Share (%)
2002	7.37	2.48	33.6	4.90	66.4	3.69	50.0	1.58	21.4	2.11	28.6
2003	7.44	2.56	34.4	4.88	65.6	3.65	49.1	1.61	21.6	2.18	29.3
2004	7.52	2.65	35.2	4.87	64.8	3.53	46.9	1.69	22.5	2.30	30.6
2005	7.58	2.73	36.0	4.85	64.0	3.39	44.8	1.81	23.8	2.38	31.4
2006	7.64	2.83	37.0	4.81	63.0	3.26	42.6	1.92	25.2	2.46	32.2
2007	7.70	2.94	38.1	4.76	61.9	3.14	40.8	2.06	26.8	2.49	32.4
2008	7.75	3.02	39.0	4.73	61.0	3.07	39.6	2.11	27.2	2.57	33.2
2009	7.80	3.11	39.9	4.69	60.1	2.97	38.1	2.17	27.8	2.66	34.1

城乡居民家庭人均收入
Urban and rural household income (per capita)

年/季 Year/Quarter	农村居民家庭人均现金收入 Rural household cash income (per capita): 绝对值(元) Absolute value (yuan)	同比实际增长(%) Growth in real terms (YOY) (%)	城镇居民家庭人均可支配收入 Urban household disposable income (per capita): 绝对值(元) Absolute value (yuan)	同比实际增长(%) Growth in real terms (YOY) (%)
2007 I	1 261	12.1	3 935	16.6
I–II	2 111	13.3	7 052	14.2
I–III	3 321	14.8	10 346	13.2
I–IV	4 958	—	13 786	12.2
2008 I	1 494	9.1	4 386	3.4
I–II	2 528	10.3	8 065	6.3
I–III	3 971	11.0	11 865	7.5
I–IV	4 761	8.0	15 781	8.4
2009 I	1 622	8.6	4 834	11.2
I–II	2 733	8.1	8 856	11.2
I–III	4 307	9.2	12 973	10.5
I–IV	6 270	—	17 175	9.8
2010 I	1 814	9.2	5 308	7.5

城镇失业人数和失业率
Unemployed urban population and unemployment rate

年/季度末 Year/End of quarter	城镇登记失业人数(万人) Registered unemployment (10 000 people)	城镇登记失业率(%) Registered unemployment rate (%)
2007 I	840	4.1
II	838	4.1
III	835	4.0
IV	830	4.0
2008 I	825	4.0
II	825	4.0
III	830	4.0
IV	886	4.2
2009 I	915	4.3
II	906	4.3
III	915	4.3
IV	921	4.3
2010 I	919	4.2

四、国内需求
4. Domestic Demand

1.按支出法计算的国内生产总值
(1) Expenditure-based GDP

按支出法计算的国内生产总值及其构成
Expenditure-based GDP and its composition

年 Year	按支出法计算的国内生产总值(亿元) Expenditure-based GDP (RMB100 million yuan)	最终消费 Final consumption	居民消费 Household consumption	农村居民 Rural	城镇居民 Urban	政府消费 Government consumption	资本形成总额 Total capital formation	固定资本形成 Fixed capital formation	存货增加 Increased inventory	货物和服务净出口 Net exports of goods and services
				绝对值(亿元) Absolute value (RMB100 million yuan)						
1999	90 964	55 637	41 920	14 584	27 336	13 717	32 952	30 527	2 424	2 376
2000	98 749	61 516	45 855	15 147	30 707	15 661	34 843	33 844	998	2 390
2001	109 028	66 934	49 436	15 791	33 422	17 498	39 769	37 755	2 015	2 325
2002	120 476	71 817	53 057	16 272	36 300	18 760	45 565	43 632	1 933	3 094
2003	136 635	77 686	57 650	16 306	40 529	20 036	55 963	53 491	2 472	2 986
2004	160 800	87 553	65 219	17 551	46 283	22 334	69 168	65 118	4 051	4 079
2005	187 131	99 051	72 653	19 014	51 892	26 399	77 857	74 233	3 624	10 223
2006	222 240	112 632	82 104	21 107	59 370	30 528	92 954	87 954	5 000	16 654
2007	265 834	131 510	95 610	—	—	35 900	110 943	103 949	6 995	23 381
2008	314 901	152 347	110 595	—	—	41 752	138 325	128 084	10 241	24 229
2009	341 515	166 126	121 713	—	—	44 413	162 297	155 333	6 964	13 092
				构成(%) Composition (%)						
1999	100	61.2	46.1	16.0	30.1	15.1	36.2	33.6	2.7	2.6
2000	100	62.3	46.4	15.3	31.1	15.9	35.3	34.3	1.0	2.4
2001	100	61.4	45.3	14.5	30.7	16.0	36.5	34.6	1.8	2.1
2002	100	59.6	44.0	13.5	30.1	15.6	37.8	36.2	1.6	2.6
2003	100	56.9	42.2	11.9	29.7	14.7	41.0	39.1	1.8	2.2
2004	100	54.4	40.6	10.9	28.8	13.9	43.0	40.5	2.5	2.5
2005	100	52.9	38.8	10.2	27.7	14.1	41.6	39.7	1.9	5.5
2006	100	50.7	36.9	9.5	26.7	13.7	41.8	39.6	2.2	7.5
2007	100	49.5	36.0	—	—	13.5	41.7	39.1	2.6	8.8
2008	100	48.4	35.1	—	—	13.3	43.9	40.7	3.3	7.7
2009	100	48.6	35.6	—	—	13.0	47.5	45.5	2.0	3.9

注：表中数据根据国家统计局最新数据修改。
Note: data are revised by National Bureau of Statistics of China.

按支出法计算的国内生产总值构成变化
Changes in the composition of GDP (based on expenditures)

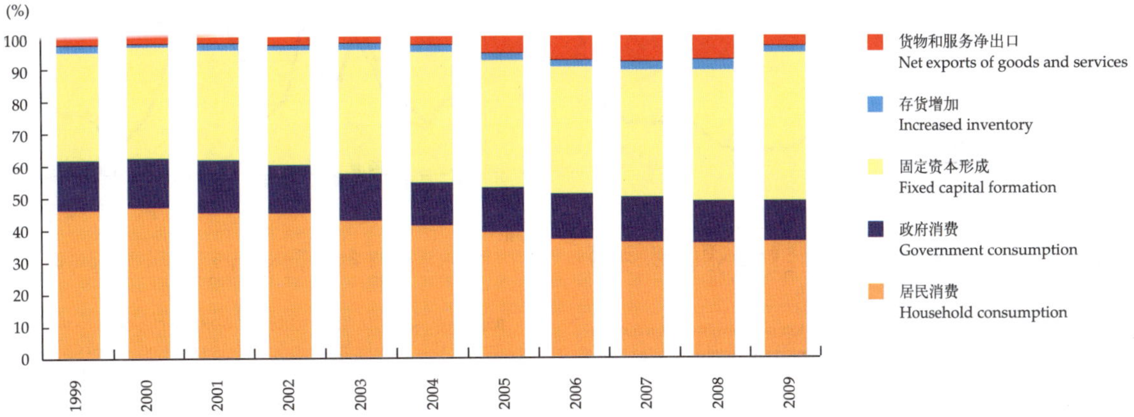

投资率和消费率
Investment ratio and consumption ratio

单位：% Unit: %

年 Year	资本形成率(投资率) Capital formation ratio (investment ratio)	最终消费率(消费率) Final consumption ratio (consumption ratio)
1978	38.2	62.1
1979	36.1	64.4
1980	34.8	65.5
1981	32.5	67.1
1982	31.9	66.5
1983	32.8	66.4
1984	34.2	65.8
1985	38.1	66.0
1986	37.5	64.9
1987	36.3	63.6
1988	37.0	63.9
1989	36.6	64.5
1990	34.9	62.5
1991	34.8	62.4
1992	36.6	62.4
1993	42.6	59.3
1994	40.5	58.2
1995	40.3	58.1
1996	38.8	59.2
1997	36.7	59.0
1998	36.2	59.6
1999	36.2	61.2
2000	35.3	62.3
2001	36.5	61.4
2002	37.9	59.6
2003	41.0	56.8
2004	43.2	54.3
2005	42.7	51.8
2006	42.6	49.9
2007	41.7	49.5
2008	43.9	48.4
2009	47.5	48.6

注：根据国家统计局《2010年统计摘要》修订。
Note:Data revised according to *2010 China Statistical Abstract.*

生产法现价GDP与支出法现价GDP及其增长率比较
Comparison between production-based GDP and expenditure-based GDP at current price

年 Year	(1)生产法GDP Production-based GDP		(2)支出法GDP Expenditure-based GDP		(1)-(2)	
	绝对量(亿元) Absolute value (RMB100 million yuan)	现价增速(%) Growth rate at current price(%)	绝对量(亿元) Absolute value (RMB100 million yuan)	现价增速(%) Growth rate at current price(%)	绝对量(亿元) Absolute value (RMB100 million yuan)	现价增速(%) Growth rate at current price(%)
1978	3 645	13.8	3 606	13.9	40	-0.04
1979	4 063	11.5	4 093	13.5	-30	-2.1
1980	4 546	11.9	4 593	12.2	-47	-0.3
1981	4 892	7.6	5 009	9.1	-117	-1.5
1982	5 323	8.8	5 590	11.6	-267	-2.8
1983	5 963	12.0	6 216	11.2	-254	0.8
1984	7 208	20.9	7 363	18.4	-155	2.5
1985	9 016	25.1	9 077	23.3	-61	1.8
1986	10 275	14.0	10 509	15.8	-233	-1.8
1987	12 059	17.4	12 277	16.8	-219	0.5
1988	15 043	24.8	15 389	25.3	-346	-0.6
1989	16 992	13.0	17 311	12.5	-319	0.5
1990	18 668	9.9	19 348	11.8	-680	-1.9
1991	21 781	16.7	22 577	16.7	-796	0.0
1992	26 923	23.6	27 565	22.1	-642	1.5
1993	35 334	31.2	36 938	34.0	-1 604	-2.8
1994	48 198	36.4	50 217	36.0	-2 020	0.5
1995	60 794	26.1	63 217	25.9	-2 423	0.2
1996	71 177	17.1	74 164	17.3	-2 987	-0.2
1997	78 973	11.0	81 659	10.1	-2 685	0.8
1998	84 402	6.9	86 532	6.0	-2 129	0.9
1999	89 677	6.3	91 125	5.3	-1 448	0.9
2000	99 215	10.6	98 749	8.4	466	2.3
2001	109 655	10.5	108 972	10.4	683	0.2
2002	120 333	9.7	120 350	10.4	-18	-0.7
2003	135 823	12.9	136 399	13.3	-576	-0.5
2004	159 878	17.7	160 280	17.5	-402	0.2
2005	183 218	14.6	188 692	17.7	-5 475	-3.1
2006	211 924	15.7	221 651	17.5	-9 728	-1.8
2007	257 306	21.4	263 094	18.7	-5 788	2.7
2008	314 045	22.1	314 901	18.5	-856	3.6
2009	335 353	6.8	341 515	8.5	-6 162	-1.7

注：根据国家统计局《2010年统计摘要》修订。
Note:Data revised according to *2010 China Statistical Abstract.*

投资率和消费率
Investment ratio and consumption ratio

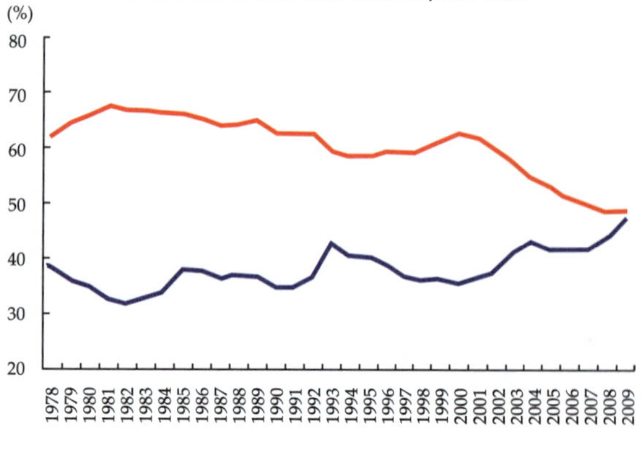

资本形成率（投资率） Capital formation ratio (investment ratio)
最终消费率（消费率） Final consumption ratio (consumption ratio)

生产法现价GDP与支出法现价GDP增速比较
Comparison of growth rate at current prices between production-based GDP and expenditure-based GDP

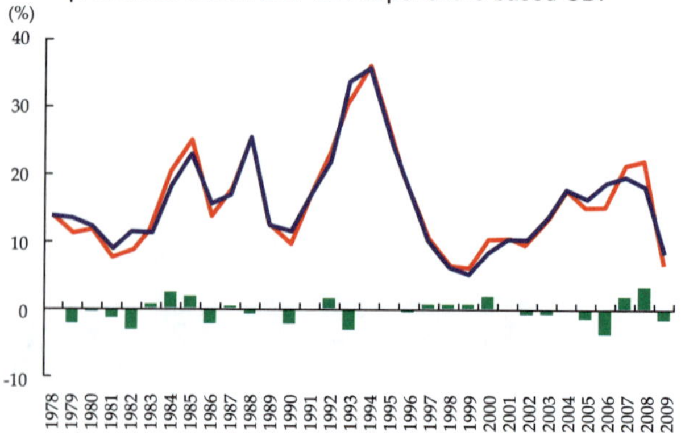

生产法现价GDP增速－支出法现价GDP增速 Gap between the two growth rates
生产法现价GDP增速 Growth rate of production-based GDP at current prices
支出法现价GDP增速 Growth rate of expenditure-based GDP at current prices

2.社会消费品零售额
(2) Retail sales of consumer goods

月度社会消费品零售额
Monthly retail sales of consumer goods

单位：亿元
Unit: RMB 100 million yuan

年/月 Year/Month	社会消费品零售总额 Retail sales of consumer goods	当月同比增长率(%) Monthly growth rate(YOY)(%)	累计同比增长率(%) Accumulated growth rate(YOY)(%)
2008.10	10 083	22.0	22.0
2008.11	9 791	20.8	21.9
2008.12	10 729	19.0	21.6
2009.01	10 757	18.5	18.5
2009.02	9 324	11.6	15.2
2009.03	9 318	14.7	15.0
2009.04	9 343	14.8	15.0
2009.05	10 028	15.2	15.0
2009.06	9 942	15.0	15.0
2009.07	9 937	15.2	15.0
2009.08	10 116	15.4	15.1
2009.09	10 913	15.5	15.1
2009.10	11 718	16.2	15.3
2009.11	11 339	15.8	15.3
2009.12	12 610	17.5	15.5
2010.01	12 718	14.0	14.0
2010.02	12 334	22.1	17.9
2010.03	11 322	18.0	17.9

社会消费品零售总额与最终消费增长率的比较
Comparison of growth rate at current prices between retail sales of consumer goods and final consumption expenditure

单位：万亿元
Unit: RMB trillion yuan

年 Year	社会消费品零售总额 Retail sales of consumer goods	最终消费 Final consumption	社会消费品零售总额现价增长率(%) Growth rate at current prices of retail sales of consumer goods(%)	最终消费现价增长率(%) Growth rate at current prices of final consumption expenditure(%)
1991	0.94	1.41	13.4	16.6
1992	1.10	1.72	16.8	22.1
1993	1.43	2.19	29.8	27.3
1994	1.86	2.92	30.5	33.5
1995	2.36	3.67	26.8	25.7
1996	2.84	4.39	20.1	19.5
1997	3.13	4.81	10.2	9.6
1998	3.34	5.16	6.8	7.2
1999	3.56	5.56	6.8	7.8
2000	3.91	6.15	9.7	10.6
2001	4.31	6.69	10.1	8.7
2002	4.81	7.17	11.8	7.2
2003	5.25	7.74	9.1	8.0
2004	5.95	8.70	13.3	12.4
2005	6.72	9.78	12.9	12.4
2006	7.60	11.06	13.1	12.8
2007	8.90	12.88	16.8	16.6
2008	10.85	14.91	21.6	15.8
2009	12.53	16.61	15.5	9.0

月度社会消费品零售额及其增长率
Monthly retail sales and growth rates of consumer goods

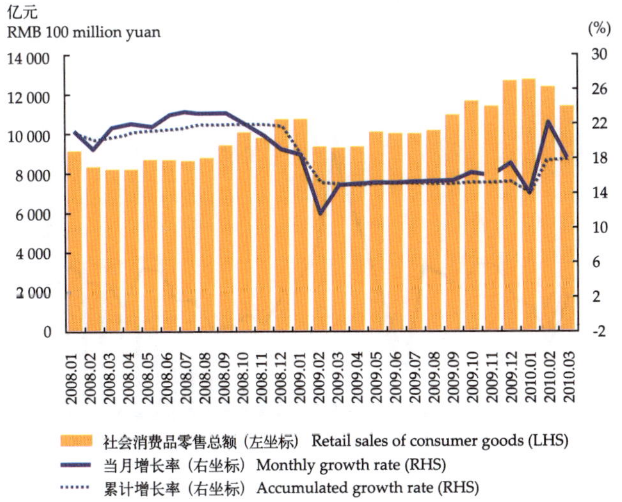

社会消费品零售总额及最终消费增长趋势
Growth trend of retail sales of consumer goods and final consumption expenditure

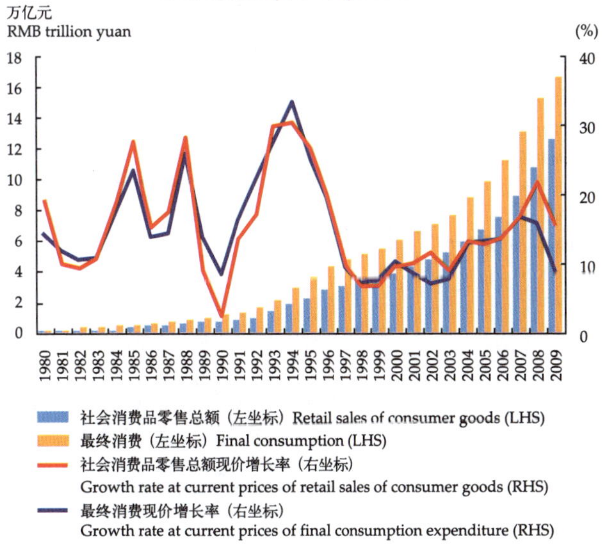

3. 固定资产投资完成额

(3) Completed fixed-asset investment

城镇固定资产投资月度累计完成额
Monthly accumulated completed urban fixed-asset investment

单位：亿元
Unit: RMB 100 million yuan

年/月 Year/Month	城镇固定资产投资月度累计完成额 Monthly accumulated completed urban fixed-asset investment	增长率(%) Growth rate (%)
2008.07	72 160	27.3
2008.08	84 920	27.4
2008.09	99 871	27.6
2008.10	113 189	27.2
2008.11	127 614	26.8
2008.12	148 167	26.1
2009.01	—	—
2009.02	10 276	26.5
2009.03	23 562	28.6
2009.04	37 082	30.5
2009.05	53 520	32.9
2009.06	78 098	33.6
2009.07	95 932	32.9
2009.08	112 985	33
2009.09	133 177	33.3
2009.10	150 710	33.1
2009.11	168 634	32.1
2009.12	194 139	30.5
2010.01	—	—
2010.02	13 014	26.6
2010.03	29 793	26.4

固定资产投资完成额和固定资本形成总额的比较
Comparison of completed fixed-asset investment and gross capital formation

单位：万亿元
Unit: RMB trillion yuan

年 Year	全社会固定资产投资完成额 Total completed fixed-asset investment	固定资本形成总额 Gross capital formation	全社会固定资产投资现价增长率(%) Growth rate of total fixed-asset investment at current prices(%)	固定资本形成总额现价增长率(%) Growth rate of gross capital formation at current prices(%)
1991	0.56	0.61	23.9	25.7
1992	0.81	0.85	44.4	40.3
1993	1.31	1.33	61.8	56.3
1994	1.70	1.73	30.4	30.1
1995	2.00	2.09	17.5	20.6
1996	2.29	2.40	14.5	15.1
1997	2.49	2.60	8.8	8.0
1998	2.84	2.86	13.9	10.0
1999	2.99	3.05	5.1	6.9
2000	3.29	3.38	10.3	10.9
2001	3.72	3.78	13.1	11.6
2002	4.35	4.36	16.9	15.6
2003	5.56	5.35	27.7	22.6
2004	7.05	6.51	26.8	21.7
2005	8.88	7.73	26.0	18.7
2006	10.99	9.02	24.0	16.6
2007	13.72	10.54	24.8	17.0
2008	17.28	13.83	25.9	24.7
2009	22.48	16.23	30.1	17.3

注：根据国家统计局《2010年统计摘要》修订。
Note:Data revised according to *2010 China Statistical Abstract*.

城镇固定资产投资月度累计完成额
Monthly accumulated completed urban fixed-asset investment

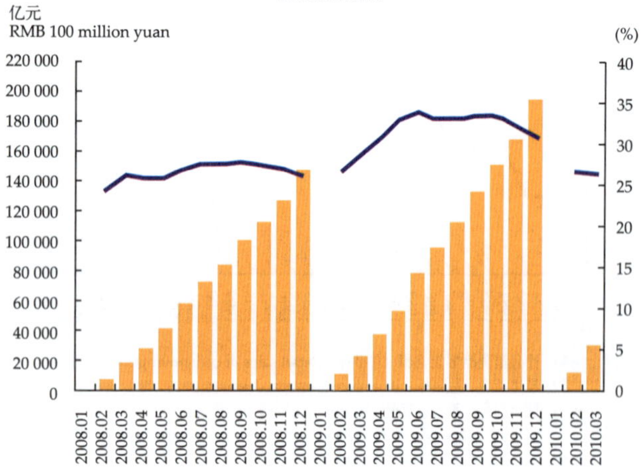

城镇固定资产投资月度累计完成额（左坐标）
Monthly accumulated completed urban fixed-asset investment (LHS)
增长率（右坐标）
Growth rate (RHS)

固定资产投资完成额和固定资本形成总额
Completed fixed-asset investment and gross capital formation

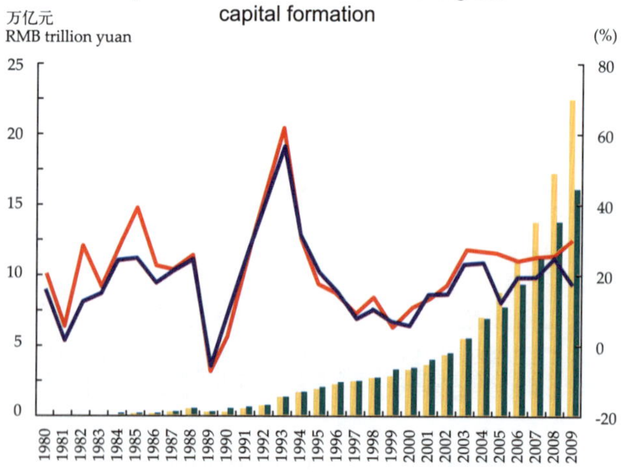

全社会固定资产投资完成额（左坐标）
Total completed fixed-asset investment (LHS)
固定资本形成总额（左坐标）
Gross capital formation (LHS)
全社会固定资产投资现价增长率（右坐标）
Growth rate of total fixed-asset investment at current prices (RHS)
固定资本形成总额现价增长率（右坐标）
Growth rate of gross capital formation at current prices (RHS)

城镇固定资产投资按建设性质分月度累计完成额及增长率

Composition of monthly accumulated completed urban fixed-asset investment and growth rate by nature of construction

年/月 Year/Month	绝对值(亿元) Absolute value (RMB 100 million yuan)			增长率(%) Growth rate (%)		
	新建 New projects	扩建 Expansion projects	改建 Reconstruction projects	新建 New projects	扩建 Expansion projects	改建 Reconstruction projects
2008.07	32 055	12 189	8 429	25.2	23.1	34.5
2008.08	37 782	14 319	10 033	25.2	23.5	36.5
2008.09	44 621	16 742	11 937	26.3	24.1	37.9
2008.10	50 714	18 812	13 711	26.4	24.7	36.4
2008.11	57 413	21 072	15 699	26.1	24.5	37.3
2008.12	66 094	24 440	18 801	27.2	24.0	33.0
2009.01	—	—	—	—	—	—
2009.02	4 786	1 578	1 063	36.0	37.0	46.8
2009.03	11 054	3 787	2 706	38.3	25.9	50.4
2009.04	17 559	6 044	4 368	40.6	28.1	50.8
2009.05	25 331	8 810	6 599	42.8	31.6	52.8
2009.06	36 556	12 865	10 140	41.2	31.2	52.5
2009.07	44 747	16 018	12 540	39.6	31.4	48.8
2009.08	52 543	18 670	14 824	39.1	30.4	47.8
2009.09	62 083	21 718	17 605	39.1	29.7	47.5
2009.10	70 306	24 155	20 086	38.6	28.4	46.5
2009.11	78 943	26 896	22 803	37.5	27.6	45.3
2009.12	90 314	30 488	26 504	37.4	25.1	38.5
2010.01	—	—	—	—	—	—
2010.02	6 145	1 737	1 374	28.4	10.0	29.2
2010.03	13 977	4 265	3 590	26.4	12.6	32.7

城镇固定资产投资月度累计完成额按建设性质分的构成变化

Change in composition of monthly accumulated completed urban fixed-asset investment by nature of construction

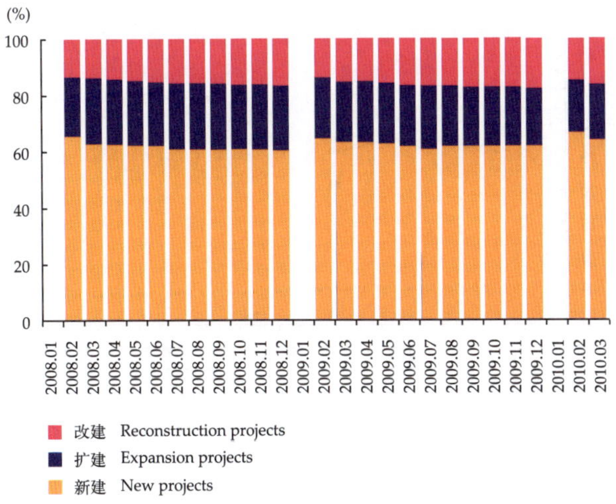

城镇固定资产投资月度累计完成额按建设性质分的增长趋势

Growth of monthly accumulated completed urban fixed-asset investment and its composition by nature of construction

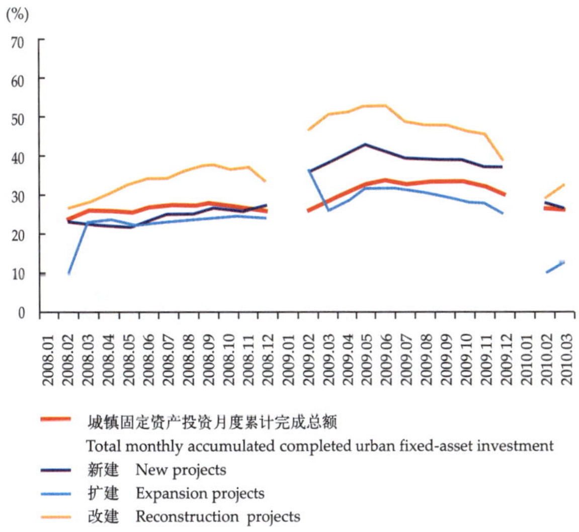

城镇固定资产投资按隶属关系分月度累计完成额及增长率
Composition of monthly accumulated completed urban fixed-asset investment and growth rate by sponsor

年/月 Year/Month	绝对值(亿元) Absolute value (RMB 100 million yuan)		增长率(%) Growth rate (%)	
	中央项目 Central government projects	地方项目 Local government projects	中央项目 Central government projects	地方项目 Local government projects
2008.07	6 679	65 481	25.3	27.5
2008.08	8 217	76 702	27.7	27.4
2008.09	9 855	90 015	27.2	27.7
2008.10	11 365	101 824	28.7	27.1
2008.11	13 124	114 490	31.8	26.3
2008.12	16 641	131 526	29.6	25.7
2009.01	—	—	—	—
2009.02	1 070	9 206	40.3	25.1
2009.03	2 107	21 455	30.4	28.5
2009.04	3 466	33 617	29.3	30.6
2009.05	4 734	48 786	28.0	33.4
2009.06	6 586	71 512	28.6	34.1
2009.07	8 370	87 562	25.3	33.7
2009.08	10 053	102 932	22.3	34.2
2009.09	11 722	121 455	18.9	34.9
2009.10	13 502	137 208	18.8	34.8
2009.11	15 277	153 357	16.4	33.9
2009.12	19 651	174 488	18.4	32.0
2010.01	—	—	—	—
2010.02	1 219	11 795	14.0	28.1
2010.03	2 298	27 495	9.1	28.2

城镇固定资产投资月度累计完成额按隶属关系分的构成变化
Change in composition of monthly accumulated completed urban fixed-asset investment by sponsor

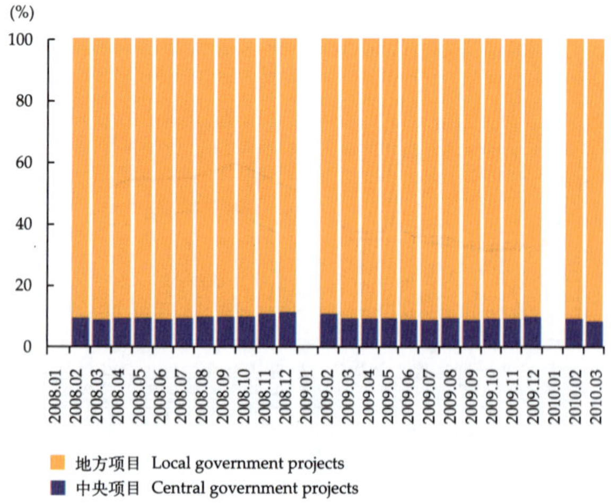

城镇固定资产投资月度累计完成额按隶属关系分的增长趋势
Growth of monthly accumulated completed urban fixed-asset investment and its composition by sponsor

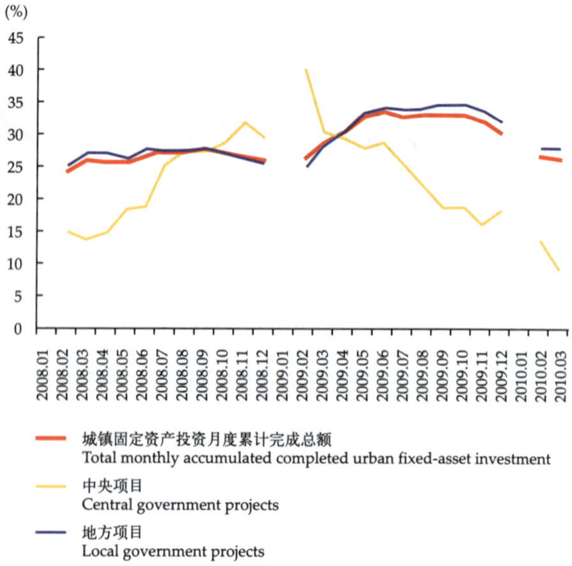

城镇固定资产投资月度累计新开工项目数
Number of monthly accumulated urban newly started projects of fixed-asset investment

单位：万个 Unit: 10 000

	2006	2007	2008	2009	2010
1月 Jan.	—	—	—	—	—
2月 Feb.	1.17	1.01	1.45	1.85	1.85
3月 Mar.	3.34	3.11	3.85	5.29	5.88
4月 Apr.	4.96	5.17	5.97	8.64	
5月 May	6.74	7.47	8.44	12.39	
6月 Jun.	9.89	11.04	12.30	17.61	
7月 Jul.	11.49	13.21	14.45	20.57	
8月 Aug.	13.11	14.98	16.57	23.49	
9月 Sept.	15.20	17.01	19.07	26.93	
10月 Oct.	16.86	19.11	20.81	29.34	
11月 Nov.	18.71	21.11	22.88	31.70	
12月 Dec.	21.36	23.19	25.26	34.48	

城镇固定资产投资月度累计施工项目数
Number of monthly accumulated urban under-construction projects of fixed-asset investment

单位：万个 Unit: 10 000

	2006	2007	2008	2009	2010
1月 Jan.	—	—	—	—	—
2月 Feb.	4.86	5.55	6.74	7.87	9.28
3月 Mar.	8.71	9.29	10.84	12.91	15.37
4月 Apr.	10.99	12.27	13.79	17.25	
5月 May	13.27	15.11	16.85	21.64	
6月 Jun.	17.08	19.32	21.40	27.53	
7月 Jul.	18.87	21.78	23.85	30.89	
8月 Aug.	20.77	23.70	26.10	33.98	
9月 Sept.	23.12	25.91	28.83	37.65	
10月 Oct.	24.89	28.25	30.68	40.22	
11月 Nov.	26.87	30.28	32.90	42.95	
12月 Dec.	29.87	32.77	35.72	46.15	

城镇固定资产投资月度累计新开工项目数
Number of monthly accumulated urban newly started projects of fixed-asset investment

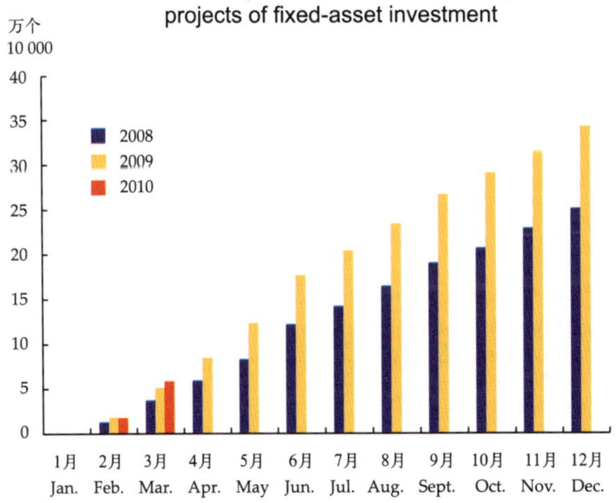

城镇固定资产投资月度累计施工项目数
Number of monthly accumulated urban under-construction projects of fixed-asset investment

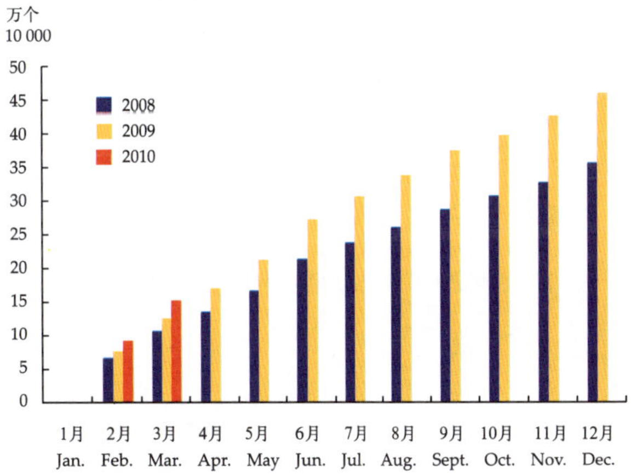

城镇新开工项目、施工项目与固定资产投资完成额
Urban newly started, under-construction projects, and completed fixed-asset investment

年/月 Year/Month	城镇累计新开工项目计划总投资同比增长率(%) Growth rate of accumulated planned investment of urban newly started projects (YOY)(%)	城镇施工项目计划总投资同比增长率(%) Growth rate of planned investment of urban under-construction projects (YOY)(%)	城镇固定资产投资完成额同比增长率(%) Growth rate of completed urban fixed-asset investment (YOY)(%)
2008.07	-2.9	17.4	27.3
2008.08	2.5	17.7	27.4
2008.09	1.7	18.1	27.6
2008.10	3.2	19.3	27.2
2008.11	5.4	19.7	26.8
2008.12	5.4	20.0	26.1
2009.01	—	—	—
2009.02	87.5	25.4	26.5
2009.03	87.7	26.7	28.6
2009.04	90.7	29.8	30.5
2009.05	95.9	33.8	32.9
2009.06	87.3	36.1	33.6
2009.07	83.1	36.4	32.9
2009.08	81.7	36.2	33.0
2009.09	83.0	37.1	33.3
2009.10	81.1	36.6	33.1
2009.11	76.6	36.3	32.1
2009.12	67.2	32.3	30.5
2010.01	—	—	—
2010.02	42.7	29.9	26.6
2010.03	34.5	30.4	26.4

2010年第一季度分省城镇固定资产投资完成额及增长率
Accumulated completed urban fixed-asset investment and growth rate by province in the first quarter of 2010

单位：亿元　Unit: RMB 100 million yuan

	城镇固定资产投资累计完成额 Monthly accumulated completed urban fixed- asset investment	增长率(%) Growth rate (%)
Beijing 北　京	1 018.0	41.7
Ningxia 宁　夏	203.2	39.9
Hainan 海　南	292.3	39.3
Guangxi 广　西	1 451.2	38.9
Gansu 甘　肃	430.0	37.5
Heilongjiang 黑龙江	365.2	35.8
Hubei 湖　北	2 082.7	35.3
Tibet 西　藏	35.6	35.1
Hebei 河　北	2 704.6	34.5
Tianjin 天　津	1 368.0	32.9
Shanxi 山　西	1 439.5	32.8
Chongqing 重　庆	1 161.0	31.5
Sichuan 四　川	3 002.8	29.6
Fujian 福　建	1 574.2	27.7
Shaanxi 陕　西	649.2	27.4
Inner Mongolia 内蒙古	1 057.9	27.0
Jilin 吉　林	517.3	25.9
Henan 河　南	2 742.8	25.7
Jiangsu 江　苏	4 569.8	24.8
Yunnan 云　南	1 141.9	24.5
Hunan 湖　南	1 554.6	24.5
Guizhou 贵　州	511.9	23.3
Liaoning 辽　宁	1 846.0	22.3
Anhui 安　徽	2 352.6	22.0
Jiangxi 江　西	1 328.3	21.3
Shandong 山　东	3 953.5	21.3
Qinghai 青　海	132.1	19.5
Guangdong 广　东	2 697.9	19.2
Zhejiang 浙　江	2 001.8	18.0
Shanghai 上　海	1 238.5	15.3
Xinjiang 新　疆	331.6	5.8

城镇新开工项目、施工项目与固定资产投资完成额
Urban newly started, under-construction projects, and completed fixed-asset investment

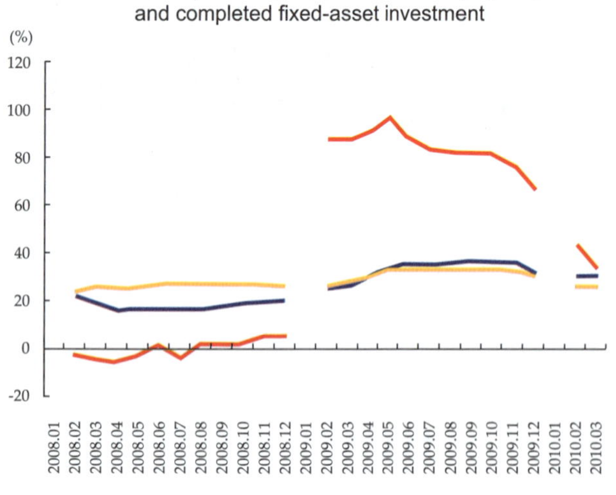

城镇累计新开工项目计划总投资同比增长率
Growth rate of accumulated planned investment of urban newly started projects (YOY)
城镇施工项目计划总投资同比增长率
Growth rate of planned investment of urban underconstruction projects (YOY)
城镇固定资产投资完成额同比增长率
Growth rate of completed urban fixed-asset investment (YOY)

2010年第一季度分省城镇固定资产投资完成额及增长率
Accumulated completed urban fixed-asset investment and growth rate by province in the first quarter of 2010

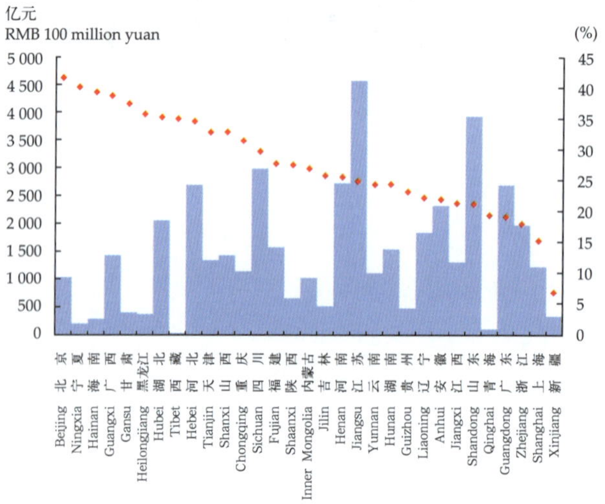

城镇固定资产投资累计完成额（左坐标）
Accumulated completed urban fixed-asset investment (LHS)
增长率（右坐标）
Growth rate (RHS)

4. 房地产
(4) Real estate development

房地产开发投资按工程用途分的完成额及增长率
Real estate development investment completed and growth rate by purpose of engineering

单位：亿元　Unit: RMB 100 million yuan

年／月 Year/Month	房地产开发投资完成额 Real estate development investment completed		按工程用途分 By purpose of engineering: 住宅投资 Residential building investment		办公楼投资 Office building investment		商业用房投资 Commercial and business building investment		其他投资 Other investment	
	绝对值 Absolute value	增长率(%) Growth rate (%)	绝对值 Absolute value	增长率(%) Growth rate (%)	绝对值 Absolute value	增长率(%) Growth rate (%)	绝对值 Absolute value	增长率(%) Growth rate (%)	绝对值 Absolute value	增长率(%) Growth rate (%)
2009.01	—	—	—	—	—	—	—	—	—	—
2009.02	2 398	1.0	1 682	0.8	113	17.9	284	13.4	319	-11.0
2009.03	4 880	4.1	3 422	3.2	211	27.9	578	19.0	669	-7.1
2009.04	7 290	4.9	5 114	3.4	290	20.9	869	23.2	1 017	-4.3
2009.05	10 165	6.8	7 105	4.4	387	16.6	1 194	24.0	1 480	4.3
2009.06	14 505	9.9	10 189	7.3	530	20.4	1 690	27.5	2 097	8.5
2009.07	17 720	11.6	12 427	8.2	662	24.0	2 055	28.2	2 576	14.0
2009.08	21 147	14.7	14 848	10.9	805	28.9	2 458	32.1	3 036	18.6
2009.09	25 050	17.7	17 582	13.4	956	33.3	2 907	34.8	3 605	24.5
2009.10	27 887	16.6	19 949	14.1	1 085	33.0	3 269	35.2	3 585	12.0
2009.11	31 271	17.8	22 369	15.7	1 205	30.5	3 647	35.3	4 050	12.7
2009.12	36 232	16.1	25 619	14.2	1 378	18.1	4 172	24.4	5 063	19.4
2010.01	—	—	—	—	—	—	—	—	—	—
2010.02	3 144	31.1	2 233	32.8	149	32.2	371	30.4	391	22.5
2010.03	6 594	35.1	4 552	33.0	303	43.6	755	30.6	985	47.1

房地产开发投资按工程用途分的构成变化
Change in composition of real estate development investment by purpose of engineering

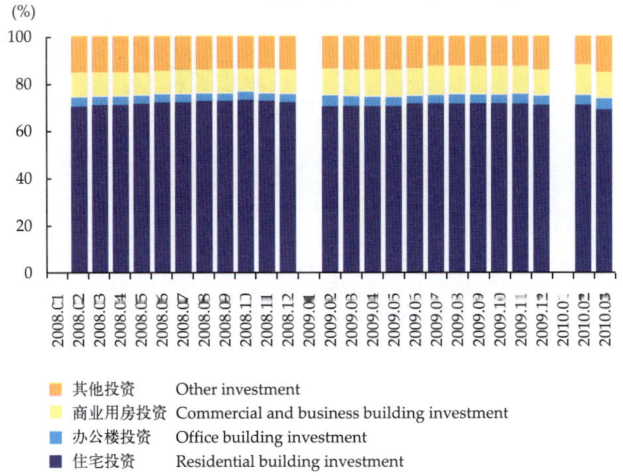

房地产开发投资按工程用途分的增长趋势
Growth of composition of real estate development investment by purpose of engineering

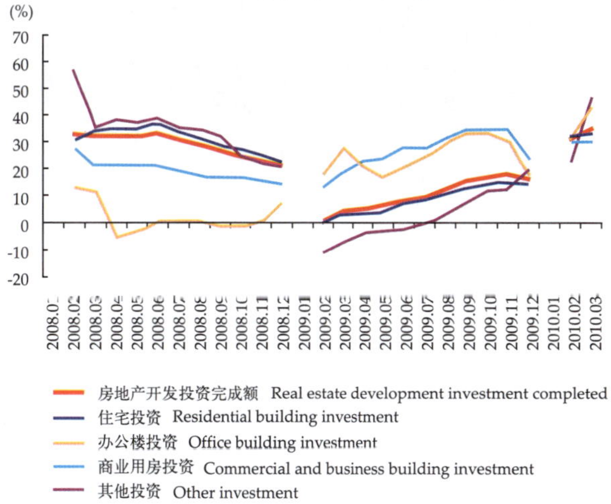

房地产开发投资按地区分的完成额及增长率
Real estate development investment completed and growth rate by region

单位：亿元 Unit: RMB 100 million yuan

年/月 Year/Month	东部地区投资 Investment in eastern area		中部地区投资 Investment in central area		西部地区投资 Investment in western area	
	绝对值 Absolute value	增长率(%) Growth rate (%)	绝对值 Absolute value	增长率(%) Growth rate (%)	绝对值 Absolute value	增长率(%) Growth rate (%)
2009.01	—	—	—	—	—	—
2009.02	1 561	-4.6	418	19.3	420	8.1
2009.03	3 067	-0.1	923	13.0	890	11.3
2009.04	4 455	1.5	1 433	12.6	1 401	8.6
2009.05	6 070	3.2	2 025	11.1	1 972	8.6
2009.06	8 457	5.9	2 993	14.1	2 845	9.9
2009.07	10 222	7.1	3 693	15.1	3 477	11.0
2009.08	12 125	10.3	4 462	18.2	4 154	13.4
2009.09	14 253	12.9	5 357	21.1	4 950	17.1
2009.10	16 123	13.5	6 118	23.3	5 645	18.9
2009.11	18 074	14.0	6 832	26.3	6 365	20.4
2009.12	21 101	15.1	7 938	26.3	7 192	20.5
2010.01	—	—	—	—	—	—
2010.02	2 020	29.4	551	31.9	572	36.4
2010.03	4 164	35.8	1 183	28.2	1 248	40.1

房地产开发投资按地区分的构成变化
Change in composition of real estate development investment by region

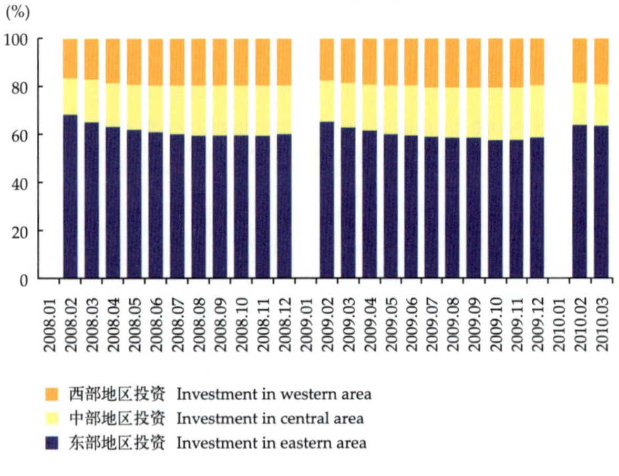

房地产开发投资按地区分的增长趋势
Growth of composition of real estate development investment by region

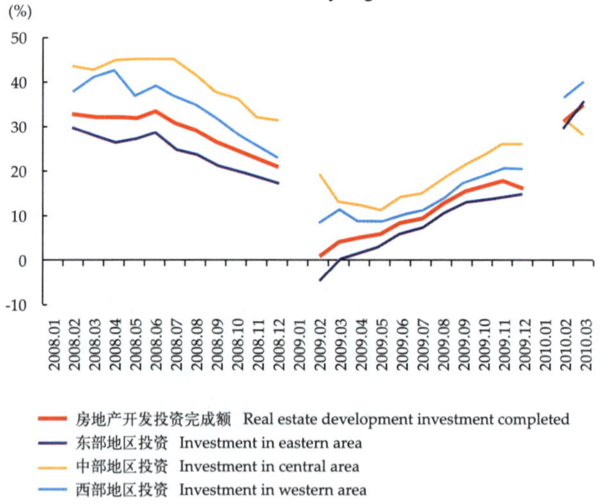

商品房建筑与销售
Construction and sales of commercial buildings

单位：亿平方米，亿元
Unit: 100 million square meters, RMB 100 million yuan

年/月 Year/Month	施工面积 Area under-construction	同比增长(%) YOY growth(%)	竣工面积 Area completed	同比增长(%) YOY growth(%)	销售面积 Area sold	同比增长(%) YOY growth(%)	销售与竣工之比 Ratio of sold to completed areas	月度累计销售额 Monthly accumulated sales volume	增长率(%) Growth rate (%)
2009.01	—	—	—	—	—	—	—	—	—
2009.02	14.2	14.2	0.6	29.0	0.5	-0.3	91	2 397	11.2
2009.03	17.9	12.7	1.0	26.3	1.1	8.2	114	5 059	23.1
2009.04	20.1	12.4	1.3	27.1	1.8	17.5	133	7 996	35.4
2009.05	21.9	11.7	1.6	22.6	2.5	25.5	152	11 389	45.3
2009.06	24.0	12.7	2.1	22.3	3.4	31.7	165	15 800	53.0
2009.07	25.1	12.5	2.5	24.7	4.2	37.1	164	19 600	60.4
2009.08	26.3	13.5	2.9	25.1	4.9	42.9	169	23 464	69.9
2009.09	27.7	15.4	3.3	24.7	5.8	44.8	175	27 532	73.4
2009.10	28.8	16.4	3.8	22.7	6.6	48.4	176	31 529	79.2
2009.11	29.9	17.2	4.4	26.1	7.5	53.0	170	35 987	86.8
2009.12	32.0	12.8	7.0	5.5	9.4	42.1	133	43 995	75.5
2010.01	—	—	—	—	—	—	—	—	—
2010.02	21.0	29.3	0.6	8.2	0.7	38.2	117	4 116	70.2
2010.03	24.2	35.5	1.1	12.0	1.5	35.8	138	7 977	57.7

商品房施工、竣工与销售面积
Area of commercial housing under construction, completed, and sold

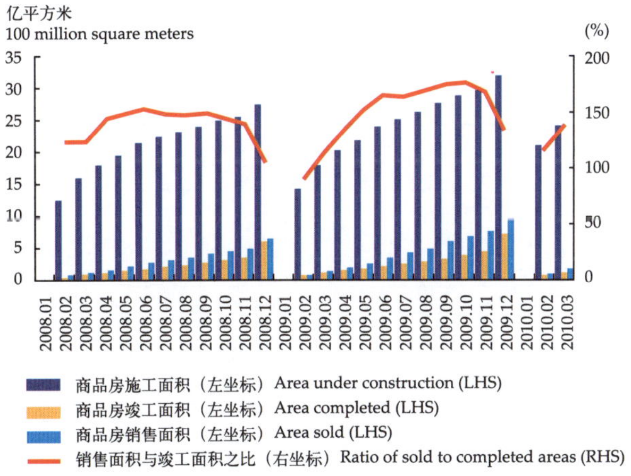

商品房施工、竣工与销售面积增长趋势
Growth of area of commercial housing under construction, completed, and sold

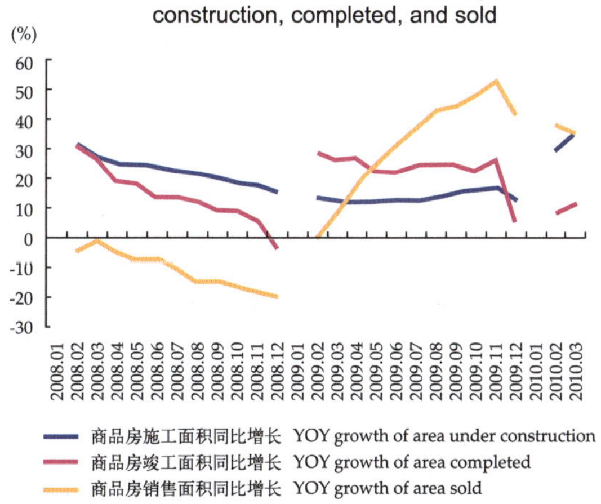

商品房销售额及其增长率
Sales volume of commercial housing and its growth rate

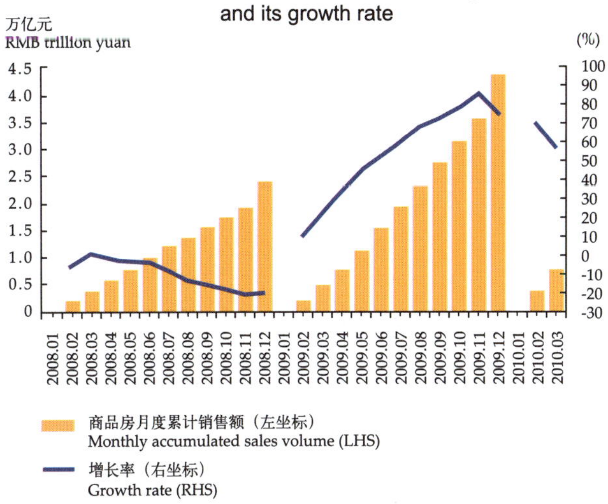

住宅在商品房施工、竣工与销售面积中所占的比重
Share of residences in commercial housing under construction, completed, and sold

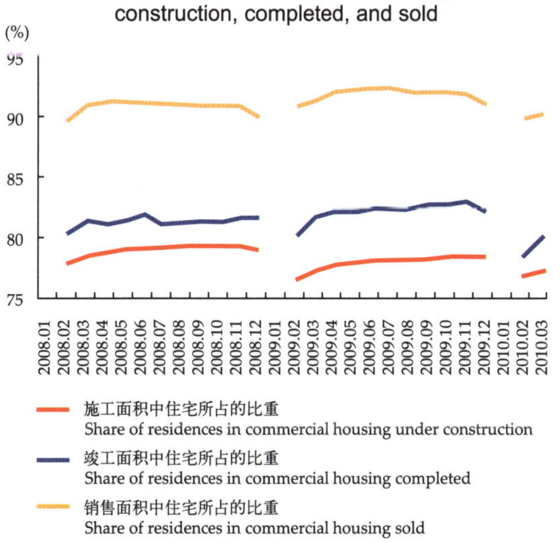

五、对外部门
5. External Sector

1. 外贸
(1)Foreign trade

据世界贸易组织统计，2008 年，我国货物贸易出口总值为 14 280 亿美元，占世界货物贸易出口总值 15.78 万亿美元的 9.1%，比 2007 年上升了 0.1 个百分点，在全球货物贸易出口排名中位居第二位，仅次于德国。2008 年，我国货物贸易进口总值为 11 330 亿美元，占世界货物贸易进口总值 16.12 万亿美元的 7.0%，比 2007 年提高了 0.1 个百分点，在全球货物贸易进口排名中位居第三位，位于美国、德国之后。

According to WTO statistics, in 2008, China's export volume of goods totaled USD1,428 billion, and its share in the world total of USD15.78 trillion rose by 0.1 percentage point in 2007 to 9.1 percent, ranking 2nd in the world after Germany. In 2008, China's import volume of goods reached USD1,133 billion, accounting for 7.0 percent of the world total of USD16.12 trillion, 0.1 percentage point higher than that in 2007. China ranks 3rd in the world after the U.S. and Germany in terms of goods imports.

2008年世界货物贸易出口前十位排名
Top ten economies in the world in terms of goods exported in 2008

			出口(10亿美元) Exports (USD billion)	比重(%) Share (%)
	世界	**World total**	**15 775**	**100**
1	德国	Germany	1 465	9.3
2	**中国**	**China**	**1 428**	**9.1**
3	美国	U.S.	1 301	8.2
4	日本	Japan	782	5.0
5	荷兰	Netherlands	634	4.0
6	法国	France	609	3.9
7	意大利	Italy	540	3.4
8	比利时	Belgium	477	3.0
9	俄罗斯	Russian	472	3.0
10	英国	U.K.	458	2.9

2008年世界货物贸易进口前十位排名
Top ten economies in the world in terms of goods imported in 2008

			进口(10亿美元) Imports (USD billion)	比重(%) Share (%)
	世界	**World total**	**16 120**	**100**
1	美国	U.S.	2 166	13.4
2	德国	Germany	1 206	7.5
3	**中国**	**China'**	**1 133**	**7.0**
4	日本	Japan	762	4.7
5	法国	France	708	4.4
6	英国	U.K.	632	3.9
7	荷兰	Netherlands	574	3.6
8	意大利	Italy	556	3.4
9	比利时	Belgium	470	2.9
10	韩国	Korea	390	2.4

年度进出口额及其增长率
Annual imports & exports and their growth rates

单位：亿美元
Unit: USD 100 million

年 Year	进出口 Imports & Exports		出口 Exports		进口 Imports		进出口差额 Trade balance
	总额 Total value	增长率(%) Growth rate (%)	总额 Total value	增长率(%) Growth rate (%)	总额 Total value	增长率(%) Growth rate (%)	
1978	206	—	98	—	109	—	-11
1979	293	42.1	137	40.1	157	43.9	-20
1980	381	30.0	181	32.7	200	27.8	-19
1981	440	15.4	220	21.5	220	10.0	0
1982	416	-5.5	223	1.4	193	-12.4	30
1983	436	4.8	222	-0.4	214	10.9	8
1984	535	22.8	261	17.6	274	28.1	-13
1985	696	30.0	274	4.6	423	54.1	-149
1986	738	6.1	309	13.1	429	1.6	-120
1987	827	11.9	394	27.5	432	0.7	-38
1988	1 028	24.4	475	20.5	553	27.9	-78
1989	1 117	8.7	525	10.6	591	7.0	-66
1990	1 154	3.4	621	18.2	533	-9.8	87
1991	1 357	17.6	719	15.8	638	19.6	81
1992	1 655	22.0	849	18.1	806	26.3	44
1993	1 957	18.2	917	8.0	1 040	29.0	-122
1994	2 366	20.9	1 210	31.9	1 156	11.2	54
1995	2 809	18.7	1 488	23.0	1 321	14.2	167
1996	2 899	3.2	1 510	1.5	1 388	5.1	122
1997	3 252	12.2	1 828	21.0	1 424	2.5	404
1998	3 239	-0.4	1 837	0.5	1 402	-1.5	435
1999	3 606	11.3	1 949	6.1	1 657	18.2	292
2000	4 743	31.5	2 492	27.8	2 251	35.8	241
2001	5 097	7.5	2 661	6.8	2 436	8.2	225
2002	6 208	21.8	3 256	22.4	2 952	21.2	304
2003	8 510	37.1	4 382	34.6	4 128	39.8	255
2004	11 546	35.7	5 933	35.4	5 612	36.0	321
2005	14 219	23.2	7 620	28.4	6 600	17.6	1 020
2006	17 604	23.8	9 689	27.2	7 915	19.9	1 775
2007	21 766	23.6	12 205	26.0	9 561	20.8	2 643
2008	25 633	17.8	14 307	17.3	11 326	18.5	2 981
2009	22 072	-13.9	12 015	-16.0	10 057	-11.2	1 958

贸易差额
Trade balance

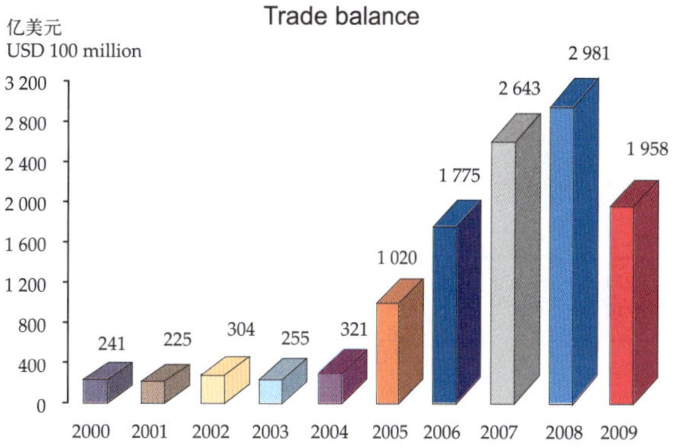

出口总值与GDP之比
Total exports over GDP

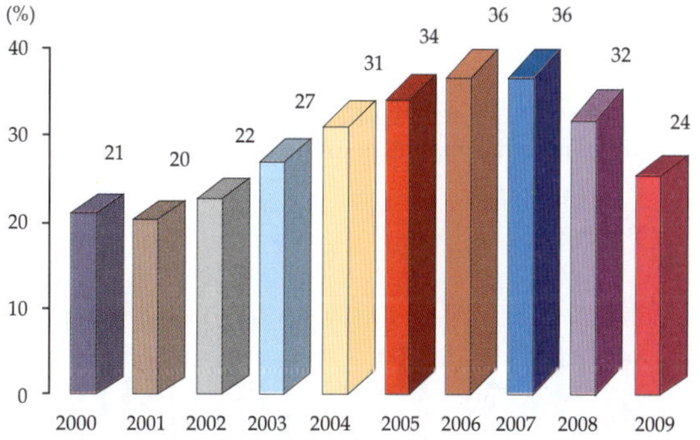

贸易总额及其增长趋势
Total trade volume and their growth

贸易总额与GDP之比
Total trade volume over GDP

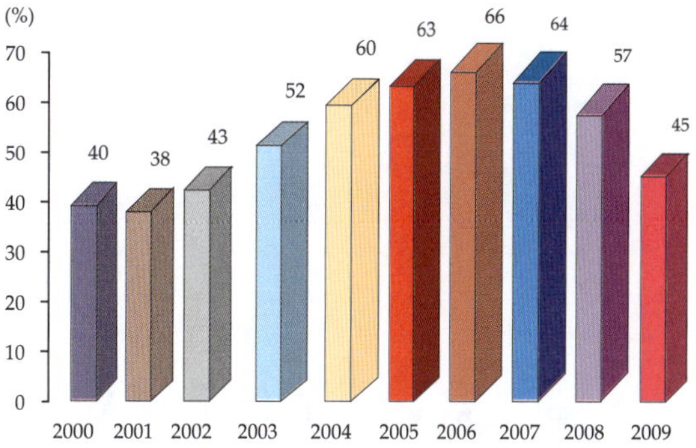

当月进出口总值及其增长率
Total monthly imports, exports, and their growth rates

单位：亿美元
Unit: USD 100 million

年/月 Year/Month	出口总值 Total exports	进口总值 Total imports	出口同比增长率(%) Growth rate of exports (YOY)(%)	进口同比增长率(%) Growth rate of imports (YOY)(%)	当月差额 Monthly trade balance
2009.01	905	514	-17.6	-43.1	391
2009.02	649	601	-25.8	-24.0	47
2009.03	902	719	-17.2	-25.0	183
2009.04	919	790	-22.8	-22.9	129
2009.05	887	756	-26.5	-24.9	131
2009.06	955	875	-21.3	-12.9	80
2009.07	1 054	950	-23.0	-14.7	103
2009.08	1 037	881	-23.4	-16.9	156
2009.09	1 159	1 031	-15.3	-3.5	128
2009.10	1 108	868	-13.8	-6.4	240
2009.11	1 137	946	-1.2	26.7	191
2009.12	1 307	1 123	17.7	55.9	184
2010.01	1 095	953	21.0	85.5	142
2010.02	945	869	45.7	44.7	76
2010.03	1 121	1 193	24.3	66.0	-72

月度累计进出口总值及其增长率
Total accumulated monthly imports,exports, and their growth rates

单位：亿美元
Unit: USD 100 million

年/月 Year/Month	累计出口总值 Accumulated total exports	累计进口总值 Accumulated total imports	累计出口同比增长率(%) Growth rate of accumulated exports (YOY) (%)	累计进口同比增长率(%) Growth rate of accumulated imports (YOY) (%)	累计贸易差额 Accumulated trade balance
2008.07	8 040	6 803	22.60	31.30	1 237.00
2008.08	9 394	7 863	22.30	30.10	1 530.00
2008.09	10 761	8 931	22.20	29.00	1 830.00
2008.10	12 047	9 859	21.90	27.60	2 188.00
2008.11	13 196	10 605	19.30	22.80	2 591.00
2008.12	14 307	11 326	17.20	18.50	2981.26
2009.01	905	514	-17.60	-43.10	391.00
2009.02	1 554	1 115	-21.20	-34.20	439.00
2009.03	2 456	1 834	-19.80	-30.90	621.87
2009.04	3 375	2 624	-20.60	-28.60	751.24
2009.05	4 262	3 380	-21.90	-27.80	881.77
2009.06	5 217	4 255	-21.80	-25.20	961.82
2009.07	6 270	5 205	-22.00	-23.50	1 065.31
2009.08	7 307	6 086	-22.20	-22.60	1 220.91
2009.09	8 466	7 117	-21.30	-20.30	1 349.20
2009.10	9 574	7 981	-20.50	-19.00	1 592.29
2009.11	10 710	8 930	-18.80	-15.80	1 779.58
2009.12	12 017	10 056	-16.00	-11.20	1 960.61
2010.01	1 095	953	21.00	85.50	141.68
2010.02	2 041	1 823	31.40	63.60	217.62
2010.03	3 162	3 017	28.70	64.60	144.89

当月进出口总值及其增长率
Total monthly imports, exports, and their growth rates

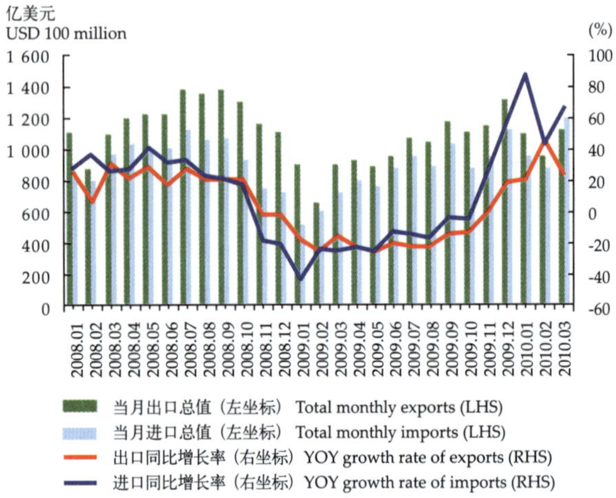

月度累计进出口总值及其增长率
Total accumulated monthly imports, exports, and their growth rates

贸易差额月度变动趋势
Movement of monthly trade balance

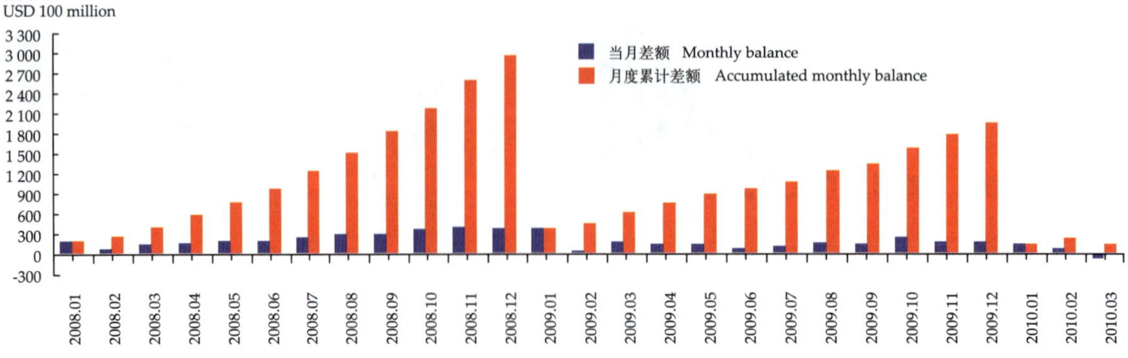

贸易差额构成
Composition of trade balance

单位：亿美元
Unit: USD 100 million

年 Year	贸易差额总计 Total trade balance	一般贸易 General trade	加工贸易 Processing trade	其他贸易 Other trade
1998	435	306	359	-230
1999	292	121	373	-202
2000	241	51	451	-261
2001	226	-16	535	-293
2002	304	71	577	-344
2003	255	-57	789	-477
2004	320	-46	1 063	-697
2005	1 019	354	1 425	-759
2006	1 775	831	1 889	-945
2007	2 639	1 098	2 491	-971
2008	2 981	899	2 968	-912
2009	1 958	-40	2 646	-646

注：“贸易差额总计”根据《海关统计》月报修正。
Note: "Total trade balance" are revised by *China Monthly Exports and Imports*.

月度累计贸易差额按企业性质分
Accumulated monthly trade balance by enterprise

单位：亿美元
Unit: USD 100 million

年/月 Year/Month	国有企业 State-owned enterprises	外资企业 Foreign-funded enterprises	其他企业 Other enterprises
2008.10	-933	1 316	1 805
2008.11	-961	1 526	2 026
2008.12	-966	1 707	2 240
2009.01	16	179	195
2009.02	-38	235	242
2009.03	-104	359	369
2009.04	-179	437	496
2009.05	-257	524	621
2009.06	-348	582	736
2009.07	-463	666	872
2009.08	-561	771	1 018
2009.09	-670	860	1 165
2009.10	-757	1 025	1 324
2009.11	-857	1 151	1 485
2009.12	-975	1 270	1 665
2010.01	-92	82	152
2010.02	-200	140	278
2010.03	-362	168	339

贸易差额构成
Composition of trade balance

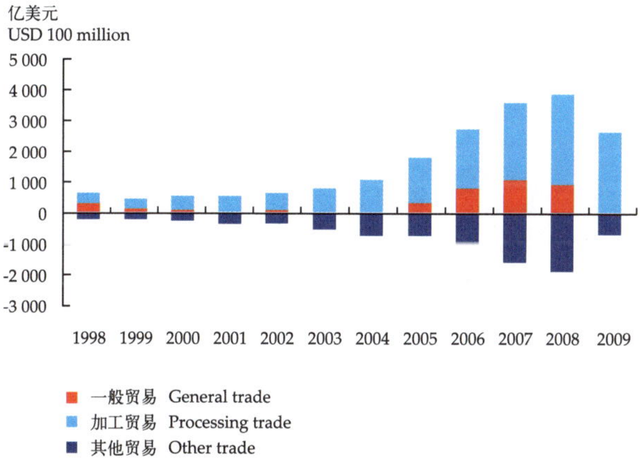

月度累计贸易差额按企业性质分
Accumulated monthly trade balance by enterprise

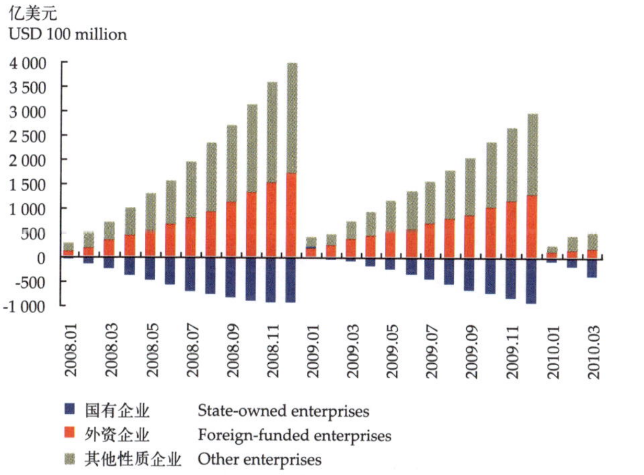

一般贸易累计进出口及其增长率
Accumulated imports and exports under general trade and their growth rates

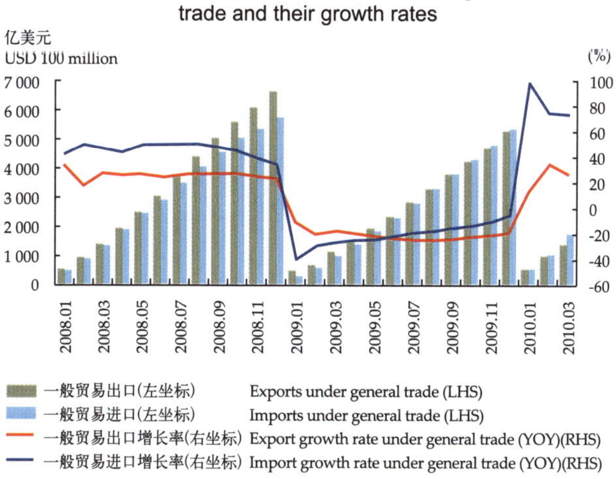

加工贸易累计进出口及其增长率
Accumulated imports and exports under processing trade and their growth rates

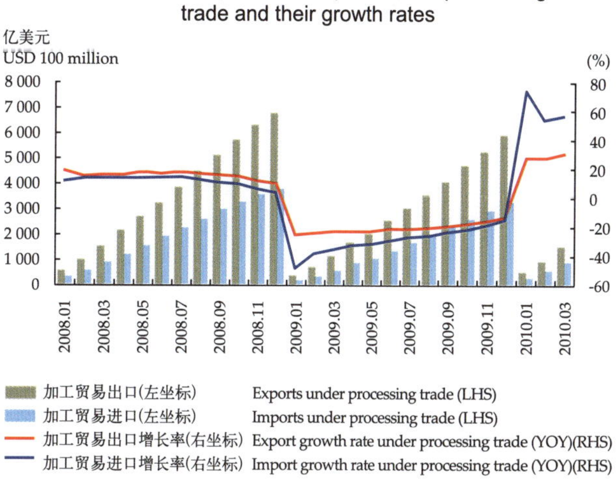

据海关统计，2010 年第一季度，欧盟、美国和日本位居我国大陆地区贸易伙伴前三名。欧盟是我国大陆地区最大的出口市场，日本则是最大的进口来源地。我国大陆地区贸易逆差最大的来源地是我国台湾地区，其次为韩国和日本。我国大陆地区贸易顺差最大的来源地是我国香港特别行政区，其次为美国。

According to customs statistics, the EU, the U.S., and Japan were the three largest trading partners of Mainland China in the first quarter of 2010. The EU was the largest export market for Mainland China, and the largest import source is Japan China. The largest surplus trade in bilateral trade with Mainland China was enjoyed first by China Taiwan and then by Korea and Japan. Hong Kong SAR trade deficit with Mainland China was the largest, followed by that of the U.S..

2010年第一季度我国大陆前十位出口市场
Mainland China's top ten export markets in the first quarter of 2010

			出口总额(亿美元) Export volume (USD 100 million)	同比增长(%) YOY growth (%)	占比(%) Share (%)
1	欧盟	EU	654	31.0	20.7
2	美国	U.S.	545	19.6	17.2
3	中国香港	HK SAR of China	410	27.4	13.0
4	东盟	ASEAN	292	46.7	9.2
5	日本	Japan	257	17.5	8.1
6	韩国	Korea	146	28.2	4.6
7	印度	India	83	38.3	2.6
8	中国台湾	Taiwan,China	60	59.8	1.9
9	澳大利亚	Australia	56	31.7	1.8
10	俄罗斯	Russia	52	39.3	1.6

2010年第一季度我国大陆前十位贸易顺差来源地
Mainland China's top ten sources of trade surplus in the first quarter of 2010

			顺差额(亿美元) Trade surplus (USD100 million)	同比增长(%) YOY growth (%)
1	中国香港	HK SAR of China	383	25.5
2	美国	U.S.	308	6.3
3	荷兰	Netherlands	91	41.9
4	英国	U.K.	55	17.3
5	阿拉伯联合酋长国	UAE	33	1.2
6	意大利	Italy	31	42.6
7	越南	Vietnam	29	53.5
8	法国	France	27	81.8
9	西班牙	Spain	27	34.2
10	印度	India	25	-7.1

2010年第一季度我国大陆前十位贸易伙伴
Mainland China's top ten trading partners in the first quarter of 2010

			贸易总额(亿美元) Trade volume (USD 100 million)	同比增长(%) YOY growth (%)	占比(%) Share (%)
1	欧盟	EU	1 015	35.1	16.4
2	美国	U.S.	781	25.8	12.6
3	日本	Japan	636	38.1	10.3
4	东盟	ASEAN	630	61.3	10.2
5	韩国	Korea	453	47.7	7.3
6	中国香港	HK SAR of China	437	29.2	7.1
7	中国台湾	Taiwan, China	314	72.7	5.1
8	澳大利亚	Australia	174	52.0	2.8
9	印度	India	142	51.5	2.3
10	俄罗斯	Russia	120	64.9	1.9

2010年第一季度我国大陆前十位进口来源地
Mainland China's top ten import sources in the first quarter of 2010

			进口总额(亿美元) Import volume (USD 100 million)	同比增长(%) YOY growth (%)	占比(%) Share (%)
1	日本	Japan	379	56.8	12.6
2	欧盟	EU	361	43.0	12.0
3	东盟	ASEAN	337	76.6	11.2
4	韩国	Korea	307	59.2	10.2
5	中国台湾	Taiwan, China	254	76.0	8.4
6	美国	U.S.	237	42.9	7.8
7	澳大利亚	Australia	118	64.1	3.9
8	沙特阿拉伯	Saudi Arabia	72	88.3	2.4
9	俄罗斯	Russia	68	92.1	2.2
10	印度	India	58	75.8	1.9

2010年第一季度我国大陆前十位贸易逆差来源地
Mainland China's top ten sources of trade deficit in the first quarter of 2010

			逆差额(亿美元) Trade deficit (USD100 million)	同比增长(%) YOY growth (%)
1	中国台湾	Taiwan, China	194	81.6
2	韩国	Korea	161	103.6
3	日本	Japan	122	432.7
4	澳大利亚	Australia	63	110.8
5	马来西亚	Malaysia	56	194.6
6	沙特阿拉伯	Saudi Arabia	54	146.4
7	瑞士	Switzerland	48	512.9
8	泰国	Thailand	34	89.1
9	智利	Chile	31	183.1
10	阿曼	Oman	20	86.4

我国大陆对美国进出口及其增长趋势
Mainland China's imports from and exports to the U.S. and their growth

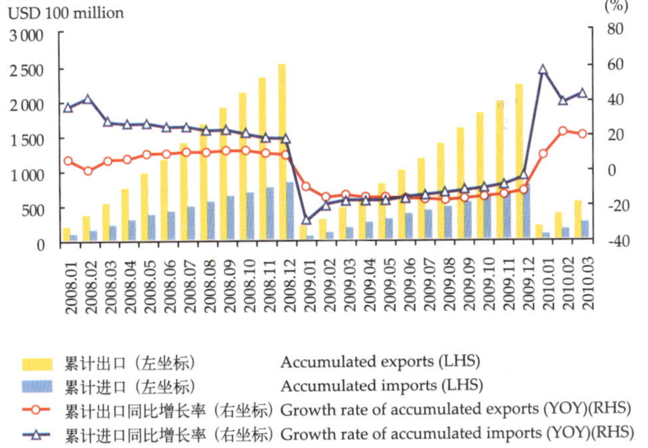

我国大陆对美国贸易总额和贸易差额
Mainland China's trade volume and trade balance with the U.S.

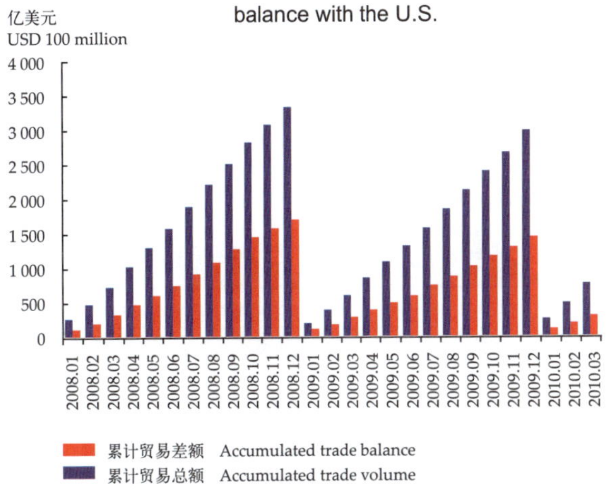

我国大陆对日本进出口及其增长趋势
Mainland China's imports from and exports to Japan and their growth

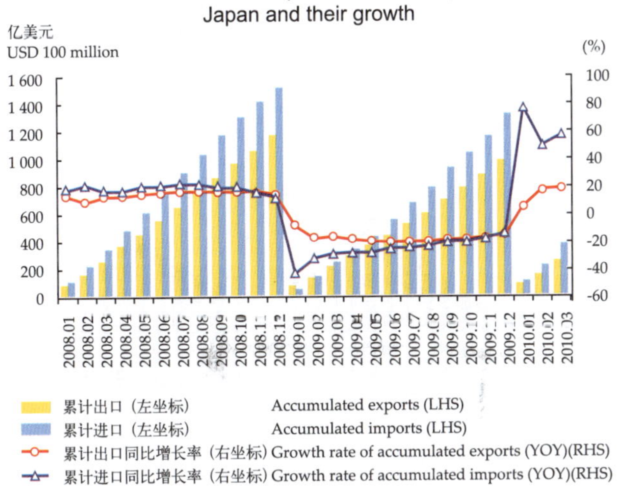

我国大陆对日本贸易总额和贸易差额
Mainland China's trade volume and trade balance with Japan

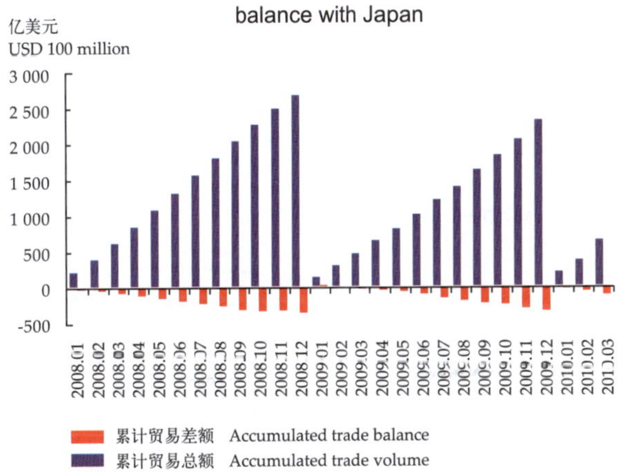

我国大陆对欧盟进出口及其增长趋势
Mainland China's imports from and exports to the EU and their growth

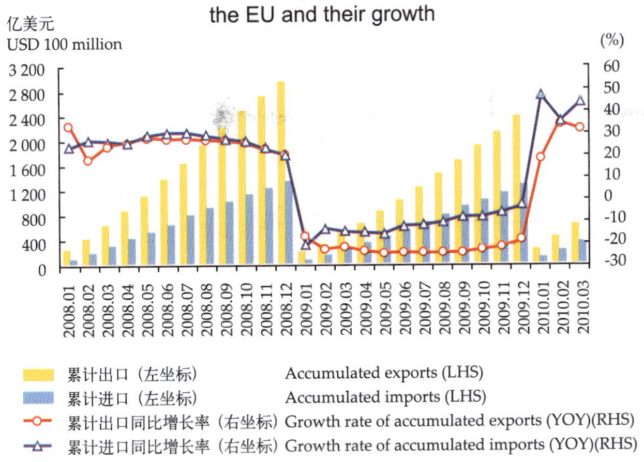

我国大陆对欧盟贸易总额和贸易差额
Mainland China's trade volume and trade balance with the EU

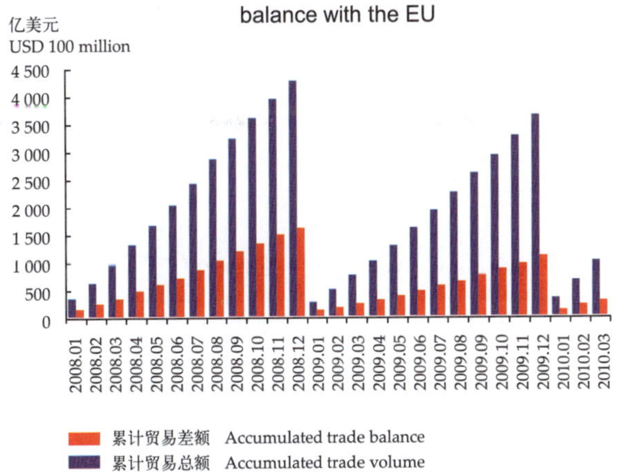

我国大陆对东盟进出口及其增长趋势
Mainland China's imports from and exports to ASEAN and their growth

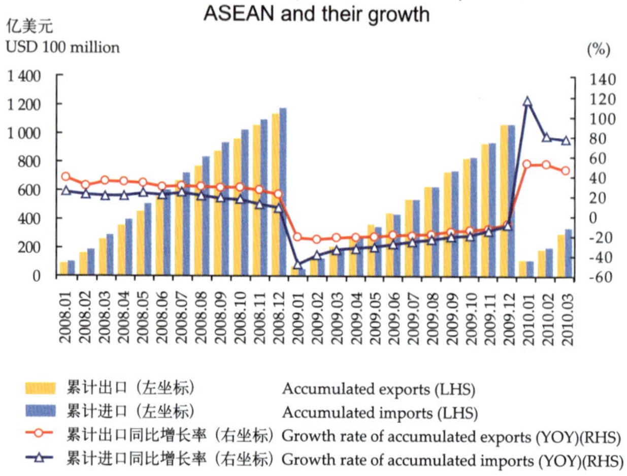

我国大陆对东盟贸易总额和贸易差额
Mainland China's trade volume and trade balance with ASEAN

我国大陆对我国香港地区进出口及其增长趋势
Mainland China's imports from and exports to Hong Kong SAR of China and their growth

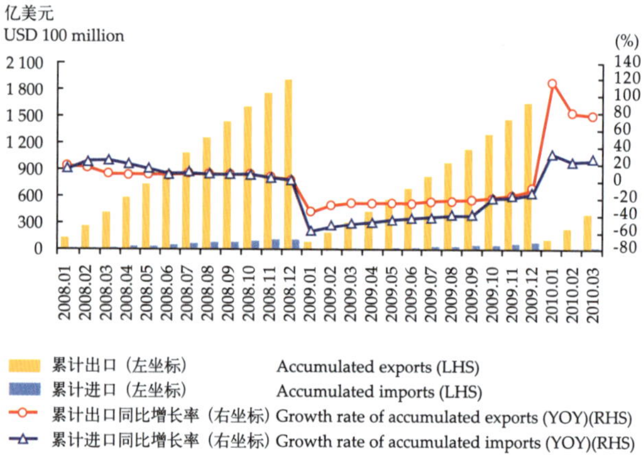

我国大陆对我国香港地区贸易总额和贸易差额
Mainland China's trade volume and trade balance with Hong Kong SAR of China

我国大陆对我国台湾地区进出口及其增长趋势
Mainland China's imports from and exports to China Taiwan and their growth

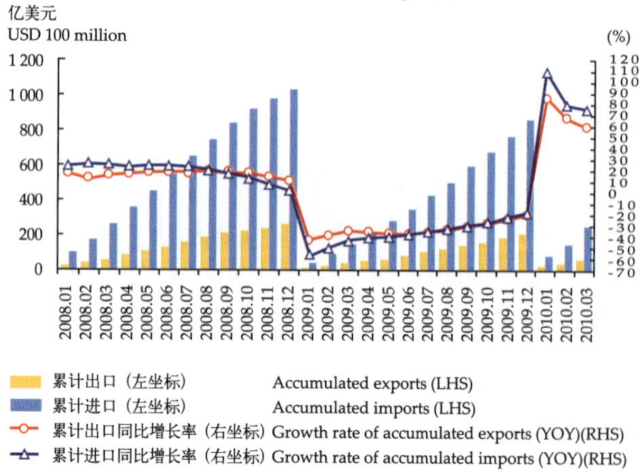

我国大陆对我国台湾地区贸易总额和贸易差额
Mainland China's trade volume and trade balance with China Taiwan

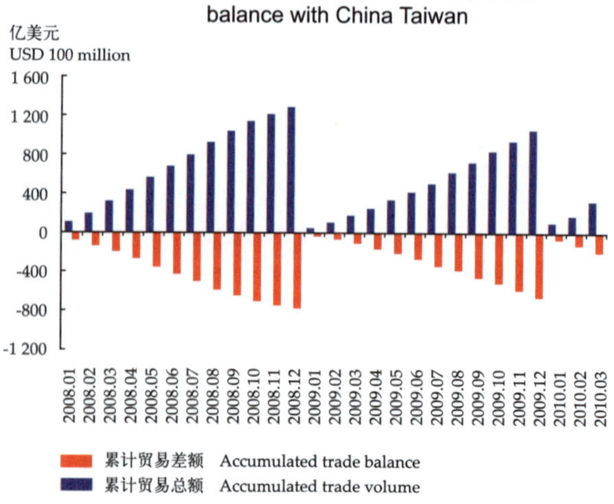

2. 外资
(2)Foreign investment

据联合国贸易与发展会议2009年9月发布的《2009年世界投资报告》，中国以1 080亿美元流入量成为2008年全球发展中国家中第一大外国直接投资接受国，报告指出：2008年全球外国直接投资流入量达到1.697万亿美元，较上年下降14%。

另据商务部统计，2009年，新批设立外商投资企业23 435家，实际使用外资金额为900.33亿美元。

According to the UNCTAD's *World Investment Report 2009* published in September 2009, China became the world's number 1 recipient of foreign direct investment (FDI) among developing countries in 2008, with capital inflows of USD108.0 billion. It is pointed out in the report that global FDI inflows decreased by 14% to USD1.697 trillion in 2008.

According to statistics of the Ministry of Commerce, in 2009, 23,435 foreign-invested enterprises were approved for incorporation in China, with actual utilized FDI reaching USD 90.033 billion.

实际利用外商直接投资及其增长趋势
Actual utilized foreign direct investments and its growth

单位：亿美元
Unit: USD 100 million

年 Year	绝对值 Absolute value	增长率(%) Growth rate (%)
1985	19.6	37.8
1986	22.4	14.7
1987	23.1	3.1
1988	31.9	38.0
1989	34.9	9.3
1990	33.9	-2.9
1991	43.7	28.7
1992	110.1	152.1
1993	275.2	150.0
1994	337.7	22.7
1995	375.2	11.1
1996	417.3	11.2
1997	452.6	8.5
1998	454.6	0.5
1999	403.2	-11.3
2000	407.2	1.0
2001	468.5	14.9
2002	527.4	12.6
2003	535.1	1.4
2004	606.3	13.3
2005	603.3	-0.5
2006	630.2	4.5
2007	747.7	13.6
2008	924.0	23.6
2009	900.3	2.6

实际利用外商直接投资及其增长率
Actual utilized foreign direct investments and their growth rates

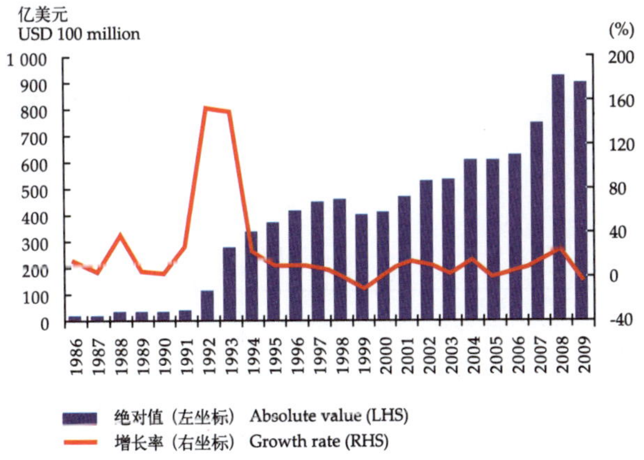

月度累计实际外商直接投资
Accumulated utilized FDI on a monthly basis

单位：亿美元
Unit: USD 100 million

年/月 Year/Month	实际外商直接投资累计金额 Accumulated utilized FDI	实际外商直接投资累计同比增长率(%) Growth rate of accumulated utilized FDI(YOY)(%)
2009.01	75	-32.7
2009.02	134	-26.2
2009.03	218	-20.6
2009.04	277	-21.0
2009.05	341	-20.4
2009.06	430	-17.9
2009.07	484	-20.4
2009.08	559	-17.5
2009.09	638	-14.3
2009.10	709	-12.6
2009.11	779	-9.9
2009.12	900	-2.6
2010.01	81	7.8
2010.02	140	4.9
2010.03	234	7.7

月度累计实际外商直接投资
Accumulated utilized FDI on a monthly basis

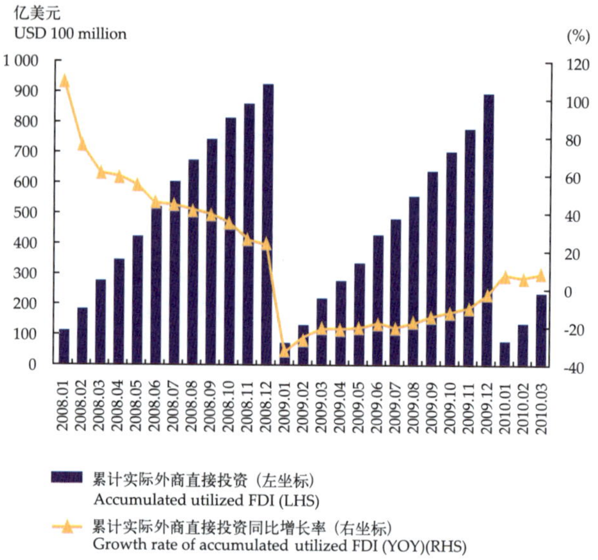

3. 国际收支

(3) Balance of payments (BOP)

1992年以来中国国际收支变化趋势
Movement of China's balance of payments since 1992

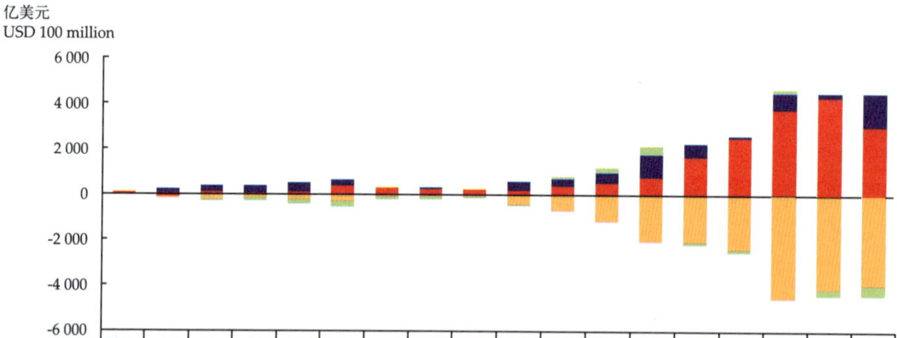

	1992	1993	1994	1995	1996	1997	1998	1999	2000	2001	2002	2003	2004	2005	2006	2007	2008	2009
净误差与遗漏差额 Balance of errors and omissions (net)	-83	-98	-98	-178	-156	-223	-187	-178	-119	-49	78	184	270	-168	-129	164	-261	-435
储备资产差额 Balance of reserve assets	21	-18	-305	-225	-316	-357	-64	-85	-105	-473	-755	-1 170	-2 064	-2 070	-2 470	-4 617	-4 190	-3 984
资本和金融项目差额 Balance of capital and financial accounts	-3	235	326	387	400	210	-63	52	19	348	323	527	1 107	630	67	735.1	189.6	1 448
经常项目差额 Balance of current account	64	-119	77	16	72	370	315	211	205	174	354	459	687	1 608	2 533	3 718	4 261	2 971

注：储备资产的增加用负值表示，储备资产的减少用正值表示。
Note: The increase in the reserve assets is expressed in a negative figure and the decrease in the reserve assets is expressed in a positive figure.

2009年国际收支平衡表简表
BOP sheet in 2009

单位：亿美元
Unit: USD 100 million

项　目	Items	差额 Balance	贷方 Credit	借方 Debit
一、经常项目	**Current account**	**2 971**	**14 846**	**11 874**
A. 货物和服务	Goods and services	2 201	13 333	11 132
a.货物	Goods	2 495	12 038	9 543
b.服务	Services	-294	1 295	1 589
B. 收益	Yields	433	1 086	653
C. 经常转移	Current transfers	337	426	89
二、资本和金融项目	**Capital and financial accounts**	**1 448**	**7 464**	**6 016**
A. 资本项目	Capital account	40	42	2
B. 金融项目	Financial account	1 409	7 422	6 014
1.直接投资	Direct investment	343	1 142	799
1.1 我国在外直接投资	FDI outflow	-439	42	481
1.2 外国在华直接投资	FDI inflow	782	1 100	318
2.证券投资	Portfolio investment	387	981	594
2.1 资产	Assets	99	669	570
2.2 负债	Liabilities	288	312	24
3.其他投资	Other investment	679	5 299	4 620
三、储备资产	**Reserve assets**	**-3 984**	**0**	**3 984**
3.1 货币黄金	Monetary gold	-49	0	49
3.2 特别提款权	SDRs	-111	0	111
3.3 在国际货币基金组织的储备头寸	Reserve position in IMF	-4	0	4
3.4 外汇	Foreign exchange	-3 821	0	3 821
3.5 其他债权	Other claims	0	0	0
四、净误差与遗漏	**Errors and omissions (net)**	**-435**	**0**	**435**

4.外汇储备
(4) Foreign exchange reserves

外汇储备及其增长率
Foreign exchange reserves and their growth rates

单位：亿美元
Unit: USD 100 million

年/月 Year/Month	外汇储备 Foreign exchange reserves	同比增长率(%) Growth rate (YOY)(%)
2009.01	19 135	20.4
2009.02	19 121	16.1
2009.03	19 537	16.1
2009.04	20 089	14.4
2009.05	20 895	16.3
2009.06	21 316	17.8
2009.07	21 746	17.9
2009.08	22 108	17.3
2009.09	22 726	19.3
2009.10	23 283	23.9
2009.11	23 888	26.7
2009.12	23 992	23.3
2010.01	24 152	26.2
2010.02	24 246	26.8
2010.03	24 471	25.3

外汇储备及其增长率
Foreign exchange reserves and their growth rates

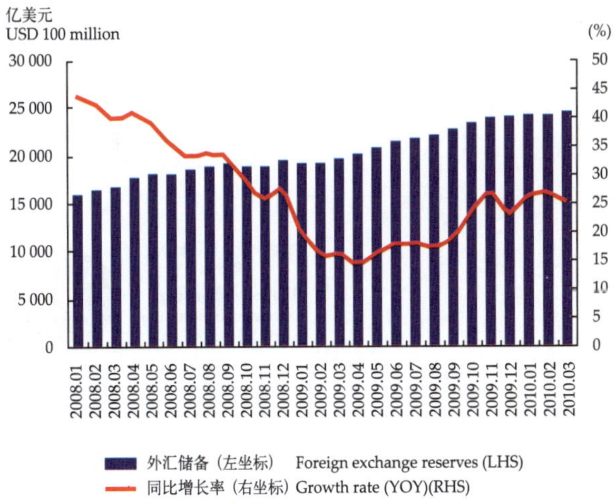

5. 外债

(5) External debt

外债余额与外债债务率
Balance and ratio of external debt to foreign exchange income

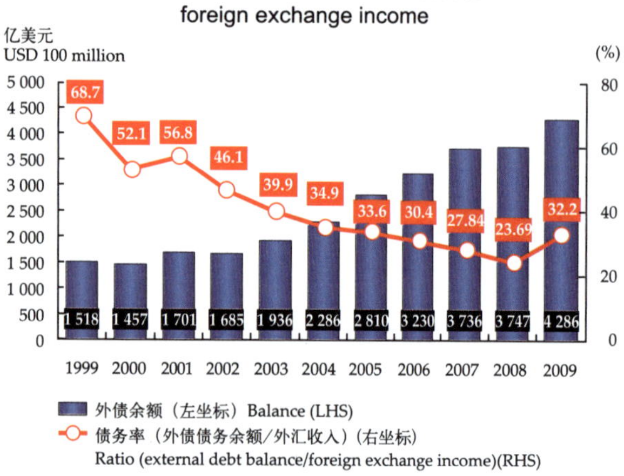

外债余额与外债负债率
Balance and ratio of external debt to GDP

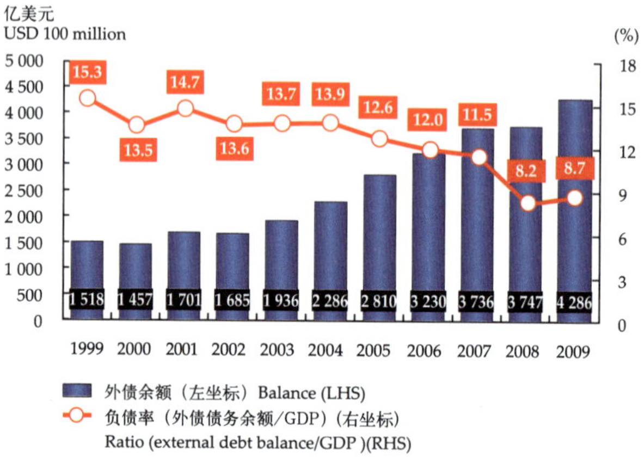

2009年年末外债数据
External debt balance at the end of 2009

单位：亿美元
Unit: USD 100 million

	登记外债 Registered external debt	国务院部委 Government ministries	中资金融机构 Chinese financial institutions	外商投资企业 Foreign investment enterprises	中资企业 Chinese enterprises	境内外资金融机构 Domestic foreign financial institutions	其他 Others	贸易信贷 Trade credit	合计 Total
外债余额 Debt balance	2 669.47	368.55	940.79	931.81	41.84	383.40	3.08	1 617.00	4 286.47
比重(%) Share (%)	100	13.81	35.24	34.91	1.57	14.36	0.11	—	—

注：2009年，我国新借入中长期外债224.45亿美元，还本341.86亿美元，付息36.29亿美元。
Note: In 2009, China borrowed medium and long-term external debts totaling USD22.445 billion and repaid principal in the amount of USD34.186 billion and interest in the amount of USD3.629 billion.

2009年年末外债债务结构
External debt structure at the end of 2009

六、财政收支与债务
6. Fiscal Revenue, Expenditure and Debt

年度财政收入、财政支出及其增长趋势
Annual budgetary revenue, budgetary expenditure, and their growth

单位：亿元
Unit: RMB 100 million yuan

年 Year	财政收入 Budgetary revenue	财政支出 Budgetary expenditure	财政收入同比增长率(%) Growth rate of budgetary revenue (YOY) (%)	财政支出同比增长率(%) Growth rate of budgetary expenditure (YOY)(%)
1993	4 349	4 642	24.8	24.1
1994	5 218	5 793	20.0	24.8
1995	6 242	6 824	19.6	17.8
1996	7 408	7 938	18.7	16.3
1997	8 651	9 234	16.8	16.3
1998	9 876	10 798	14.2	16.9
1999	11 444	13 188	15.9	22.1
2000	13 395	15 887	17.0	20.5
2001	16 386	18 903	22.3	19.0
2002	18 904	22 053	15.4	16.7
2003	21 715	24 650	14.9	11.8
2004	26 396	28 487	21.6	15.6
2005	31 649	33 930	19.9	19.1
2006	38 760	40 423	22.5	19.1
2007	51 322	49 781	32.4	23.2
2008	61 330	62 593	19.5	25.7
2009	68 477	75 874	11.7	21.2

月度累计财政收支增长率与收支差额
Monthly growth rates and balance of accumulated fiscal revenue and expenditure

单位：亿元
Unit: RMB 100 million yuan

年/月 Year/Month	财政收入累计同比增长率(%) Growth rate of accumulated fiscal revenue(YOY)(%)	财政支出累计同比增长率(%) Growth rate of accumulated fiscal expenditure(YOY)(%)	累计财政收支差额 Balance of accumulated fiscal revenue and expenditure
2008.07	30.5	29.7	13 438
2008.08	28.4	28.1	13 250
2008.09	25.8	25.5	12 519
2008.10	22.6	24.5	13 705
2008.11	20.5	23.6	12 243
2008.12	19.5	25.4	-1 110
2009.01	-17.1	32.5	2 138
2009.02	-11.4	37.0	2 436
2009.03	-8.3	34.8	1 831
2009.04	-9.9	31.7	2 650
2009.05	-6.7	27.8	4 612
2009.06	-2.4	26.3	5 074
2009.07	-0.5	23.5	6 784
2009.08	2.6	22.7	7 284
2009.09	5.3	24.1	6 316
2009.10	7.5	23.0	8 478
2009.11	9.2	22.7	7 157
2009.12	11.7	21.2	-7 397
2010.01	41.2	-13.2	5 193
2010.02	32.9	7.7	5 198
2010.03	34.0	11.9	5 297

年度财政收入、财政支出及其增长趋势
Annual budgetary revenue, budgetary expenditure, and their growth

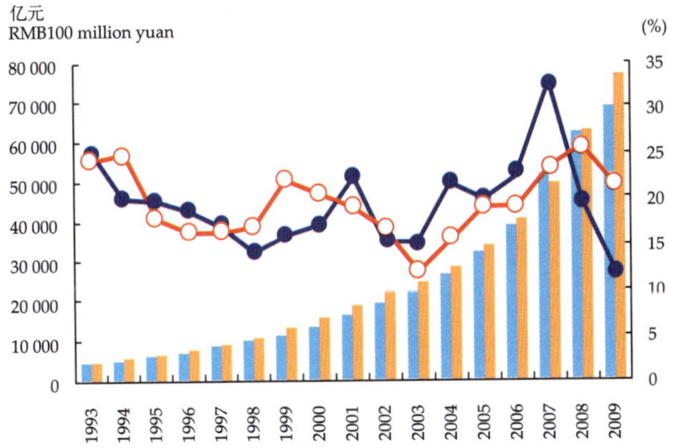

财政收入(左坐标) Budgetary revenue (LHS)
财政支出(左坐标) Budgetary expenditure (LHS)
财政收入同比增长率(右坐标) Growth rate of budgetary revenue (YOY)(RHS)
财政支出同比增长率(右坐标) Growth rate of budgetary expenditure (YOY)(RHS)

月度累计财政收支增长率与收支差额
Monthly growth rates and balance of accumulated fiscal revenue and expenditure

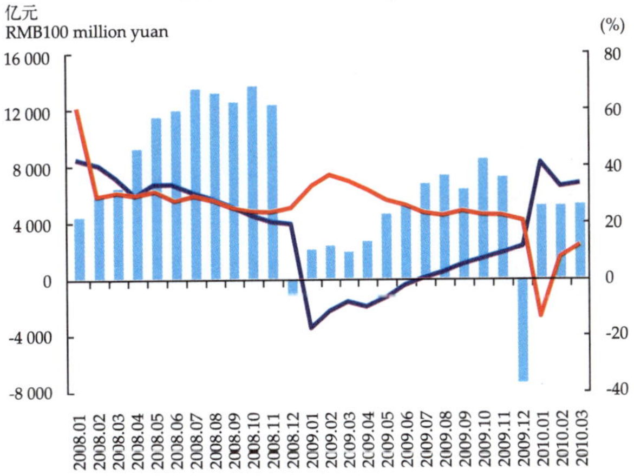

累计财政收支差额（左坐标）
Balance of accumulated fiscal revenue and expenditure (LHS)
财政收入累计同比增长率（右坐标）
Growth rate of accumulated fiscal revenue (YOY)(RHS)
财政支出累计同比增长率（右坐标）
Growth rate of accumulated fiscal expenditure (YOY)(RHS)

中央财政收支在全部财政收支中所占的比重

Ratio of revenues and expenditures of the central government to total fiscal revenues and expenditures

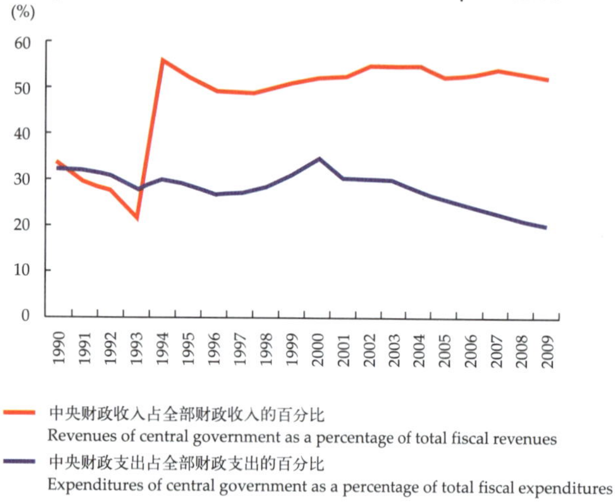

财政风险

Fiscal risks

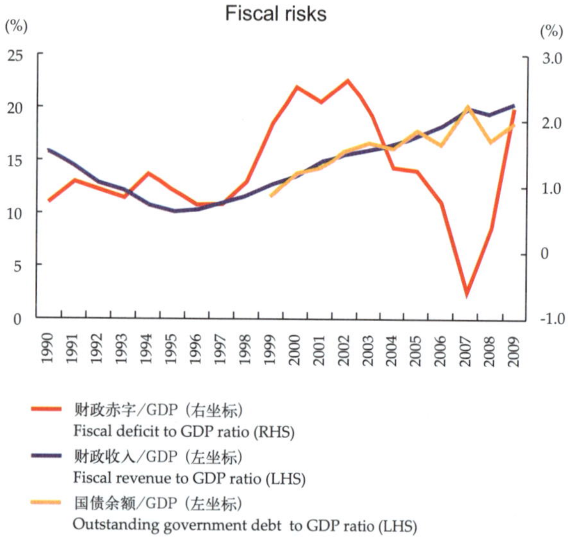

2010 年主要预算指标：

2010 年，中央财政预算收入为38 060 亿元，比2009 年执行数增加2 163.86 亿元，增长6%。从中央预算稳定调节基金中调入100 亿元。合计收入为38 160 亿元。中央财政预算支出为46 660 亿元，增加2 758.86 亿元，增长6.3%。中央财政收支相抵，财政赤字为8 500 亿元，增加1 000 亿元。相应增加国债发行规模，中央财政国债余额限额为71 208.35 亿元。

汇总中央预算和地方预算安排，全国财政收入为73 930 亿元，增长8%，加上从中央预算稳定调节基金调入100 亿元，可安排的收入为74 030 亿元；全国财政支出为84 530 亿元，增长11.4%。全国财政收支差额为10 500 亿元。

Budgetary targets for 2010:

In 2010, revenue in the central budget will reach 3.806 trillion yuan, an increase of 216.386 billion yuan or 6% over the figure for 2009. The central budget stabilization fund will contribute 10 billion yuan, bringing total revenue to 3.816 trillion yuan. Expenditures in the central budget will reach 4.666 trillion yuan, an increase of 275.886 billion yuan or 6.3%. Expenditures in the central budget will exceed revenue, resulting in a deficit of 850 billion yuan, an increase of 100 billion yuan. With a corresponding increase in the volume of government bonds issued, the limit for the outstanding balance of government bonds issued by the central government will be 7.120835 trillion yuan.

Total combined revenue of central and local governments is budgeted at 7.393 trillion yuan, an increase of 8%. Adding 10 billion yuan from the central budget stabilization fund, total national revenue is projected to reach 7.403 trillion yuan. Total national expenditures are budgeted at 8.453 trillion yuan, up 11.4%. Total expenditures will exceed total revenue by 1.05 trillion yuan.

七、货币银行
7. Money and Banking

1.货币供应量
(1) Money supply

年度M0、M1、M2及其变化趋势
Annual M0, M1, and M2 and their changes

单位：万亿元
Unit: RMB trillion yuan

年 Year	M0	M1	M2	M0同比增长率(%) Growth rate of M0 (YOY)(%)	M1同比增长率(%) Growth rate of M1 (YOY)(%)	M2同比增长率(%) Growth rate of M2 (YOY)(%)
1991	0.3	0.9	1.9	20.2	24.2	26.5
1992	0.4	1.2	2.5	36.4	35.9	31.3
1993	0.6	1.6	3.5	35.3	38.8	37.3
1994	0.7	2.1	4.7	24.3	26.2	34.5
1995	0.8	2.4	6.1	8.2	16.8	29.5
1996	0.9	2.9	7.6	11.6	18.9	25.3
1997	1.0	3.5	9.1	15.6	22.1	19.6
1998	1.1	3.9	10.4	10.1	11.9	14.8
1999	1.3	4.6	12.0	20.1	17.7	14.7
2000	1.5	5.3	13.5	8.9	15.9	12.3
2001	1.6	6.0	15.8	7.1	12.7	17.6
2002	1.7	7.1	18.5	10.1	18.4	16.9
2003	2.0	8.4	22.1	14.3	18.7	19.6
2004	2.1	9.6	25.4	8.7	13.6	14.7
2005	2.4	10.7	29.9	11.9	11.8	17.6
2006	2.7	12.6	34.6	12.7	17.5	17.0
2007	3.0	15.3	40.3	12.2	21.0	16.7
2008	3.4	16.6	47.5	12.7	9.1	17.8
2009	3.8	22.0	60.6	11.8	32.4	27.7

月度M0、M1、M2及其变化趋势
Monthly M0, M1, and M2 and their changes

单位：万亿元
Unit: RMB trillion yuan

年/月 Year/Month	M0	M1	M2	M0同比增长率(%) Growth rate of M0 (YOY)(%)	M1同比增长率(%) Growth rate of M1 (YOY)(%)	M2同比增长率(%) Growth rate of M2 (YOY)(%)
2008.10	3.1	15.7	45.3	10.3	8.8	15.0
2008.11	3.2	15.8	45.9	9.0	6.8	14.8
2008.12	3.4	16.6	47.5	12.7	9.1	17.8
2009.01	4.1	16.5	49.6	12.0	6.7	18.8
2009.02	3.5	16.7	50.7	8.3	10.9	20.5
2009.03	3.4	17.7	53.1	10.9	17.0	25.5
2009.04	3.4	17.8	54.0	11.3	17.5	26.0
2009.05	3.4	18.2	54.8	11.2	18.7	25.7
2009.06	3.4	19.3	56.9	11.5	24.8	28.5
2009.07	3.4	19.6	57.3	11.6	26.4	28.4
2009.08	3.4	20.0	57.7	11.5	27.7	28.5
2009.09	3.7	20.2	58.5	16.0	29.5	29.3
2009.10	3.6	20.8	58.6	14.1	32.0	29.4
2009.11	3.6	21.3	59.5	15.0	34.6	29.7
2009.12	3.8	22.0	60.6	11.8	32.4	27.7
2010.01	4.1	23.0	62.5	-0.8	39.0	26.0
2010.02	4.3	22.4	63.6	22.0	35.0	25.5
2010.03	3.9	22.9	65.0	15.8	29.9	22.5

货币供应量与货币流动性
Money supply and monetary liquidity

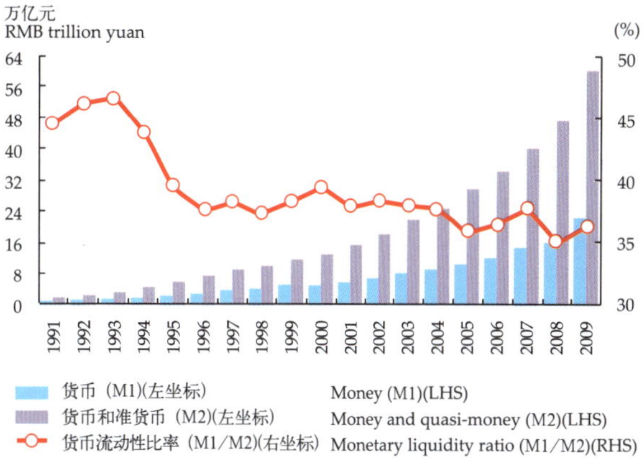

年度M0、M1、M2及其变化趋势
Annual M0, M1 and M2 and their changes

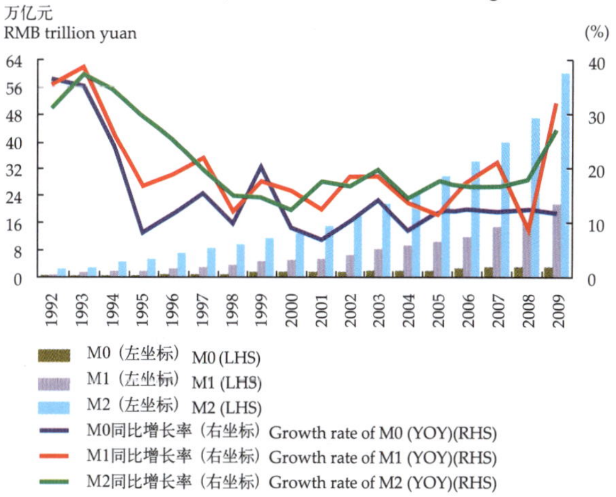

月度M0、M1、M2及其变化趋势
Monthly M0, M1 and M2 and their changes

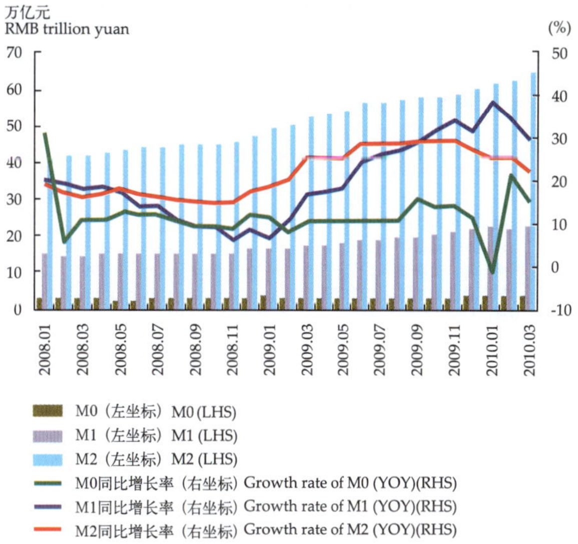

货币供应量构成
Composition of money supply

单位：亿元
Unit: RMB 100 million yuan

年/月 Year/Month	货币和准货币 Money & quasi-money M2	货币 Money M1	流通中现金 Currency in circulation M0	活期存款 Demand deposits	准货币 Quasi-money	定期存款 Time deposits	储蓄存款 Savings deposits	其他存款 Other deposits
2008.10	453 147	157 108	31 232	125 877	296 039	58 305	207 744	29 990
2008.11	458 645	157 827	31 607	126 219	300 818	59 041	211 378	30 398
2008.12	475 167	166 217	34 219	131 998	308 949	60 103	217 885	30 961
2009.01	496 112	165 207	41 803	124 125	330 905	63 564	233 208	34 133
2009.02	507 065	166 508	35 142	131 367	340 557	64 003	237 488	39 066
2009.03	530 627	176 541	33 746	142 795	354 086	68 478	243 070	42 537
2009.04	540 481	178 214	34 257	143 956	362 268	72 406	244 235	45 627
2009.05	548 231	182 011	33 560	148 466	366 238	73 058	246 147	47 033
2009.06	568 948	193 166	33 641	159 525	375 782	75 764	249 379	50 638
2009.07	572 998	195 877	34 244	161 633	377 120	75 495	248 817	52 809
2009.08	576 699	200 395	34 407	165 988	376 304	76 594	248 503	51 207
2009.09	585 420	201 723	36 788	164 935	383 697	83 668	255 720	44 309
2009.10	586 643	207 546	35 730	171 816	379 098	108 809	253 076	17 212
2009.11	594 605	212 493	36 344	176 149	382 112	109 075	253 658	19 379
2009.12	606 224	220 004	38 246	181 758	386 219	82 285	260 767	43 167
2010.01	625 609	229 589	40 759	188 830	396 020	116 341	262 773	16 907
2010.02	636 072	224 287	42 866	181 421	411 785	119 190	278 352	14 243
2010.03	649 947	229 398	39 081	190 317	420 550	122 944	280 350	17 255

注：自2006年起，此表中"非金融公司保证金存款"不再包含在"其他存款"的项目下，而被调整到"定期存款"项目下，因此，这两个项目下。2006年及以后各期数据与历史数据不完全可比。

Note: Beginning in 2006, "non-financial corporation margin deposits" are not included in the item "Other deposits", which are included under "Time deposits". Therefore, from 2006 the data of these two items are not fully comparable with the historical statistics.

广义货币供应量M2变动
Changes in the composition of broad money M2

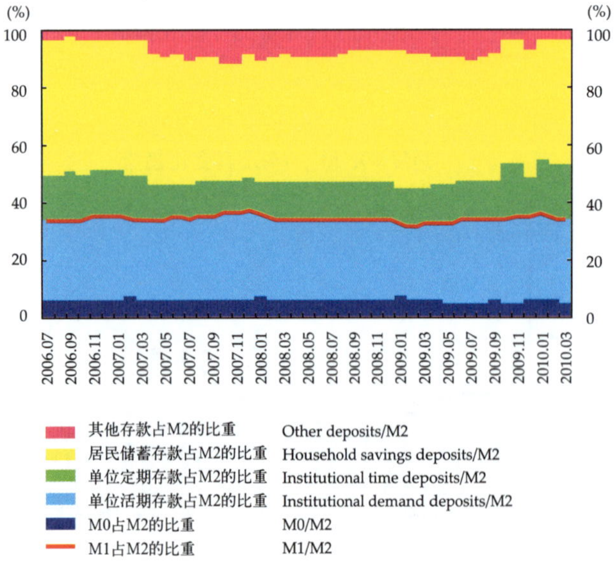

2010年3月末货币供应量构成
Composition of money supply at the end of March 2009

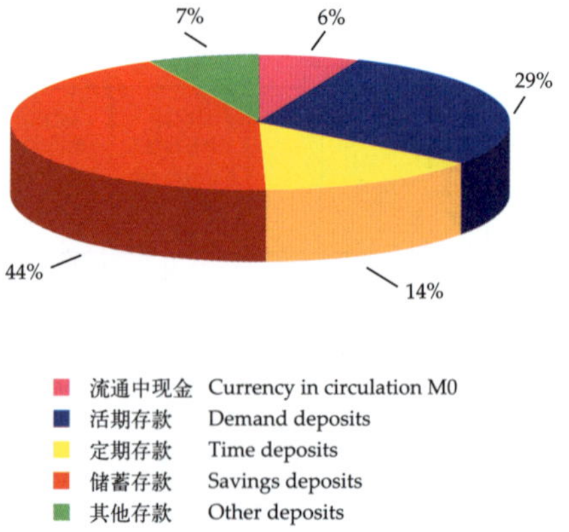

存款性公司概览 *
Depository corporations survey *

单位：万亿元
Unit: RMB trillion yuan

年/月 Year/Month	国外净资产 Net foreign assets	国内信贷 Domestic credit	对政府债权(净) Claims on government (Net)	对非金融部门债权 Claims on non-financial sectors	对其他金融部门债权 Claims on other financial sectors	其他** Others**	货币和准货币 Money & quasi-money M2
2008.10	17.47	36.32	1.68	32.18	2.46	-8.48	45.31
2008.11	17.65	36.25	1.89	31.89	2.47	-8.04	45.86
2008.12	17.90	37.94	2.94	32.56	2.43	-8.32	47.52
2009.01	17.95	39.53	2.87	34.22	2.43	-7.86	49.61
2009.02	18.09	40.60	2.93	35.19	2.48	-7.99	50.71
2009.03	18.21	42.76	3.06	37.14	2.55	-7.90	53.06
2009.04	18.37	43.39	2.96	37.91	2.53	-7.71	54.05
2009.05	18.54	44.05	2.72	38.71	2.62	-7.76	54.83
2009.06	18.58	45.76	2.67	40.46	2.63	-7.45	56.89
2009.07	18.65	46.12	2.44	40.99	2.69	-7.46	57.31
2009.08	18.73	46.50	2.38	41.56	2.55	-7.56	57.67
2009.09	19.14	47.39	2.55	42.28	2.57	-7.99	58.54
2009.10	19.32	47.56	2.25	42.73	2.58	-8.21	58.66
2009.11	19.37	48.35	2.30	43.36	2.69	-8.26	59.46
2009.12	19.85	49.59	3.23	43.70	2.66	-8.82	60.62
2010.01	19.87	50.35	2.77	44.82	2.75	-7.65	62.56
2010.02	20.00	51.24	2.92	45.66	2.67	-7.64	63.61
2010.03	20.23	52.10	2.93	46.34	2.83	-7.34	64.99

注：*自2006年起，不再编制《银行概览》，改为编制《存款性公司概览》。《存款性公司概览》由《货币当局资产负债表》和《其他存款性公司资产负债表》合并而成。《存款性公司概览》与原《银行概览》的差别是，《存款性公司概览》不包含信托投资公司和金融租赁公司。为了保持数据的连续性，2006年之前的《存款性公司概览》由原《银行概览》替代。因此，2006年及以后各期数据与历史数据不完全可比。

**其他包括外币存款、债券、实收资本和其他项，即其他=货币和准货币−(国外净资产+国内信贷)。

Notes: *Beginning in 2006, the *Balance Sheet of the Monetary Authority* and the *Balance Sheet of Other Depository Corporations* were consolidated into the *Depository Corporations Survey*, and the *Banking Survey* was no longer compiled. The main difference between the *Depository Corporations Survey* and the *Banking Survey* is that data on trust and investment companies and financial leasing companies are not included in the *Depository Corporations Survey*. In order to maintain data consistency, the original *Banking Survey* can be substituted for the *Depository Corporations Survey* before 2006. Therefore, from 2006, the monetary statistics are not fully comparable with the historical statistics.

**Others include foreign currency deposits, bonds, paid-in capital, and other items (net).

Others = Money & Quasi-money M2−(Net foreign assets + Domestic credit).

国外净资产及国内信贷对广义货币的影响
The impact of net foreign assets and domestic credit on broad money M2

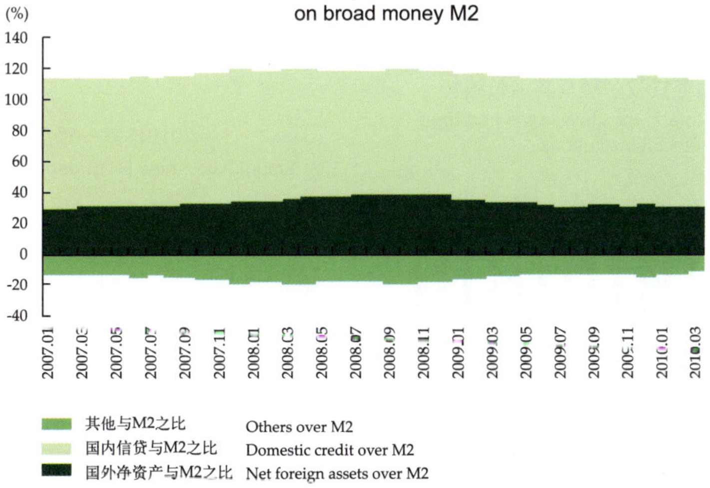

注：自2006年起，中国人民银行按照国际货币基金组织《货币与金融统计手册》对货币金融统计制度进行了修订。在机构分类上，将金融性公司划分为存款性公司和其他金融性公司，将存款性公司划分为货币当局和其他存款性公司。货币当局为中国人民银行，其他存款性公司包括政策性银行、国有商业银行、股份制商业银行、农村商业银行、城市商业银行、外资商业银行、合作金融机构、邮政储蓄银行、财务公司。根据金融性公司的新分类，从2006年开始编制《其他存款性公司资产负债表》，将《中央银行资产负债表》、《其他存款性公司资产负债表》合并，编制《存款性公司概览》，《存款性公司概览》同原《银行概览》相比，不包含信托投资公司和金融租赁公司。

Note: In 2006 the People's Bank of China revised the system of monetary and financial statistics in line with the IMF *Manual on Monetary and Financial Statistics*, to reclassify financial corporations as depository corporations and other financial corporations. Depository corporations are sub-divided into the monetary authority and depository corporations. The monetary authority is the People's Bank of China; other depository corporations include policy banks, state-owned commercial banks, joint-stock commercial banks, rural commercial banks, urban commercial banks, foreign-funded commercial banks, cooperative financial institutions, postal savings banks, and finance companies. Beginning in 2006, the *Balance Sheet of Other Depository Corporations* has been compiled according to the new classifications of financial corporations. The *Depository Corporations Survey* comprises the consolidation of the *Balance Sheets of the Monetary Authority* and the *Balance Sheets of Other Depository Corporations*. The main distinction between the *Depository Corporations Survey* and the *Banking Survey* is that data on trust and investment companies and financial leasing companies are not included in the *Depository Corporations Survey*.

2. 存贷款

(2) Deposits and loans

金融机构人民币各项存贷款余额及其增长趋势
Outstanding amounts of total deposits & loans and their growth in financial institutions

单位：万亿元
Unit: RMB trillion yuan

年/月 Year/Month	各项存款 Total deposits	各项贷款 Total loans	各项存款同比增长率(%) Growth rate of deposits (YOY)(%)	各项贷款同比增长率(%) Growth rate of loans (YOY)(%)
2008.10	45.8	29.8	21.1	14.6
2008.11	46.2	29.6	19.9	16.0
2008.12	46.6	30.4	19.7	18.8
2009.01	48.2	32.0	23.0	21.3
2009.02	49.8	33.1	23.0	24.2
2009.03	52.3	35.0	25.7	29.8
2009.04	53.3	35.5	26.2	29.7
2009.05	54.6	36.2	26.7	30.6
2009.06	56.6	37.7	29.0	34.4
2009.07	57.0	38.1	28.5	33.9
2009.08	57.4	38.5	27.4	34.1
2009.09	58.4	39.0	28.4	34.2
2009.10	58.7	39.3	28.1	34.2
2009.11	59.3	39.6	28.2	33.8
2009.12	59.8	40.0	28.2	31.7
2010.01	61.3	41.4	27.3	29.3
2010.02	62.2	42.1	25.0	27.2
2010.03	63.8	42.6	22.1	21.8

金融机构人民币各项存贷款余额及其增长趋势
Outstanding amounts of total deposits & loans and their growth in financial institutions

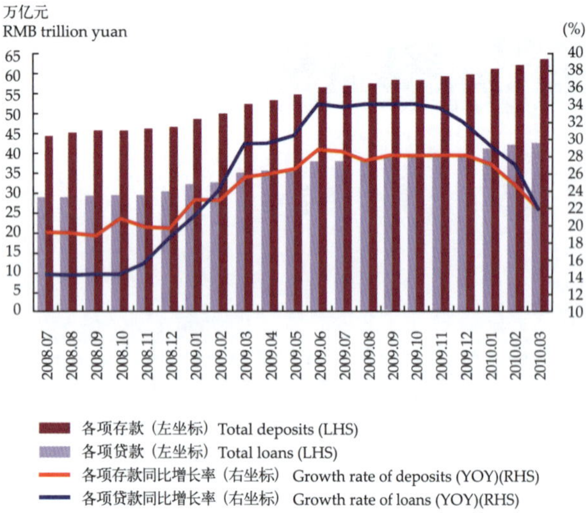

金融机构当年累计新增人民币存款
Accumulated new RMB deposits in financial institutions

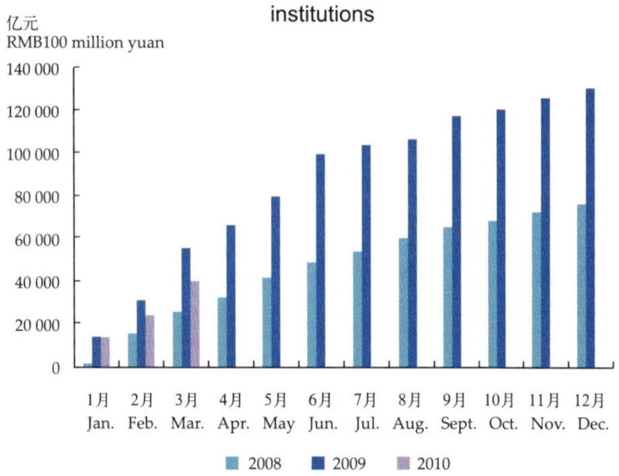

金融机构当月新增人民币存款
New RMB deposits in financial institutions by month

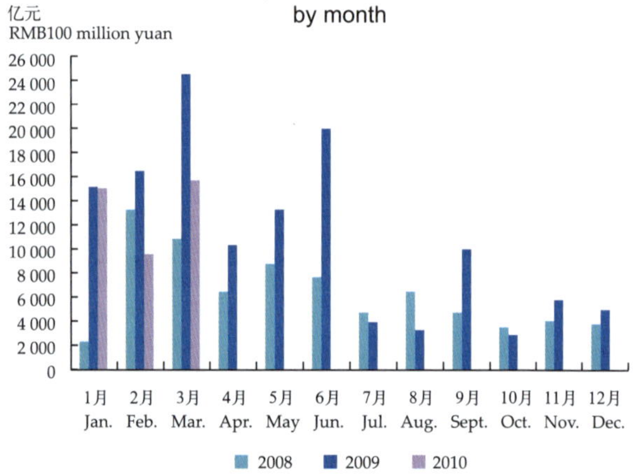

2010年第一季度新增人民币存款
Accumulated new RMB deposits in the first quarter of 2010

单位：亿元
Unit: RMB 100 million yuan

		新增额 New deposits
各项存款	Total deposits	40 328
企业存款	Corporate deposits	9 781
财政存款	Fiscal deposits	2 524
机关团体存款	Government agency and public institution deposits	3 402
居民储蓄存款	Household savings deposits	20 276
农业存款	Agricultural deposits	666
其他存款	Other deposits	3 680

居民储蓄存款、企业存款、财政存款余额及其增长率
Outstanding amounts of household savings deposits, corporate deposits, fiscal deposits, and their growth rates

单位：万亿元
Unit: RMB trillion yuan

年/月 Year/Month	居民储蓄存款 Household savings deposits		企业存款 Corporate deposits		财政存款 Fiscal deposits	
	月末余额 Outstanding amounts	同比增长率(%) Growth rate (YOY)(%)	月末余额 Outstanding amounts	同比增长率(%) Growth rate (YOY)(%)	月末余额 Outstanding amounts	同比增长率(%) Growth rate (YOY)(%)
2008.10	20.77	26.8	15.03	13.0	2.98	27.4
2008.11	21.14	26.9	15.21	10.5	2.84	18.9
2008.12	21.79	26.3	15.76	7.3	1.80	2.3
2009.01	23.32	33.8	15.48	13.7	1.85	-10.5
2009.02	23.75	29.1	16.13	16.7	1.89	-15.2
2009.03	24.31	29.6	17.56	22.4	1.72	-24.7
2009.04	24.42	29.6	17.99	24.3	1.87	-26.6
2009.05	24.61	29.1	18.43	25.3	2.32	-17.8
2009.06	24.94	28.3	19.59	31.1	2.49	-11.0
2009.07	24.88	26.3	19.69	32.3	2.87	-4.0
2009.08	24.85	24.1	20.11	33.4	3.00	1.7
2009.09	25.57	24.9	20.56	35.4	2.83	1.9
2009.10	25.30	21.8	20.77	38.2	3.15	5.7
2009.11	25.39	20.1	21.08	38.6	3.23	13.5
2009.12	26.08	19.7	21.71	37.8	2.24	24.2
2010.01	26.32	12.9	20.99	35.6	2.64	42.3
2010.02	27.91	17.5	20.67	28.2	2.53	33.6
2010.03	28.10	15.6	21.44	22.1	2.49	45.3

城乡居民人民币储蓄存款余额及其增长趋势
Outstanding amounts of household RMB savings deposits and their growth

人民币企业存款余额及其增长趋势
Outstanding amounts of RMB corporate deposits and their growth

财政存款余额及其增长趋势
Outstanding amounts of RMB fiscal deposits and their growth

2010年第一季度新增人民币存款构成
Composition of new RMB deposits of financial institutions in the first qurter of 2010

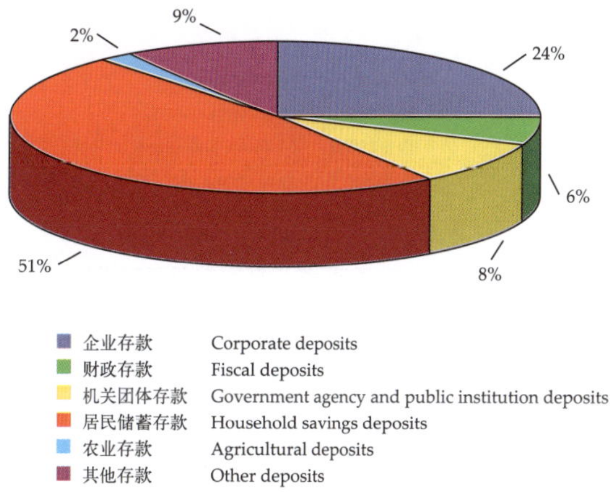

2010年3月末人民币贷款按部门分类

RMB loans issued at the end of March 2010 by sectors

单位：亿元
Unit: RMB 100 million yuan

	余额 Outstanding amounts	比年初增加 Increase over the beginning of the year
居民户贷款 Loans to households	93 032	9 202
消费性贷款 Consumer loans	61 923	5 725
短期消费性贷款 Short-term consumer loans	6 946	314
中长期消费性贷款 Medium- and long-term consumer loans	54 977	5 411
经营性贷款 Business loans	31 109	3 476
短期经营性贷款 Short-term business loans	21 074	2 427
中长期经营性贷款 Medium- and long-term business loans	10 035	1 050
非金融性公司及其他部门贷款 Loans to non-financial institutions and other sectors	332 529	16 834
短期贷款及票据融资 Short-term loans and discounted commercial paper	138 947	-1 211
中长期贷款 Medium- and long-term loans	186 506	17 794
其他贷款 Other loans	7 076	251

金融机构当年累计新增人民币贷款

Accumulated new RMB loans in financial institutions

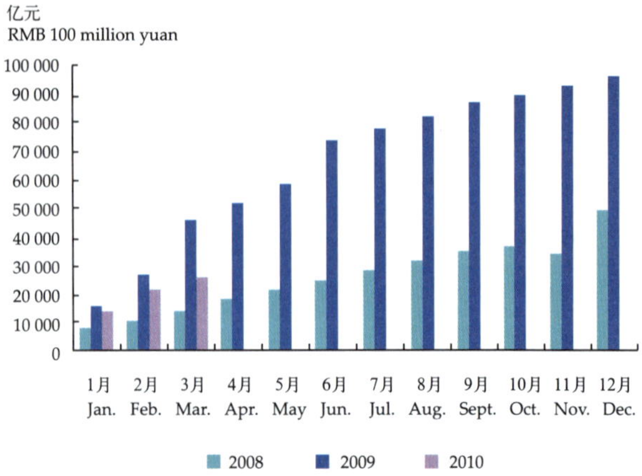

金融机构当月新增人民币贷款

New RMB loans in financial institutions by month

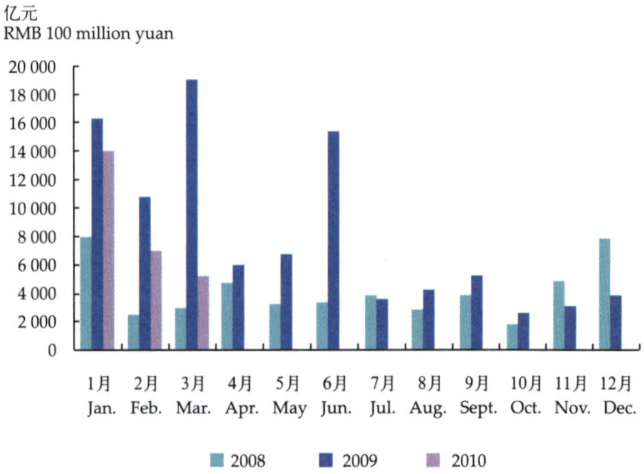

2010年第一季度金融机构新增人民币贷款构成

Composition new RMB loans of financial institutions in the first quarter of 2010

单位：亿元
Unit: RMB 100 million yuan

		2010年第一季度 The first quarter of 2010		2009年第一季度 The first quarter of 2009	
		比年初增加 Increase over the beginning of the year	比重(%) Share (%)	比年初增加 Increase over the beginning of the year	比重(%) Share (%)
各项贷款	**Total loans**	26 040	100	45 812	100
短期贷款	Short-term loans	7 773	30	12 053	26
中长期贷款	Medium- and long-term loans	24 255	93	18 625	41
票据融资	Paper financing	-6 243	-24	14 817	32
委托贷款	Entrust loans	87	0	273	1
其他贷款	Other loans	169	1	44	0

当年累计新增住户贷款
Accumulated new loans to households

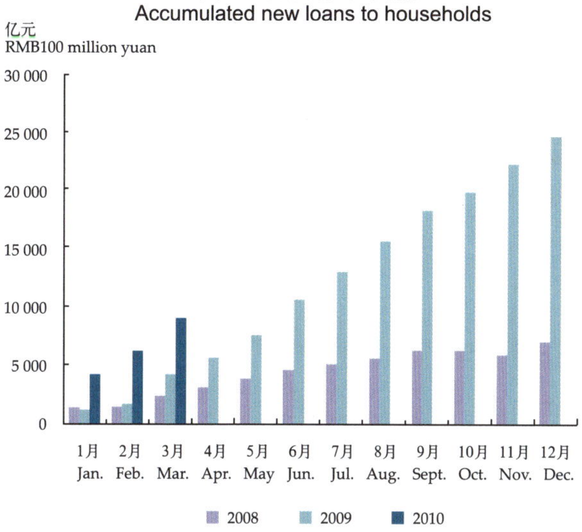

当月新增住户贷款
New loans to households by month

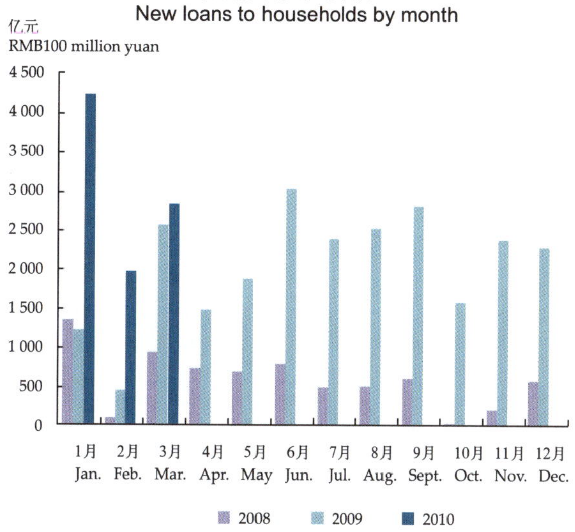

当年累计新增非金融性企业及其他部门贷款
Accumulated new loans to non-financial institutions and other sectors

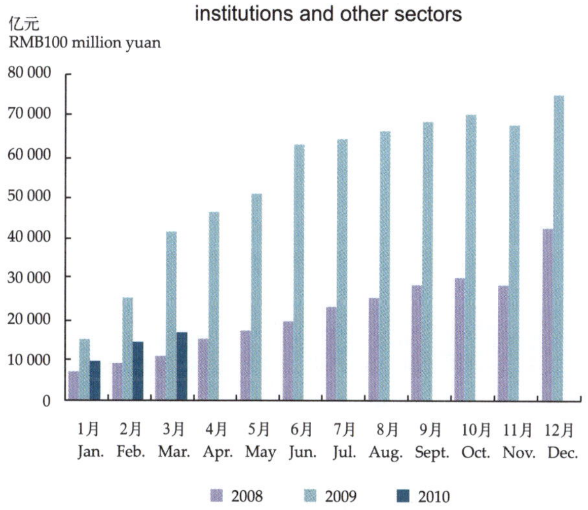

当月新增非金融性企业及其他部门贷款
New loans to non-financial institutions and other sectors by month

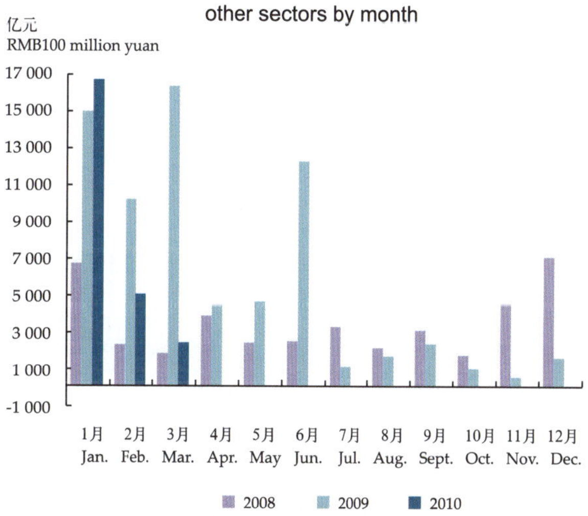

2010年3月末个人消费贷款构成
Composition of consumer loans at the end of March 2010

单位：亿元
Unit: RMB 100 million yuan

	余额 Outstanding amounts	同比增长率(%) Growth rate (YOY)(%)	比年初增加 Increase over the beginning of the year	比上年同期 Change compared with the same period of last year
个人消费贷款 Consumer loans	**61 923.0**	**57.0**	**5 725.4**	**3 698.7**
个人住房贷款 Individual housing mortgage loans	49 161.5	47.9	4 824.1	3 743.7
个人汽车消费贷款 Individual auto loans	1 978.6	35.6	115.2	-196.2
助学贷款 Student loans	320.5	18.5	-11.2	-23.0
其他贷款 Other loans	10 462.3	61.6	797.3	174.2

2010年3月末个人消费贷款余额构成
Composition of consumer loans at the end of March 2010

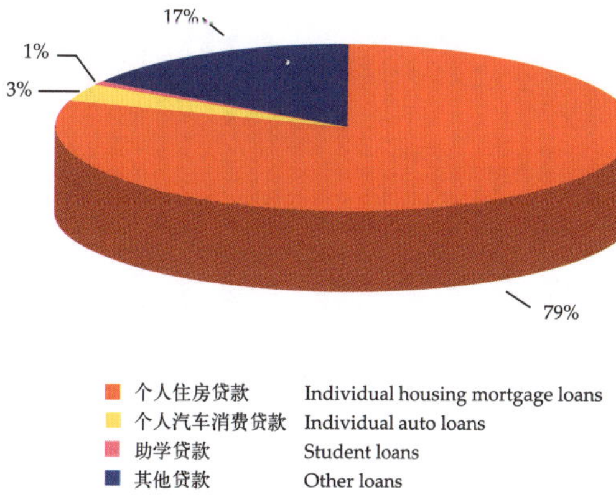

当年累计新增个人消费贷款
Accumulated new consumer loans

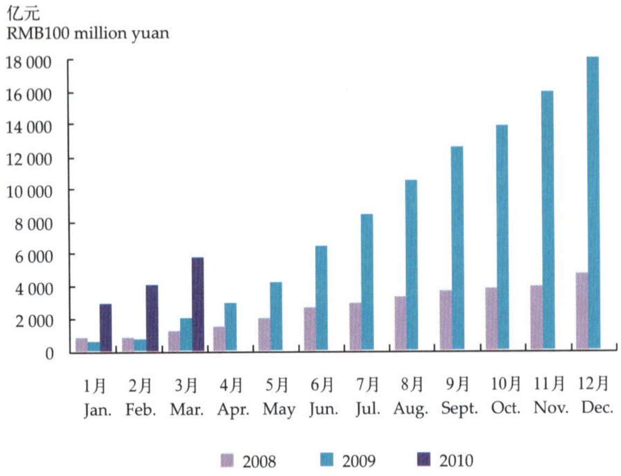

当月新增个人消费贷款
New consumer loans by month

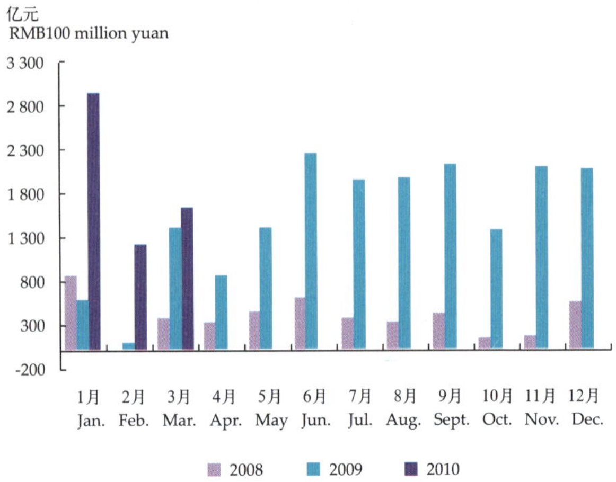

当年累计新增个人住房贷款
Accumulated new housing mortgage loans

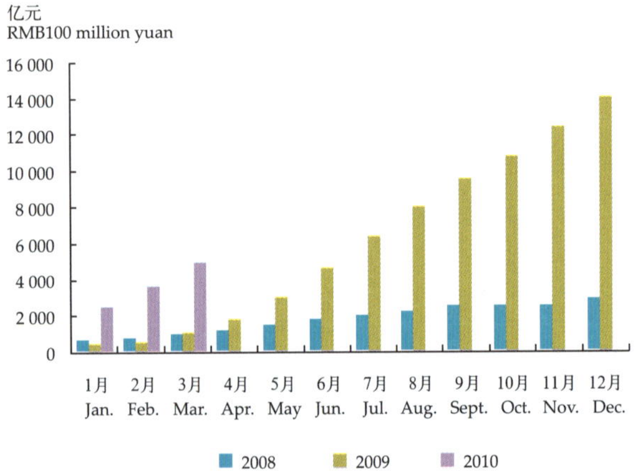

当月新增个人住房贷款
New housing mortgage loans by month

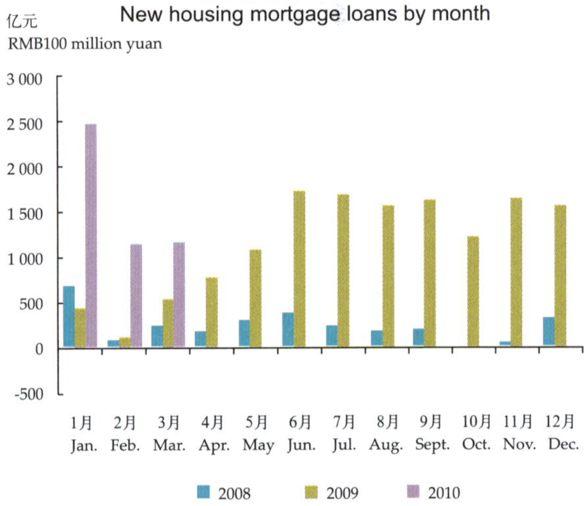

个人消费贷款余额及其增长趋势
Consumer loans and their growth

个人住房贷款余额及其增长率
Individual housing mortgage loans and their growth rates

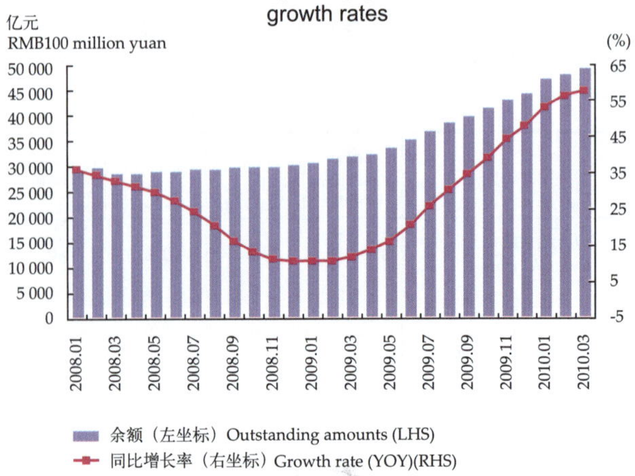

个人汽车消费贷款余额及其增长趋势
Individual auto loans and their growth

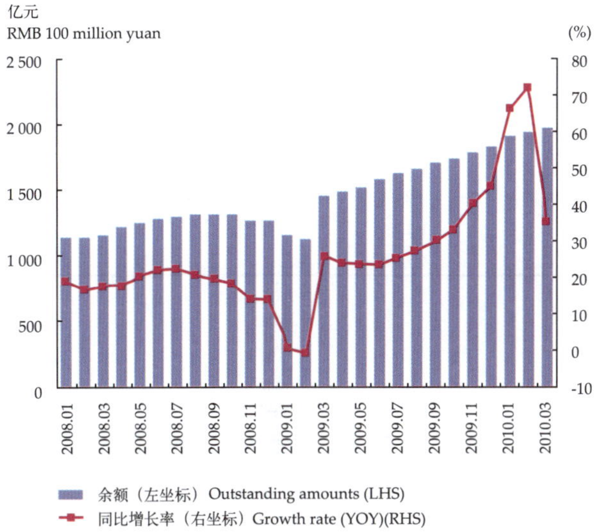

3.基础货币
(3) Monetary base

基础货币余额及其增长趋势
Monetary base and its growth

单位：万亿元
Unit: RMB trillion yuan

年/月 Year/Month	余额 Outstanding amounts	同比增长率(%) Growth rate (YOY) (%)
2009.01	12.97	18.4
2009.02	12.54	17.2
2009.03	12.43	19.2
2009.04	12.43	16.7
2009.05	12.28	13.0
2009.06	12.39	7.4
2009.07	12.47	7.1
2009.08	12.43	5.7
2009.09	13.34	13.7
2009.10	12.88	10.2
2009.11	13.37	12.0
2009.12	14.74	14.1
2010.01	14.28	10.2
2010.02	15.26	21.7
2010.03	14.94	20.2

助学贷款余额及其增长趋势
Student loans and their growth

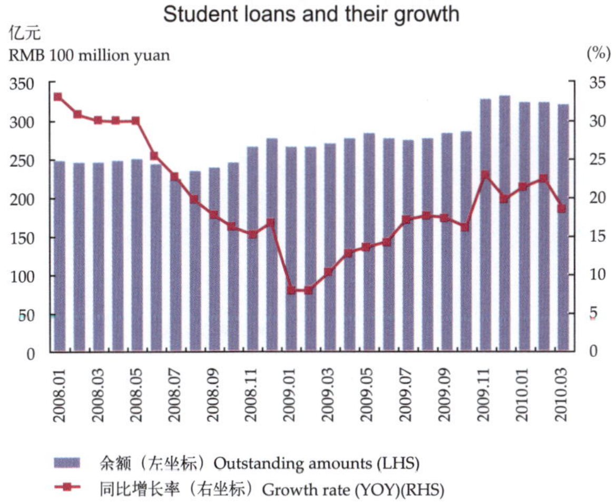

基础货币余额及其增长趋势
Monetary base and its growth

基础货币构成
Composition of monetary base

单位：亿元
Unit: RMB 100 million yuan

年/季 Year/Quarter	货币发行 Currency issue	金融性公司存款 Deposits of financial corporations	其他存款性公司存款 Deposits of other depository corporations	其他金融性公司存款 Deposits of other financial corporations
2008Q1	33 438	70 787	70 608	178
2008Q2	33 076	82 277	82 177	100
2008Q3	34 876	82 460	82 379	81
2008Q4	37 116	92 107	91 895	212
2009Q1	36 854	87 423	87 319	104
2009Q2	36 721	87 209	87 121	88
2009Q3	40 505	92 902	92 798	104
2009Q4	41 556	102 429	102 281	149
2010Q1	36 854	107 197	107 058	139

注：自2008年起，本表不再包含非金融性公司存款。
Note: Since 2008, deposits of non-financial corporations are no longer included on this table.

基础货币构成
Composition of monetary base

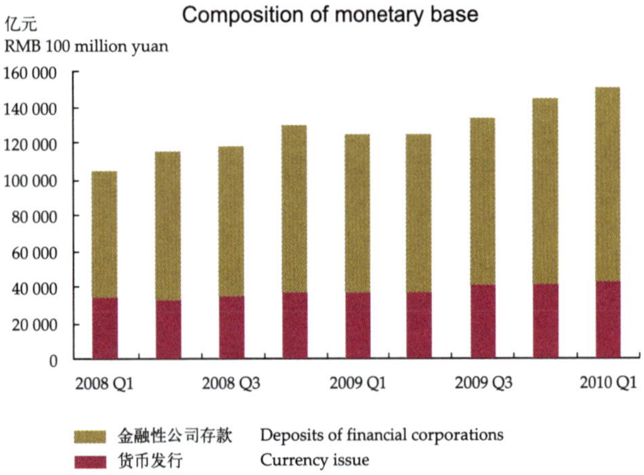

金融机构存款准备金和超额存款准备金率
Reserves and excess reserve ratio of financial institutions

金融机构法定人民币存款准备金率
Official RMB reserve requirement ratios of financial institutions

单位：%
Unit: %

日期 Date	中资全国性大型银行① Large national-operating commercial banks	中小金融机构② Medium and small-sized financial institutions	农村合作银行 Rural cooperative banks	城市信用社 Urban credit cooperatives	农村信用社 Rural credit cooperatives
2003.09.21	7.0	7.0	—	6.0	6.0
2004.04.25	7.5	7.5	7.5	6.0	6.0
2006.07.05	8.0	8.0	7.5	6.5	6.0
2006.08.15	8.5	8.5	7.5	7.0	6.0
2006.11.15	9.0	9.0	8.0	7.5	6.5
2007.01.15	9.5	9.5	8.5	8.0	7.0
2007.02.25	10.0	10.0	9.0	8.5	7.5
2007.04.16	10.5	10.5	9.5	9.0	8.0
2007.05.15	11.0	11.0	10.0	9.5	8.5
2007.06.05	11.5	11.5	10.5	10.0	9.0
2007.08.15	12.0	12.0	11.0	10.5	9.5
2007.09.25	12.5	12.5	11.5	11.0	10.0
2007.10.25	13.0	13.0	12.0	11.5	10.5
2007.11.26	13.5	13.5	12.5	12.0	11.0
2007.12.25	14.5	14.5	13.5	13.0	12.0
2008.01.25	15.0	15.0	14.0	13.5	12.5
2008.03.25	15.5	15.5	14.5	14.0	13.0
2008.04.25	16.0	16.0	15.0	14.5	13.5
2008.05.20	16.5	16.5	15.5	15.0	14.0
2008.06.15	17.0	17.0	16.0	15.5	14.5
2008.06.25	17.5	17.5	16.5	16.0	15.0
2008.09.25	17.5	16.5	15.5	15.0	14.0
2008.10.15	17.0	16.0	15.0	14.5	13.5
2008.12.05	16.0	14.0	13.0	11.5	11.5
2008.12.25	15.5	13.5	11.0	11.0	11.0
2010.01.18	16.0	14.0	11.0	11.0	11.0
2010.02.12	16.5	14.5	11.0	11.0	11.0

注：①包括中国工商银行、中国农业银行、中国银行、中国建设银行、交通银行和中国邮政储蓄银行。
②包括中国农业发展银行、股份制商业银行、城市商业银行、农村商业银行、有关外资金融机构。

Notes: 1. Including the Industrial and Commercial Bank of China, the Agricultural Bank of China, the Bank of China, the China Construction Bank, the Bank of Communication, the Postal Savings Bank of China.
2. Including the Agricultural Development Bank of China, joint-stock commercial banks, city commercial banks, rural commercial banks, finance companies, financial leasing companies, and foreign-funded financial institutions.

4. 利率
(4) Interest rates

中央银行基准利率
Central bank benchmark interest rates

单位：年利率%
Unit: annual interest rate%

日期 Date	法定存款准备金 Required reserves	超额存款准备金 Excess reserves	对金融机构贷款 Lending to financial institutions				再贴现 Rediscount
			1年期 1-year	6个月以内 6-month and less	3个月以内 3-month and less	20天以内 20 days and less	
1996.05.01	8.82	8.82	10.98	10.17	10.08	9.00	*
1996.08.23	8.28	7.92	10.62	10.17	9.72	9.00	*
1997.10.23	7.56	7.02	9.36	9.09	8.82	8.55	*
1998.03.25	5.22	7.02	7.92	7.02	6.84	6.39	6.03
1998.07.01	3.51	7.02	5.67	5.58	5.49	5.22	4.32
1998.12.07	3.24	7.02	5.13	5.04	4.86	4.59	3.96
1999.06.10	2.07	7.02	3.78	3.69	3.51	3.24	2.16
2001.09.11	2.07	7.02	3.78	3.69	3.51	3.24	2.97
2002.02.21	1.89	7.02	3.24	3.15	2.97	2.70	2.97
2003.12.20	1.89	1.62	3.24	3.15	2.97	2.70	2.97
2004.03.25	1.89	1.62	3.87	3.78	3.60	3.33	3.24
2005.03.17	1.89	0.99	3.87	3.78	3.60	3.33	3.24
2008.01.01	1.89	0.99	4.68	4.59	4.41	4.14	4.32
2008.11.27	1.62	0.72	3.60	3.51	3.33	3.06	2.97
2008.12.23	1.62	0.72	3.33	3.24	3.06	2.79	1.80

注：①1998年3月法定存款准备金和超额存款准备金两个账户合并为准备金账户。
②*按同档次中央银行贷款利率下浮5%～10%。
③从2004年3月25日起，中国人民银行决定实行再贷款浮息制度。

Notes: 1. The required reserves account and excess reserves account were merged into the reserves account in March 1998.
2. *The interest rate is 5%−10% below that of the central bank lending rate of the same tranche.
3. Since March 25, 2004, the PBC has been authorized by the State Council to adjust the interest rates changed on central bank lending(rediscount)within the range specified by the State Council.

法定存款准备金利率和再贴现利率
Required reserves interest rates and rediscount interest rates

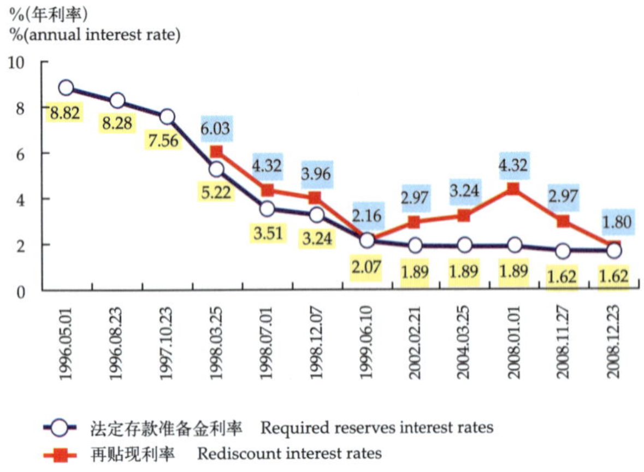

对金融机构贷款利率
Interest rates of central bank lending to financial institutions

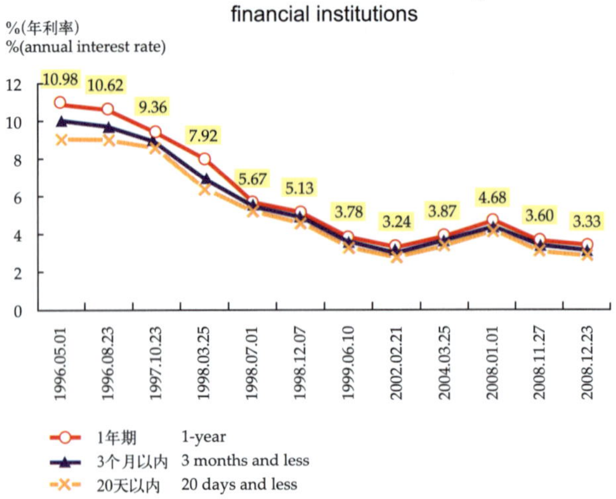

金融机构法定人民币存款利率
Official RMB deposit interest rates in financial institutions

单位：年利率%
Unit: annual interest rate %

日期 Date	活期 Demand deposits	定期 Time deposits					
		3个月 3-month	6个月 6-month	1年 1-year	2年 2-year	3年 3-year	5年 5-year
1990.04.15	2.88	6.30	7.74	10.08	10.98	11.88	13.68
1990.08.21	2.16	4.32	6.48	8.64	9.36	10.08	11.52
1991.04.21	1.80	3.24	5.40	7.56	7.92	8.28	9.00
1993.05.15	2.16	4.86	7.20	9.18	9.90	10.80	12.06
1993.07.11	3.15	6.66	9.00	10.98	11.70	12.24	13.86
1996.05.01	2.97	4.86	7.20	9.18	9.90	10.80	12.06
1996.08.23	1.98	3.33	5.40	7.47	7.92	8.28	9.00
1997.10.23	1.71	2.88	4.14	5.67	5.94	6.21	6.66
1998.03.25	1.71	2.88	4.14	5.22	5.58	6.21	6.66
1998.07.01	1.44	2.79	3.96	4.77	4.86	4.95	5.22
1998.12.07	1.44	2.79	3.33	3.78	3.96	4.14	4.50
1999.06.10	0.99	1.98	2.16	2.25	2.43	2.70	2.88
2002.02.21	0.72	1.71	1.89	1.98	2.25	2.52	2.79
2004.10.29	0.72	1.71	2.07	2.25	2.70	3.24	3.60
2006.08.19	0.72	1.80	2.25	2.52	3.06	3.69	4.14
2007.03.18	0.72	1.98	2.43	2.79	3.33	3.96	4.41
2007.05.19	0.72	2.07	2.61	3.06	3.69	4.41	4.95
2007.07.21	0.81	2.34	2.88	3.33	3.96	4.68	5.22
2007.08.22	0.81	2.61	3.15	3.60	4.23	4.95	5.49
2007.09.15	0.81	2.88	3.42	3.87	4.50	5.22	5.76
2007.12.21	0.72	3.33	3.78	4.14	4.68	5.40	5.85
2008.10.09	0.72	3.15	3.51	3.87	4.41	5.13	5.58
2008.10.30	0.72	2.88	3.24	3.60	4.14	4.77	5.13
2008.11.27	0.36	1.98	2.25	2.52	3.06	3.60	3.87
2008.12.23	0.36	1.71	1.98	2.25	2.79	3.33	3.60

注：从2004年10月29日起，中国人民银行允许存款利率下浮，即所有存款类金融机构对其吸收的人民币存款利率，可在不超过各档次存款基准利率的范围内浮动。存款利率不能上浮。

Note: Effective from October 29, 2004, the PBC decided to allow all financial institutions to float RMB deposit interest rates to not higher than the benchmark rates of different tranches. Deposit rates cannot be adjusted upward.

法定人民币存款利率
Official RMB deposit interest rates

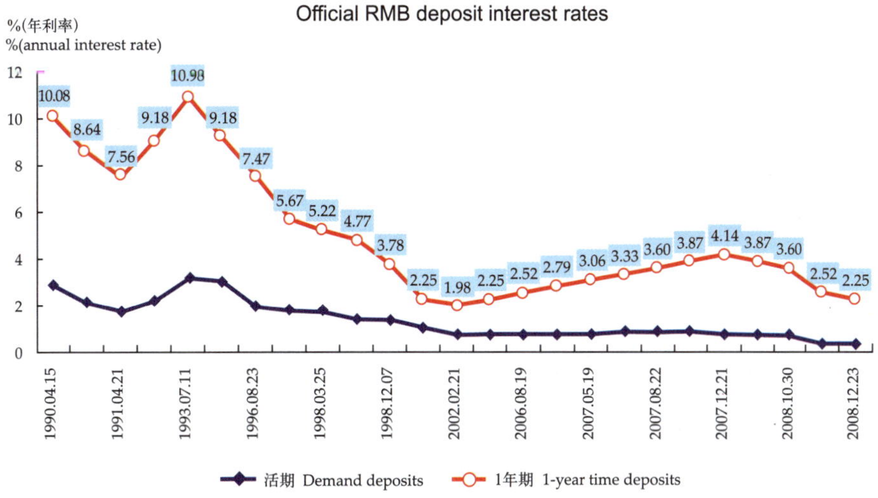

金融机构法定贷款利率
Official lending interest rates in financial institutions

单位：年利率%
Unit: annual interest rate %

日期 Date	短期贷款 Short-term loans		中长期贷款 Medium- and long-term loans		
	6个月以内(含6个月) 6-month and less (including 6 months)	6个月至1年(含1年) 6-month to 1-year (including 1 year)	1～3年(含3年) 1 to 3-year (including 3 years)	3～5年(含5年) 3 to 5-year (including 5 years)	5年以上 More than 5-year
1991.04.21	8.10	8.64	9.00	9.54	9.72
1993.05.15	8.82[①]	9.36[①]	10.80	12.06	12.24
1993.07.11	9.00[①]	10.98[①]	12.24	13.86	14.04
1995.01.01	9.00[①]	10.98[①]	12.96	14.58	14.76
1995.07.01	10.08[①]	12.06[①]	13.50	15.12	15.30
1996.05.01	9.72[②]	10.98[②]	13.14	14.94	15.12
1996.08.23	9.18[②]	10.08[②]	10.98	11.70	12.42
1997.10.23	7.65[②]	8.64[②]	9.36	9.90	10.53
1998.03.25	7.02[②]	7.92[②]	9.00	9.72	10.35
1998.07.01	6.57[③]	6.93[③]	7.11[③]	7.65[③]	8.01[③]
1998.12.07	6.12[③]	6.39[③]	6.66[③]	7.20[③]	7.56[③]
1999.06.10	5.58[④]	5.85[④]	5.94[④]	6.03[④]	6.21[④]
2002.02.21	5.04[④]	5.31[④]	5.49[④]	5.58[④]	5.76[④]
2004.10.29	5.22	5.58	5.76	5.85	6.12
2006.04.28	5.40	5.85	6.03	6.12	6.39
2006.08.19	5.58	6.12	6.30	6.48	6.84
2007.03.18	5.67	6.39	6.57	6.75	7.11
2007.05.19	5.85	6.57	6.75	6.93	7.20
2007.07.21	6.03	6.84	7.02	7.20	7.38
2007.08.22	6.21	7.02	7.20	7.38	7.56
2007.09.15	6.48	7.29	7.47	7.65	7.83
2007.12.21	6.57	7.47	7.56	7.74	7.83
2008.09.16	6.21	7.20	7.29	7.56	7.74
2008.10.09	6.12	6.93	7.02	7.29	7.47
2008.10.30	6.03	6.66	6.75	7.02	7.20
2008.11.27	5.04	5.58	5.67	5.94	6.12
2008.12.23	4.86	5.31	5.40	5.76	5.94

注：1. ①在法定贷款利率的基础上可上浮20%，下浮10%。城市信用社贷款利率可上浮30%，下浮10%。农村信用社贷款利率可上浮60%，下浮10%。②在法定贷款利率基础上可上浮10%，下浮10%。农村信用社贷款利率最高可上浮40%，下浮10%。③从1998年11月起，金融机构对小企业贷款利率可在法定利率基础上上浮20%，金融机构对大中型企业贷款利率可上浮10%。农村信用社贷款利率最高可上浮50%，金融机构贷款利率最低下浮10%。④从1999年9月起，金融机构对中小企业贷款利率可在法定利率基础上上浮30%，金融机构对大中型企业贷款利率最高上浮10%，金融机构贷款利率最低下浮10%。

2. 从2004年1月1日起，商业银行、城市信用社贷款利率的浮动区间上限扩大到贷款基准利率的1.7倍，农村信用社贷款利率的浮动区间扩大到贷款基准利率的2倍，金融机构贷款利率的浮动区间下限保持为贷款基准利率的0.9倍不变。

3. 从2004年10月29日起，金融机构（不含城乡信用社）的贷款利率原则上不再设定上限，贷款利率下限仍为基准利率的0.9倍。对城乡信用社贷款利率仍实行上限管理，最高上浮系数为贷款基准利率的2.3倍，贷款利率下浮幅度不变。

4. 从2005年3月17日起，调整商业银行自营性个人住房贷款政策：一是将现行的住房贷款优惠利率回归到同期贷款利率水平，实行下限管理，下限利率水平为相应期限档次贷款基准利率的0.9倍，商业银行法人可根据具体情况自主确定利率水平和内部定价规则。以5年期以上个人住房贷款为例，其利率下限为贷款基准利率6.12%的0.9倍（即5.51%），比现行优惠利率5.31%高0.20个百分点。二是对房地产价格上涨过快的城市或地区，个人住房贷款的最低首付比例可由现行的20%提高到30%；具体调整的城市或地区，可由商业银行法人根据国家有关部门公布的各地房地产价格涨幅自行确定，不搞“一刀切”。

5. 从2006年8月19日起，商业性个人住房贷款利率的下限由贷款基准利率的0.9倍变为0.85倍，其他商业性贷款利率下限保持0.9倍不变。从2008年10月27日起，将商业性个人住房贷款利率的下限扩大为贷款基准利率的0.7倍。

Notes: 1.① An upward floating band of 20% and a downward band of 10% is allowed. Urban credit cooperatives can have an upward floating band of 30% and a downward band of 10%. Rural credit cooperatives can have an upward floating band of 60% and a downward band of 10%. ② An upward floating band of 10% and a downward band of 10% is allowed. The floating band of the lending rates of rural credit cooperatives is upward by 40% and downward by 10% at maximum. ③ As of November 1998, lending rates to small and medium-sized enterprises and to large enterprises can float upward by 20% and 10% at maximum respectively on the basis of the official rates. For rural credit cooperatives, the lending rate can be 50% higher than the official interest rates. All financial institutions can float downward by a maximum of 10%. ④ As of September 1999, lending rates to small and medium-sized enterprises can float upward by 30% on the basis of the official rates at maximum, and to large enterprises by 10%. The lending rates of all financial institutions can float downward by a maximum of 10%.

2. From January 1, 2004, the upper limit on lending rates at commercial banks and urban credit cooperatives was increased to 1.7 times that of the benchmark rates, and at rural credit cooperatives to 2 times the benchmark rates, while the lower limit of the lending rates at all financial institutions remained unchanged at 0.9 time the benchmark rates.

3. Effective from October 29, 2004, no upper limits were set for lending rates of financial institutions (excluding rural and urban credit cooperatives), while the lower limit remained unchanged, at 90 percent of the benchmark rate. For the rural and urban credit cooperatives, the upper limit still exists, with a ceiling of 230 percent of the benchmark rate, and the floor remains unchanged.

4. From March 17, 2005, an adjustment was made in the consumer housing loan policy: first, the current preferential interest rate for housing loans was removed, and a lower limit of 0.9 times the benchmark lending rate with the same maturity was imposed. Commercial banks as legal persons were allowed to set the interest rate and the internal pricing rules based on their own situations. Taking the consumer housing loans with a maturity of longer than five years as an example, the lower limit is set at 5.51 percent, which is 0.9 times the benchmark lending rate of 6.12 percent, 0.20 percentage point higher than the current preferential interest rate (5.31 percent). Second, the downpayment for consumer housing loans was raised from 20 percent to 30 percent in cities and areas where the price of real estate was believed to be rising too quickly. Adjustments can be decided by the commercial banks based on the growth rates of local real estate prices as published by the related government departments.

5. From August 19, 2006, the floor interest rates on commercial individual housing loans were adjusted from 0.9 times to 0.85 times the benchmark lending interest rate, and the floor interest rates on other commercial loans remained unchanged at 0.9 times the benchmark. From October 27,2008, the floor interest rates on commercial individual housing loans were adjusted to 0.7 times the benchmark lending rate.

法定贷款利率
Official lending interest rates

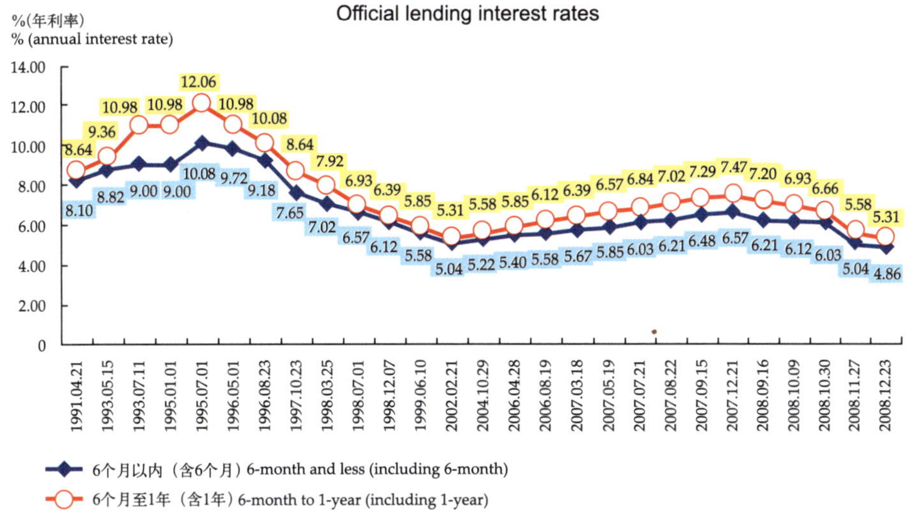

金融机构人民币贷款各利率区间占比表
Share of loans with floating rates in various ranges

单位：%　Unit: %

日期 Date	下浮 Floating downward	基准 At benchmark	上浮 Floating upward					
	[0.9, 1.0)	1.0	小计 Subtotal	(1.0, 1.1]	(1.1, 1.3]	(1.3, 1.5]	(1.5, 2.0]	2.0以上Above 2.0
2008.01	25.93	29.77	44.30	16.13	14.76	6.06	6.50	0.85
2008.02	26.51	30.04	43.45	15.46	14.22	5.92	6.91	0.94
2008.03	25.46	37.92	36.62	18.77	13.84	2.79	1.11	0.12
2008.04	20.47	28.87	50.66	17.10	16.34	7.32	8.60	1.30
2008.05	20.24	30.53	49.23	16.92	15.51	6.73	8.09	1.99
2008.06	21.60	32.81	45.58	16.40	14.24	6.13	7.66	1.15
2008.07	21.54	30.93	47.53	16.76	15.02	6.37	7.36	2.01
2008.08	18.92	30.46	50.62	17.81	15.79	7.31	8.07	1.64
2008.09	21.59	31.15	47.26	16.35	14.95	6.88	7.37	1.72
2008.10	23.34	29.87	46.79	15.59	13.90	6.81	8.40	2.10
2008.11	23.48	32.13	44.39	13.92	13.71	6.29	7.83	2.63
2008.12	25.56	30.13	44.31	14.00	13.81	5.75	7.27	3.49
2009.01	23.52	34.27	42.21	14.62	12.79	4.97	6.98	2.86
2009.02	28.82	33.56	37.62	12.29	10.36	4.82	6.98	3.18
2009.03	28.38	35.18	36.43	12.21	10.46	4.37	6.64	2.75
2009.04	26.72	33.48	39.80	12.18	11.07	5.46	7.97	3.12
2009.05	27.34	32.40	40.26	13.03	11.46	5.18	7.49	3.10
2009.06	30.47	33.70	35.83	12.66	10.24	4.70	5.82	2.41
2009.07	32.76	32.18	35.06	11.89	9.16	4.52	6.55	2.94
2009.08	30.91	30.79	38.31	13.34	10.68	5.03	6.45	2.81
2009.09	31.82	30.61	37.57	12.55	10.81	5.07	6.41	2.73
2009.10	30.27	30.90	38.83	12.40	10.85	5.25	7.16	3.17
2009.11	30.19	30.53	39.28	11.96	11.14	5.37	7.44	3.38
2009.12	33.19	30.26	36.55	11.37	10.01	5.13	6.64	3.40
2010.01	35.38	31.18	33.44	11.92	8.74	4.42	5.71	2.65
2010.02	32.65	31.95	35.41	12.77	9.21	4.31	6.09	3.03
2010.03	30.05	28.91	41.04	13.12	10.91	5.45	7.11	4.45

2010年第一季度金融机构人民币贷款各利率区间占比表
Share of loans with rates floating at various ranges in the first quarter of 2010

单位：% Unit: %

	下浮 Floating downward	基准 At benchmark	上浮 Floating upward					
	[0.9, 1.0)	1.0	小计 Subtotal	(1.0, 1.1]	(1.1, 1.3]	(1.3, 1.5]	(1.5, 2.0]	2.0以上 Above2.0
四大国有商业银行 Four state-owned commercial banks	43.98	35.08	20.94	13.80	5.99	0.84	0.25	0.06
股份制商业银行 Joint-stock commercial banks	38.00	31.92	30.09	17.83	9.89	0.70	0.05	1.62
外资商业银行 Foreign commercial banks	50.44	23.35	26.21	14.308	9.55	1.36	0.73	0.28
城市商业银行 City commercial banks	18.07	25.18	56.75	15.83	20.81	9.77	8.36	1.98
城乡信用社 Urban and rural credit cooperatives	5.23	8.67	86.10	6.78	16.23	17.73	29.79	15.58
政策性银行 Policy banks	28.68	67.22	4.11	3.08	1.02	0.00	0.00	0.00
合计 Total	32.71	30.56	36.72	12.58	9.65	4.76	6.32	3.40

大额美元存款与美元贷款平均利率表
Average interest rates of large-value dollar deposits and loans

单位：% Unit: %

日期 Date	大额存款 Large-value deposits						贷款 Loans				
	活期 Demand	3个月以内 Within 3 months	3(含)~6个月 3~6 months (including 3 months)	6(含)~12个月 6~12 months (including 6 months)	1年 1 year	1年以上 Above 1 year	3个月以内 Within 3 months	3(含)~6个月 3~6 months (including 3 months)	6(含)~12个月 6~12 months (including 6 months)	1年 1 year	1年以上 Above 1 year
2008.01	1.95	3.77	4.21	3.81	4.21	5.43	6.04	5.95	5.68	5.30	4.42
2008.02	1.61	3.36	3.84	3.35	4.67	—	6.02	5.82	5.71	5.29	3.94
2008.03	1.69	3.36	3.33	3.43	4.98	5.62	6.55	5.82	6.28	5.82	4.98
2008.04	1.67	3.84	4.42	5.89	4.45	7.53	6.63	6.79	6.55	6.20	5.07
2008.05	1.65	4.00	3.17	4.37	7.11	3.34	6.29	6.43	6.27	6.35	4.70
2008.06	1.50	3.36	4.04	4.53	6.96	8.30	6.24	6.53	6.46	6.34	5.54
2008.07	1.73	3.71	5.11	4.60	6.43	4.30	6.27	6.33	5.95	6.14	4.79
2008.08	1.65	3.78	3.78	5.48	5.72	3.24	5.14	6.09	6.04	5.95	4.89
2008.09	1.75	3.40	4.39	4.29	5.22	4.97	6.16	5.71	5.88	5.58	5.35
2008.10	1.68	4.00	5.28	4.96	5.64	3.69	6.56	7.15	6.63	6.38	5.78
2008.11	1.18	2.01	2.98	4.28	3.48	3.29	3.93	4.73	5.30	5.08	4.32
2008.12	0.85	1.22	1.94	3.03	2.95	2.51	3.65	4.02	4.08	4.14	3.81
2009.01	0.34	0.55	1.36	1.26	1.91	1.46	2.89	3.33	3.48	3.04	3.62
2009.02	0.16	0.48	1.46	1.79	1.95	5.01	2.18	2.87	3.13	2.61	2.74
2009.03	0.15	0.55	1.32	1.77	2.20	1.30	2.23	2.44	3.05	2.51	3.39
2009.04	0.10	0.36	1.13	1.39	1.58	3.73	1.98	2.26	2.37	2.14	3.59
2009.05	0.11	0.36	0.90	1.17	1.49	5.00	1.59	1.86	1.79	1.49	2.63
2009.06	0.11	0.32	0.76	1.05	1.68	1.12	1.49	1.48	1.52	1.44	3.53
2009.07	0.10	0.32	0.65	1.08	1.52	1.98	1.51	1.47	1.51	1.36	2.61
2009.08	0.10	0.35	0.67	0.93	1.89	1.66	1.41	1.37	1.42	1.53	2.71
2009.09	0.13	0.37	0.61	0.74	1.82	2.33	1.33	1.37	1.51	1.59	2.59
2009.10	0.13	0.43	0.57	0.95	1.60	0.50	1.96	1.41	1.52	1.54	3.04
2009.11	0.12	0.51	0.79	1.35	1.59	1.63	1.42	1.48	1.68	1.76	2.56
2009.12	0.17	0.46	0.75	1.35	1.21	2.84	1.59	1.66	1.91	1.87	2.59
2010.01	0.12	0.62	0.88	1.07	1.88	2.98	1.55	1.91	2.07	2.09	3.04
2010.02	0.15	0.70	0.85	1.50	1.65	1.75	1.68	1.88	1.90	2.16	2.79
2010.03	0.15	0.76	0.81	1.34	2.32	0.82	1.69	1.82	2.03	2.32	2.87

八、金融市场
8. Financial Market

2010 年第一季度，我国国内非金融部门融资量达到 32 784 亿元，其中，贷款融资占 85.4%，国债、企业债和股票融资合计占 14.6%。与 2009 年同期相比，贷款融资比重下降了9.3个百分点，股票融资比重上升了5.3个百分点，国债融资比重上升了 0.7 个百分点，企业债融资比重上升了 3.3 个百分点。

In the firsr quarter of 2010, a total of RMB 3,278.4 billion yuan worth of funds was raised by the domestic non-financial sectors, of which 85.4 percent was financed through banking loans and 14.6 percent was raised through the issuance of corporate bonds and stocks. The ratio of financing through the bank loans was down by 9.3 percentage points, while the ratio of stock market, government securities and corporate bonds were up by 5.3 percentage points, 0.7 percentage point and 3.3 percentage points.

1.货币市场
(1) Money market

银行间市场交易量
Transaction volume in the inter-bank market

单位：万亿元
Unit: RMB trillion yuan

年 Year	债券回购 Repurchasing	同业拆借 Inter-bank borrowing	现券买卖 Outright transactions
1999	0.39	0.33	0.01
2000	1.58	0.67	0.07
2001	4.01	0.81	0.08
2002	10.19	1.21	0.44
2003	11.72	2.41	3.08
2004	9.44	1.46	2.50
2005	15.90	1.28	6.01
2006	26.60	2.15	10.23
2007	44.79	10.65	15.60
2008	58.12	15.05	37.12
2009	70.29	19.35	47.27

月度累计国内金融市场融资量构成变化
Structural change of accumulated funds raised in the domestic financial market

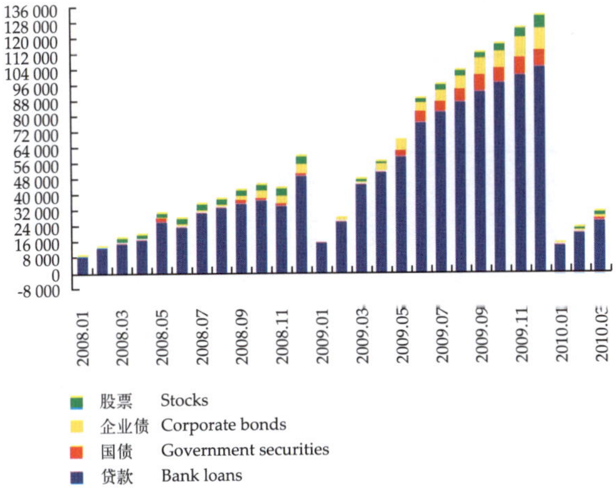

注：自2007年1月开始，股票融资额不再包含金融机构股票融资额。
Note: Since January 2007, fund raised through stocks does not include that raised by financial institutions.

银行间市场交易量
Transaction volume in the inter-bank market

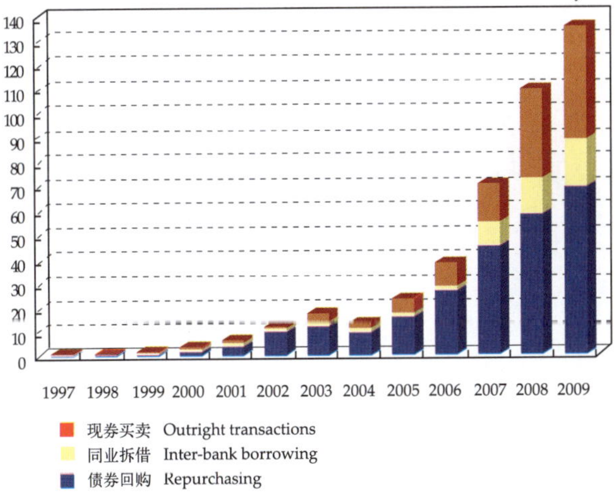

银行间市场月加权平均利率
Monthly weighted average interest rates in the inter-bank market

单位：% Unit: %

年/月 Year/Month	同业拆借市场 Inter-bank borrowing market	质押式债券回购 Bond-pledged repurchasing
2009.01	0.90	0.90
2009.02	0.87	0.86
2009.03	0.84	0.84
2009.04	0.86	0.84
2009.05	0.85	0.85
2009.06	0.91	0.91
2009.07	1.32	1.35
2009.08	1.21	1.23
2009.09	1.27	1.28
2009.10	1.30	1.30
2009.11	1.25	1.24
2009.12	1.25	1.26
2010.01	1.85	1.19
2010.02	1.92	1.55
2010.03	1.78	1.40

银行间市场月加权平均利率
Monthly weighted average interest rates in the inter-bank market

2010年第一季度各品种Shibor走势图
Movements of the Shibor in the first quarter of 2010

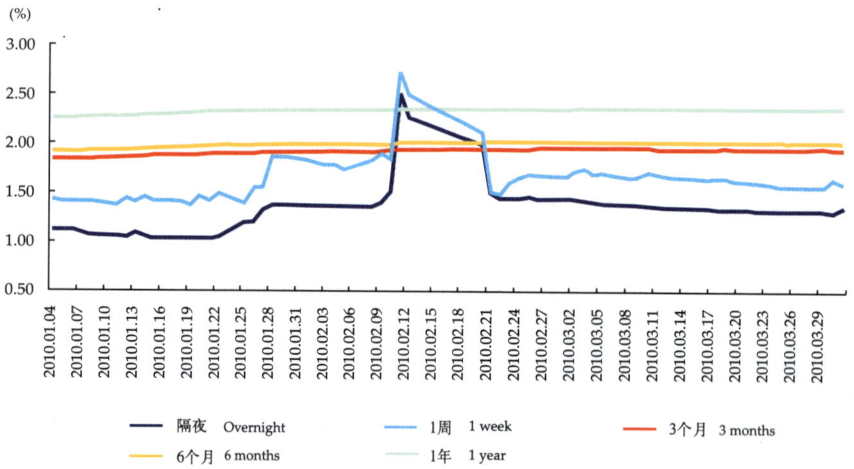

全国银行间同业拆借各期限当月交易量及月加权平均利率
Monthly transaction volume and monthly weighted average interest rates of inter-bank borrowing with different maturities

单位：亿元，%
Unit: RMB 100 million yuan, %

年/月 Year/Month	隔夜 Overnight		7天 7 days		8～14天 8 to 14 days		15～20天 15 to 20 days		21～30天 21 to 30 days		31～60天 31 to 60 days		3个月 3 months		4个月 4 months		6个月 6 months		9个月 9 months		1年 1 year	
	交易量 Volume	利率 Rate	交易量 Volume	利率 Rate	交易量 Volume	利率 Rate	交易量 Volume	利率 Rate	交易量 Volume	利率 Rate	交易量 Volume	利率 Rate	交易量 Volume	利率 Rate	交易量 Volume	利率 Rate	交易量 Volume	利率 Rate	交易量 Volume	利率 Rate	交易量 Volume	利率 Rate
2008.10	8 471.6	2.50	2 750.5	3.08	178.6	3.21	0.3	0.00	76.3	3.38	36.5	3.73	87.6	4.31	28.1	4.35	30.5	4.44	62.4	4.50	79.4	4.61
2008.11	8 544.1	2.14	2 884.5	2.68	134.5	2.59	3.2	0.03	120.4	2.99	62.7	2.65	46.4	3.87	8.6	3.94	24.1	4.11	20.5	4.25	15.8	4.32
2008.12	10 400.3	1.14	2 323.9	1.56	322.5	1.31	188.4	1.39	96.9	1.42	170.2	1.27	16.8	2.81	—	—	6.3	3.34	—	—	10.0	4.2
2009.01	4 867.0	0.86	782.9	1.03	384.4	1.00	145.0	1.02	55.4	1.25	4.4	1.71	30.5	1.82	1.0	2.45	—	—	—	—	—	—
2009.02	7 694.5	0.83	1 231.8	1.01	209.6	0.96	4.2	1.10	69.6	1.12	25.1	1.31	24.4	1.55	7.6	1.60	8.5	1.54	1.2	2.23	2.0	1.83
2009.03	14 435.0	0.81	1 613.8	0.99	458.7	0.96	2.4	1.21	152.7	1.04	29.2	1.12	21.8	1.54	0.9	1.31	17.1	1.52	—	—	1.0	1.65
2009.04	9 461.8	0.82	1 928.6	1.00	492.6	0.96	12.0	0.97	134.4	1.06	22.0	1.13	33.0	1.65	3.7	1.62	10.8	1.71	1.1	1.63	—	—
2009.05	12 880.4	0.81	2 072.5	1.00	598.5	0.96	21.6	0.99	100.5	1.08	11.2	1.06	31.8	1.38	1.1	1.29	15.0	1.53	—	—	0.3	2.16
2009.06	15 721.6	0.87	2 912.5	1.06	377.3	1.06	23.0	0.99	114.7	1.10	29.0	1.33	45.0	1.38	1.2	1.38	2.0	2.20	2.0	2.26	1.0	1.85
2009.07	17 227.8	1.26	2 542.1	1.62	611.2	1.52	35.0	1.34	137.2	1.50	22.7	1.70	26.9	1.86	3.6	1.70	15.5	1.79	—	—	2.0	2.61
2009.08	14 310.2	1.16	1 450.9	1.49	587.8	1.57	60.5	1.27	49.2	1.72	1.0	1.76	43.1	1.80	—	—	2.0	2.94	1.5	3.20	2.0	2.80
2009.09	17 078.5	1.20	2 542.0	1.57	822.6	1.65	112.0	1.60	116.7	1.67	7.6	1.88	30.4	1.97	6.3	1.82	17.1	2.21	6.66	2.01	4.0	2.2
2009.10	12 186.9	1.25	1 113.8	1.57	220.7	1.59	7.30	1.88	105.60	1.70	109.2	1.80	98.5	1.84	1.0	1.81	6.1	2.17	—	—	11.0	2.3
2009.11	17 881.7	1.20	996.9	1.46	556.2	1.48	235.71	1.56	641.55	1.72	223.0	1.76	168.8	1.82	5.8	2.03	—	—	0.2	2.48	—	—
2009.12	17 920.6	1.19	2 160.1	1.50	658.6	1.60	362.9	1.61	370.9	1.73	53.7	1.73	155.9	1.86	30.3	1.92	2.8	2.46	—	—	—	—
2010.01	15 839.5	1.12	1 224.1	1.52	119.3	1.62	31.4	1.62	137.6	1.74	16.4	1.85	73.5	2.94	10.0	1.95	7.0	2.01	4.0	2.07	4.4	2.52
2010.02	13 140.8	1.45	1 396.5	1.80	733.5	2.06	74.0	1.82	114.0	1.91	64.3	1.92	94.9	2.01	10.9	2.05	12.1	2.11	—	—	—	—
2010.03	17 101.6	1.35	1 396.3	1.67	428.5	1.70	2.2	2.20	163.8	1.82	124.4	1.78	117.4	2.05	8.1	2.08	15.2	2.25	—	—	4.7	2.4

全国银行间同业拆借各期限月加权平均利率
Monthly weighted average interest rates of inter-bank borrowing with different maturities

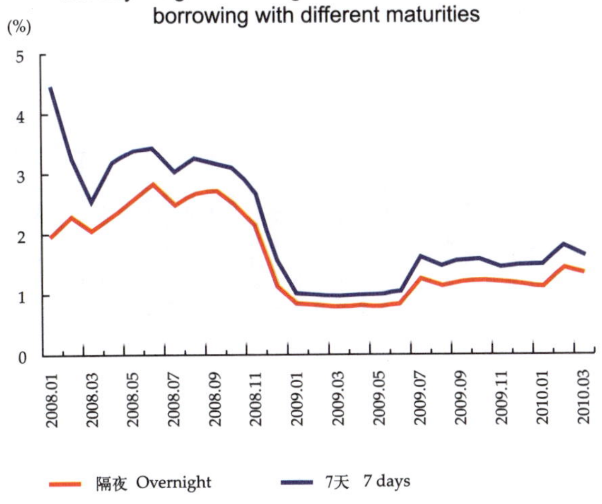

全国银行间同业拆借各期限当月交易量
Monthly transaction volume of inter-bank borrowing with different maturities

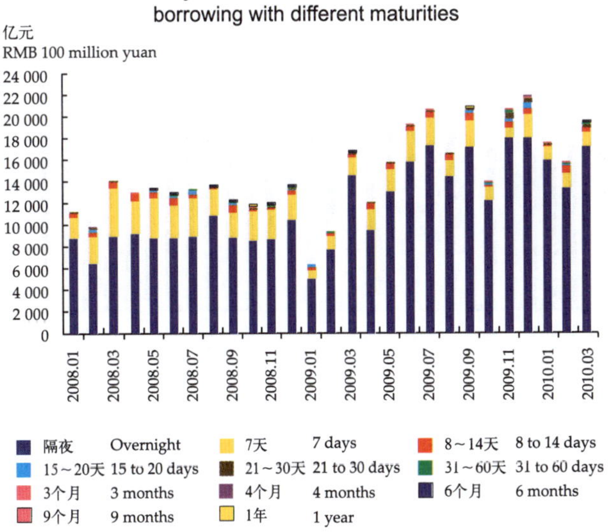

2. 债券市场
(2) Bond market

债券回购交易成交金额
Turnover of repurchasing

单位：亿元
Unit: RMB 100 million yuan

年/月 Year/Month	银行间债券市场 Inter-bank bond market	交易所 Stock exchanges
2009.01	38 041	1 849
2009.02	59 339	2 100
2009.03	71 473	2 079
2009.04	55 061	2 195
2009.05	57 608	2 023
2009.06	74 831	2 955
2009.07	60 963	4 317
2009.08	53 418	3 495
2009.09	63 284	4 157
2009.10	40 792	2 808
2009.11	54 770	3 526
2009.12	73 319	4 137
2010.01	60 269	3 731
2010.02	46 254	2 756
2010.03	64 465	5 014

债券现券交易成交金额
Turnover of outright transactions

单位：亿元
Unit: RMB 100 million yuan

年/月 Year/Month	银行间债券市场 Inter-bank bond market	交易所 Stock exchanges
2009.01	24 352	156
2009.02	33 186	217
2009.03	44 009	209
2009.04	39 951	200
2009.05	32 347	149
2009.06	43 135	177
2009.07	48 607	202
2009.08	48 490	167
2009.09	51 023	218
2009.10	25 736	100
2009.11	33 356	135
2009.12	48 490	156
2010.01	34 682	150
2010.02	25 680	155
2010.03	47 734	223

债券回购交易成交金额
Turnover of repurchasing

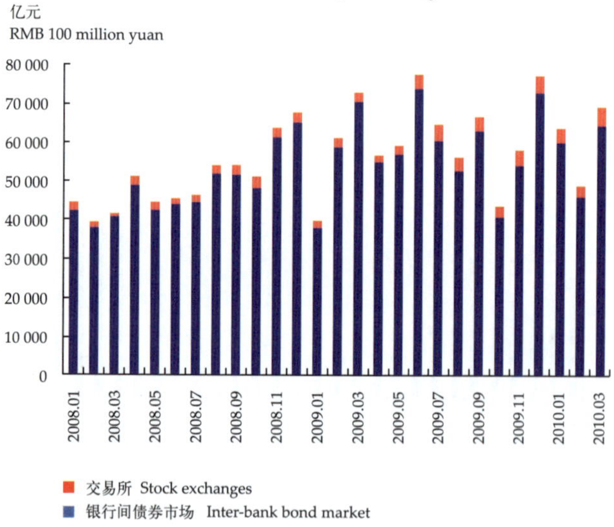

债券现券交易成交金额
Turnover of outright transactions

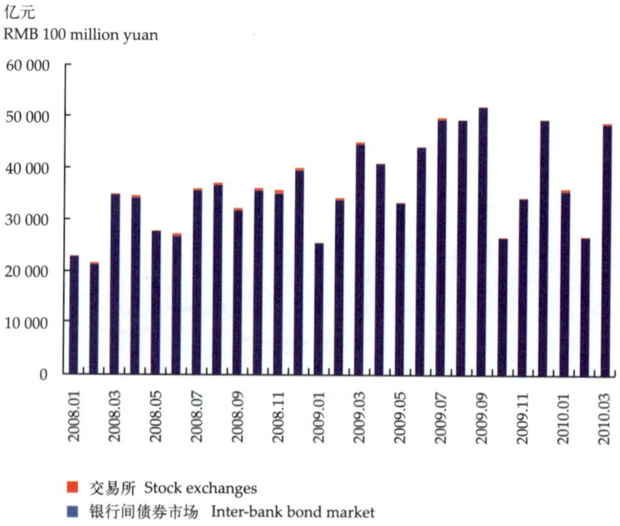

国债发行、兑付、期末余额
Issue and redemption values and end-period balance of government bonds

单位：亿元
Unit: RMB 100 million yuan

年/月 Year/Month	发行额 Issue value	兑付额 Redemption value	期末余额 End-period balance
2009.01	0.0	260.4	49 507.4
2009.02	489.3	240.5	49 756.2
2009.03	630.0	555.6	49 790.7
2009.04	2 489.2	1 556.9	50 574.1
2009.05	2 240.5	122.1	52 692.4
2009.06	2 828.7	1 040.6	54 480.6
2009.07	2 153.6	953.4	55 680.8
2009.08	1 711.9	761.9	56 630.9
2009.09	1 995.6	1 292.3	57 334.1
2009.10	1 113.5	1 132.4	56 967.3
2009.11	1 620.1	389.0	58 198.4
2009.12	843.7	1 092.1	57 950.0
2010.01	260.0	552.3	57 657.7
2010.02	260.0	651.2	57 266.6
2010.03	1 780.0	816.9	58 229.7

国债发行与兑付
Issue and redemption values of government bonds

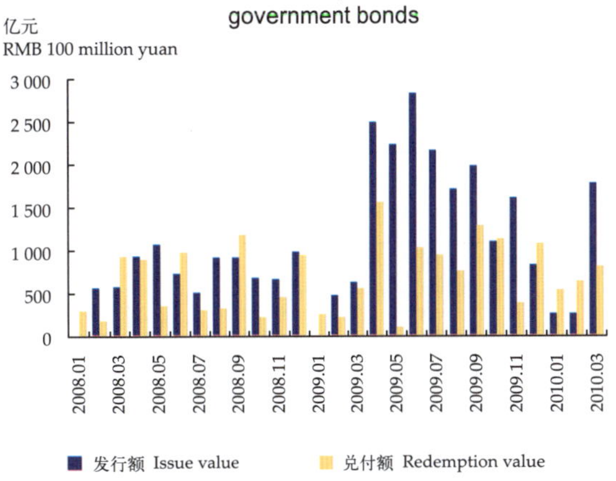

国债期末余额
Outstanding amounts of government bonds at end-period

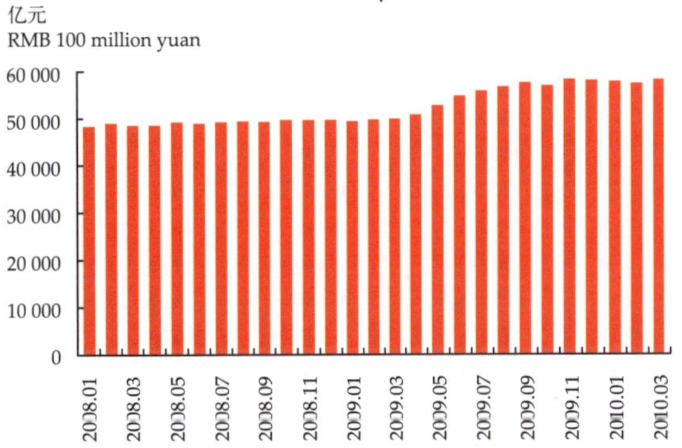

3.股票市场
(3) Stock market

股票成交、发行筹资额
Turnover of stock trading and funds raised in the stock market

单位：亿元
Unit: RMB 100 million yuan

年/月 Year/Month	成交金额 Turnover of stock trading		股票发行筹资额 Stock issues			股票配股筹资额 Issuance of share rights		企业可转债 Convertible corporate bonds	筹资合计 Total
	上海证券交易所 A股 A-shares on the Shanghai stock exchange	深圳证券交易所 A股 A-shares on the Shenzhen stock exchange	A股 A-shares	外资股(亿美元) Foreign-investment shares (USD100 million) B股 B-shares	外资股(亿美元) Foreign-investment shares (USD100 million) H股 H-shares	A股 A-shares	外资股(亿美元) Foreign-investment shares (USD100 million) B股 B-shares		
2005	19 061	12 038	336.4	—	189.1	2.6	—	0.0	1 883.6
2006	57 245	31 972	2 417.9	—	394.9	4.3	—	40.0	5 592.9
2007	301 960	152 811	7 292.8	—	125.4	227.8	—	52.3	8 521.5
2008	179 762	86 129	3 045.0	—	45.7	99.3	—	55.6	3 637.6
2009	345 443	188 446	4 749.3	—	152.5	106.0	—	46.6	5 963.1
2007 1	16 993	8 169	265.1	—		7.2	—	2.0	274.3
2	11 538	5 706	478.4	—	2.2	—	—	—	495.2
3	20 976	10 825	117.2	—	—	—	—	—	117.2
4	31 824	16 926	613.0	—	67.5	—	—	—	1 132.8
5	38 259	19 167	92.2	—	5.4	—	—	4.4	138.0
6	34 876	18 455	368.9	—	—	—	—	—	368.9
7	21 292	11 262	295.0	—	51.9	—	—	20.0	329.6
8	35 286	18 848	602.4	—	3.5	13.5	—	—	642.7
9	30 218	15 660	1 823.0	—	0.4	14.8	—	6.4	1 847.1
10	23 851	10 886	931.3	—	6.1	170.4	—	4.5	1 151.7
11	17 241	7 649	742.3	—	4.4	10.7	—	—	785.2
12	19 608	9 258	964.0	—	34.1	11.3	—	15.0	1 238.9
2008 1	30 623	15 665	771.1	—	—	16.6	—	—	787.6
2	14 177	6 827	325.8	—	—	—	—	—	325.8
3	19 350	9 056	115.1	—	28.8	—	—	—	369.5
4	18 573	8 193	296.9	—	0.2	—	—	28.0	326.5
5	19 727	9 627	310.2	—	3.5	37.4	—	—	428.8
6	11 269	5 497	150.0	—	5.8	19.7	—	—	209.3
7	15 275.8	7 909.1	180.4	—	—	—	—	—	191.1
8	7 861.9	3 889.0	199.8	—	6.1	25.6	—	27.6	295.0
9	8 086	3 395	15.8	—	—	—	—	—	15.8
10	7 301	3 044	138.7	—	—	—	—	—	138.7
11	11 839	5 201	264.9	—	—	—	—	—	264.9
12	15 680	7 825	276.3	—	1.2	—	—	—	284.6
2009 1	9 737	5 136	86.7	—	—	—	—	—	86.7
2	26 285	12 967	91.6	—	3.0	—	—	—	112.3
3	24 997	12 432	86.4	—	—	—	—	—	76.9
4	30 024	15 557	230.6	—	—	—	—	—	230.8
5	24 141	12 805	213.7	—	—	—	—	—	213.7
6	30 770	15 212	188.5	—	2.3	—	—	—	212.7
7	47 202	23 434	853.7	—	11.2	—	—	—	937.0
8	33 262	17 072	465.5	—	1.1	11.2	—	—	484.0
9	28 262	15 791	324.2	—	36.5	4.4	—	21.2	600.2
10	19 955	12 307	459.7	—	—	7.5	—	25.5	504.6
11	38 955	24 680	705.1	—	40.2	52.8	—	—	1 032.5
12	31 653	20 055	1 043.5	—	58.3	30.1	—	—	1 471.9
2010 1	29 001	12 330	537.6	—	3.4	—	—	—	579.1
2	14 256	6 768	672.6	—	—	19.6	—	—	703.8
3	25 220	11 466	403.7		7.3	180.5	—	—	636.3

月末加权平均市盈率
Weighted average price-earnings ratio at month-end

年/月 Year/Month	上海证券交易所A股 A-shares on the Shanghai stock exchange	上海证券交易所B股 B-shares on the Shanghai stock exchange	深圳证券交易所A股 A-shares on the Shenzhen stock exchange	深圳证券交易所B股 B-shares on the Shenzhen stock exchange
2009.01	16.3	13.2	19.1	7.6
2009.02	17.0	13.9	20.6	8.1
2009.03	19.4	17.1	25.5	11.1
2009.04	20.2	17.2	30.9	12.7
2009.05	22.5	15.1	32.8	14.7
2009.06	25.4	16.4	35.9	17.4
2009.07	29.5	18.8	41.9	19.2
2009.08	23.0	16.0	33.5	16.4
2009.09	24.1	16.6	35.4	17.6
2009.10	26.0	17.9	40.4	18.9
2009.11	27.9	21.2	45.7	21.4
2009.12	28.8	21.6	46.9	21.8
2010.01	26.2	20.7	43.9	20.7
2010.02	26.9	21.7	45.2	20.9
2010.03	27.5	22.1	40.6	18.1

成交金额
Turnover of stock trading

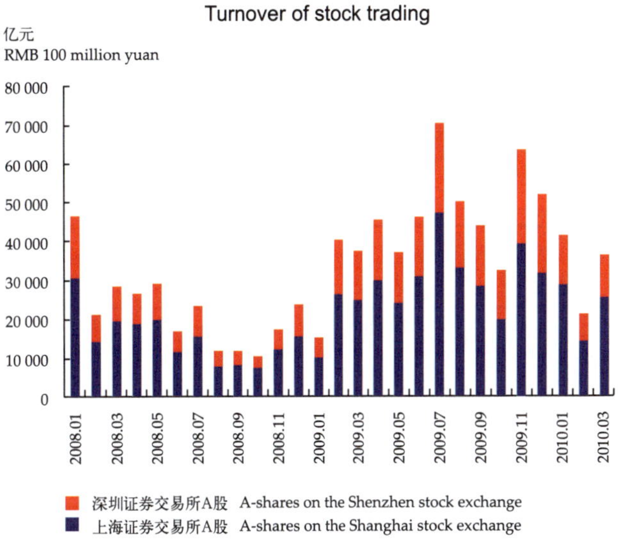

月末加权平均市盈率
Weighted average price-earnings ratio at month-end

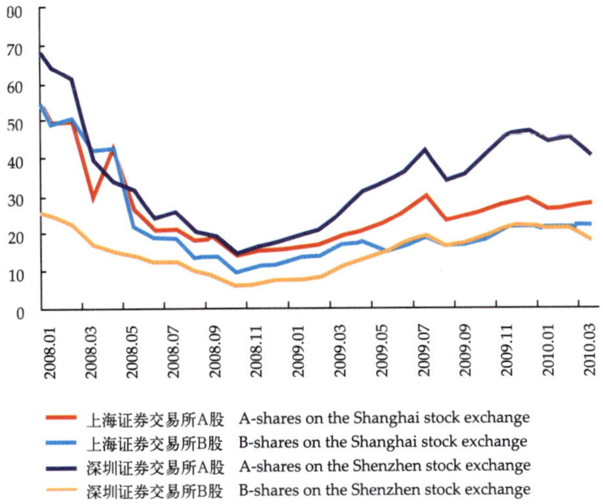

月末收盘指数
Closing index at month-end

4.票据市场
(4) Commercial paper market

票据市场交易额与期末余额
Transactions and outstanding balance of commercial paper market

单位：亿元
Unit: RMB 100 million yuan

年/月 Year/Month	商业汇票 Drafts	贴现 Discount bills	再贴现 Rediscount bills
发生额 Transactions during the period			
2009.01	9 121	19 051	2
2009.02	9 765	21 630	—
2009.03	10 802	21 040	3
2009.04	7 746	18 359	3
2009.05	7 297	16 558	1
2009.06	9 478	30 137	5
2009.07	7 967	17 787	13
2009.08	6 531	15 401	33
2009.09	9 584	20 873	42
2009.10	7 066	15 069	23
2009.11	8 287	16 029	43
2009.12	9 009	19 623	81
2010.01	9 238	21 500	52
2010.02	6 993	14 977	66
2010.03	11 416	25 057	84
期末余额 Outstanding balance at the end of the period			
2009.01	35 903	23 341	13
2009.02	40 468	27 999	8
2009.03	45 148	31 175	7
2009.04	43 157	31 393	7
2009.05	49 055	34 611	5
2009.06	50 397	34 093	9
2009.07	48 499	30 815	18
2009.08	46 222	29 273	50
2009.09	43 303	26 040	86
2009.10	42 563	24 137	95
2009.11	41 307	23 186	123
2009.12	41 267	21 881	181
2010.01	42 192	20 892	197
2010.02	43 263	19 263	230
2010.03	44 470	17 402	263

商业汇票交易情况
Draft transactions

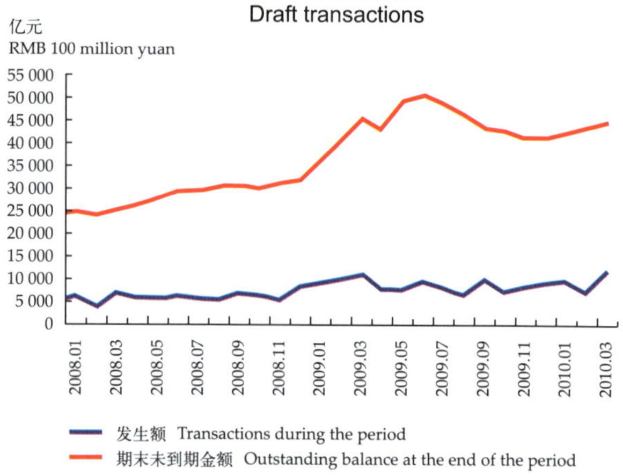

贴现情况
Discount bills

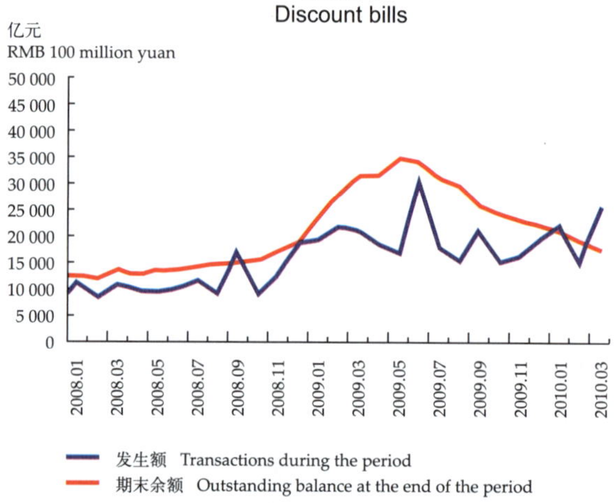

再贴现情况
Rediscount bills

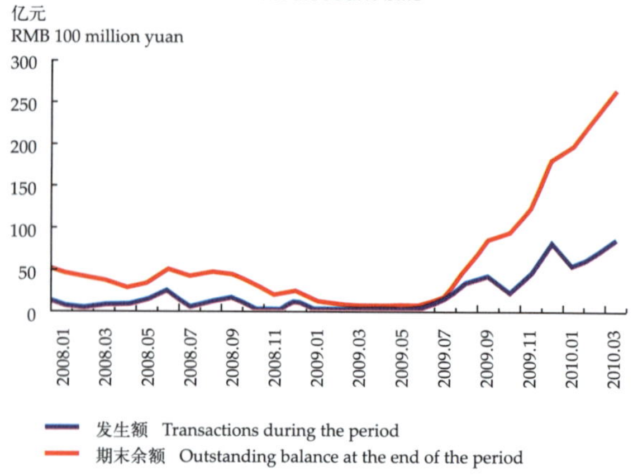

5.外汇市场
(5) Foreign exchange market

世界主要货币兑人民币月平均汇率
Monthly average exchange rate of the RMB against major foreign currencies

年/月 Year/Month	人民币元/美元 RMB yuan/USD	人民币元/欧元 RMB yuan/EUR	人民币元/100日元 RMB yuan/100JPY	人民币元/港元 RMB yuan/HKD
2009.01	6.8382	9.1043	7.5414	0.8816
2009.02	6.8357	8.7432	7.4097	0.8816
2009.03	6.8341	8.9150	6.9873	0.8814
2009.04	6.8312	8.9957	6.9072	0.8814
2009.05	6.8245	9.2922	7.0681	0.8805
2009.06	6.8332	9.5789	7.0765	0.8816
2009.07	6.8320	9.6145	7.2311	0.8815
2009.08	6.8322	9.7467	7.1994	0.8815
2009.09	6.8289	9.9354	7.4638	0.8811
2009.10	6.8275	10.1561	7.5275	0.8810
2009.11	6.8274	10.1860	7.6512	0.8809
2009.12	6.8279	9.9708	7.6101	0.8807
2010.01	6.8273	9.7584	7.4812	0.8795
2010.02	6.8270	9.3656	7.5662	0.8790
2010.03	6.8264	9.2700	7.5429	0.8795

世界主要货币兑人民币期末汇率
Exchange rate of the RMB against major foreign currencies at the end of the period

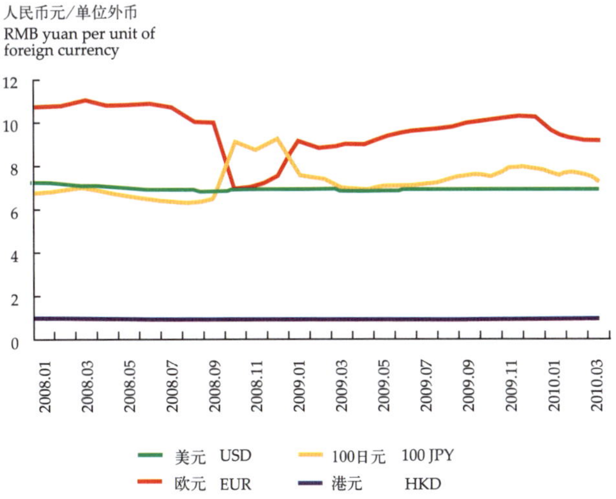

人民币/美元中间价
Central parity of the RMB against the USD

2005年7月21日至2010年3月31日
From July 21, 2005 to March 31, 2010

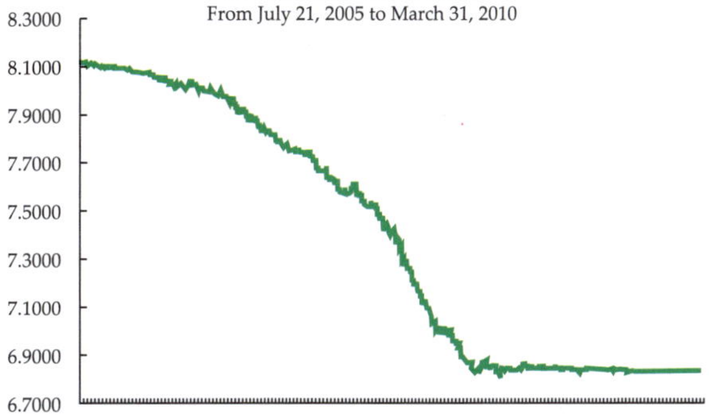

人民币/欧元中间价
Central parity of the RMB against the EUR

2005年7月21日至2010年3月31日
From July 21, 2005 to March 31, 2010

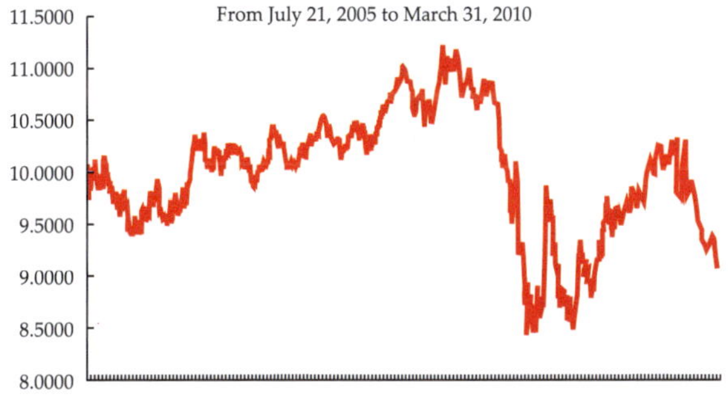

人民币/日元中间价
Central parity of the RMB against the JPY

2005年7月21日至2010年3月31日
From July 21, 2005 to March 31, 2010

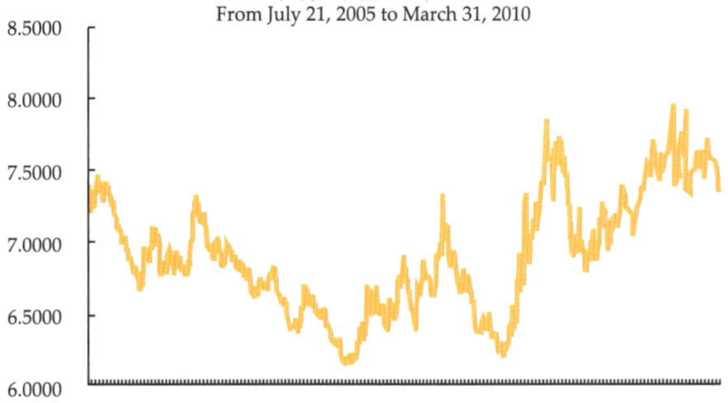

人民币/港元中间价
Central parity of the RMB against the HKD

2005年7月21日至2010年3月31日
From July 21, 2005 to March 31, 2010

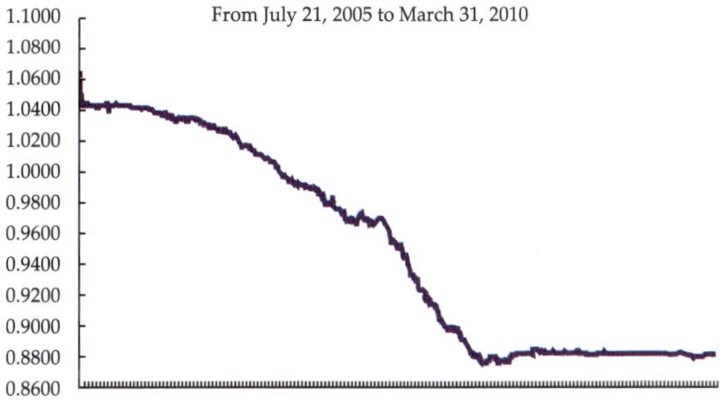

2010年1月4日以来人民币汇率中间价

Central parity of the RMB against major foreign currencies since January 4, 2010

日期 Date	人民币元/美元 RMB yuan/USD	人民币元/欧元 RMB yuan/EUR	人民币元/100日元 RMB yuan/100JPY	人民币元/港元 RMB yuan/HKD
2010.01.04	6.8281	9.7635	7.3464	0.8804
2010.01.05	6.8278	9.8419	7.3886	0.8803
2010.01.06	6.8277	9.7899	7.4510	0.8803
2010.01.07	6.8276	9.8529	7.3916	0.8805
2010.01.08	6.8279	9.7690	7.3030	0.8804
2010.01.11	6.8275	9.8941	7.3983	0.8804
2010.01.12	6.8274	9.8973	7.4006	0.8804
2010.01.13	6.8273	9.8829	7.4783	0.8804
2010.01.14	6.8272	9.9220	7.4684	0.8803
2010.01.15	6.8271	9.8860	7.4793	0.8799
2010.01.18	6.8272	9.7984	7.5160	0.8798
2010.01.19	6.8270	9.8288	7.5312	0.8794
2010.01.20	6.8273	9.7535	7.4906	0.8795
2010.01.21	6.8272	9.6424	7.4782	0.8789
2010.01.22	6.8271	9.6303	7.5655	0.8785
2010.01.25	6.8270	9.6605	7.5851	0.8783
2010.01.26	6.8269	9.6734	7.5481	0.8789
2010.01.27	6.8270	9.6100	7.6241	0.8780
2010.01.28	6.8271	9.5672	7.5726	0.8780
2010.01.29	6.8270	9.5049	7.6075	0.8783
2010.02.01	6.8271	9.4770	7.5617	0.8790
2010.02.02	6.8271	9.5078	7.5106	0.8789
2010.02.03	6.8269	9.5362	7.5410	0.8790
2010.02.04	6.8270	9.4783	7.5034	0.8790
2010.02.05	6.8272	9.3761	7.6218	0.8786
2010.02.08	6.8273	9.3285	7.6398	0.8785
2010.02.09	6.8271	9.3234	7.6413	0.8785
2010.02.10	6.8269	9.4170	7.5926	0.8788
2010.02.11	6.8270	9.4011	7.5826	0.8787
2010.02.12	6.8269	9.3259	7.6049	0.8787
2010.02.22	6.8271	9.3060	7.4394	0.8791
2010.02.23	6.8270	9.2898	7.4829	0.8794
2010.02.24	6.8271	9.2285	7.5659	0.8794
2010.02.25	6.8270	9.2332	7.5675	0.8792
2010.02.26	6.8269	9.2545	7.6376	0.8793
2010.03.01	6.8267	9.3140	7.6713	0.8795
2010.03.02	6.8268	9.2428	7.6486	0.8792
2010.03.03	6.8266	9.3081	7.7015	0.8794
2010.03.04	6.8265	9.3482	7.7066	0.8794
2010.03.05	6.8266	9.2746	7.6433	0.8794
2010.03.08	6.8266	9.3231	7.5520	0.8795
2010.03.09	6.8265	9.3014	7.5682	0.8799
2010.03.10	6.8264	9.2815	7.5819	0.8797
2010.03.11	6.8263	9.3104	7.5479	0.8798
2010.03.12	6.8262	9.3379	7.5315	0.8797
2010.03.15	6.8261	9.3883	7.5285	0.8799
2010.03.16	6.8263	9.3295	7.5659	0.8798
2010.03.17	6.8262	9.3997	7.5490	0.8796
2010.03.18	6.8262	9.3638	7.5507	0.8795
2010.03.19	6.8263	9.2967	7.5487	0.8796
2010.03.22	6.8264	9.2235	7.5426	0.8797
2010.03.23	6.8263	9.2466	7.5541	0.8796
2010.03.24	6.8264	9.2013	7.5476	0.8794
2010.03.25	6.8266	9.1036	7.4335	0.8796
2010.03.26	6.8268	9.0875	7.3827	0.8796
2010.03.29	6.8266	9.1719	7.3833	0.8793
2010.03.30	6.8264	9.1979	7.4059	0.8793
2010.03.31	6.8263	9.1588	7.3421	0.8792

九、中央银行公开市场业务
9. Central Bank Open Market Operations

中央银行公开市场业务交易
Central bank open market operations

日期 Date		操作工具 Mode of transaction	招标方式 Mode of bidding	期限品种(天) Maturity (Day)	招标数量(亿元) Bidding amount (RMB 100 million yuan)	实际发行量/买入面额(亿元) Actual issue/purchasing face value (RMB 100 million yuan)	发行价格(元)/买入金额(亿元) Issue price (RMB yuan)/purchasing amount (RMB 100 million yuan)	中标利率/参考收益率(%) Interest rate of successful bidding/reference yield (%)
2010.01.05	周二 Tuesday	中央银行票据 Central bank bills	价格招标 Price bidding	1年 1-year	120	120	98.27	1.7605
		正回购 Reverse repurchase	利率招标 Interest rate bidding	28天 28-day	750	750	—	1.18
2010.01.07	周四 Thursday	中央银行票据 Central bank bills	价格招标 Price bidding	91天 91-day	600	600	99.66	1.3684
		正回购 Reverse repurchase	利率招标 Interest rate bidding	91天 91-day	300	300	—	1.36
2010.01.12	周二 Tuesday	中央银行票据 Central bank bills	价格招标 Price bidding	1年 1-year	200	200	98.19	1.8434
		正回购 Reverse repurchase	利率招标 Interest rate bidding	28天 28-day	2 000	2 000	—	1.18
2010.01.14	周四 Thursday	中央银行票据 Central bank bills	价格招标 Price bidding	91天 91-day	500	500	99.66	1.3684
		正回购 Reverse repurchase	利率招标 Interest rate bidding	91天 91-day	400	400	—	1.36
2010.01.19	周二 Tuesday	中央银行票据 Central bank bills	价格招标 Price bidding	1年 1-year	240	240	98.11	1.9264
2010.01.21	周四 Thursday	中央银行票据 Central bank bills	价格招标 Price bidding	91天 91-day	900	900	99.65	1.4088
		正回购 Reverse repurchase	利率招标 Interest rate bidding	91天 91-day	480	480	—	1.41
2010.01.26	周二 Tuesday	中央银行票据 Central bank bills	价格招标 Price bidding	1年 1-year	100	100	98.11	1.9264
2010.01.28	周四 Thursday	中央银行票据 Central bank bills	价格招标 Price bidding	91天 91-day	500	500	99.65	1.4088
2010.02.02	周二 Tuesday	中央银行票据 Central bank bills	价格招标 Price bidding	1年 1-year	100	100	98.11	1.9264
2010.02.04	周四 Thursday	中央银行票据 Central bank bills	价格招标 Price bidding	91天 91-day	420	420	99.65	1.4088
2010.02.09	周二 Tuesday	中央银行票据 Central bank bills	价格招标 Price bidding	1年 1-year	240	240	98.11	1.9264
2010.02.11	周四 Thursday	中央银行票据 Central bank bills	价格招标 Price bidding	91天 91-day	300	300	99.65	1.4088

中央银行公开市场业务交易
Central bank open market operations

续表

日期 Date		操作工具 Mode of transaction	招标方式 Mode of bidding	期限品种(天) Maturity (Day)	招标数量(亿元) Bidding amount (RMB 100 million yuan)	实际发行量/买入面额(亿元) Actual issue/purchasing face value (RMB 100 million yuan)	发行价格(元)/买入金额(亿元) Issue price (RMB yuan)/purchasing amount (RMB 100 million yuan)	中标利率/参考收益率(%) Interest rate of successful bidding/reference yield (%)
2010.02.23	周二 Tuesday	中央银行票据 Central bank bills	价格招标 Price bidding	1年 1-year	170	170	98.11	1.9264
2010.02.25	周四 Thursday	中央银行票据 Central bank bills	价格招标 Price bidding	91天 91-day	900	900	99.65	1.4088
		正回购 Reverse repurchase	利率招标 Interest rate bidding	91天 91-day	300	300	—	1.41
2010.03.02	周二 Tuesday	中央银行票据 Central bank bills	价格招标 Price bidding	1年 1-year	600	600	98.11	1.9264
2010.03.04	周四 Thursday	中央银行票据 Central bank bills	价格招标 Price bidding	91天 91-day	900	900	99.65	1.4088
		正回购 Reverse repurchase	利率招标 Interest rate bidding	91天 91-day	490	490	—	1.41
2010.03.09	周二 Tuesday	中央银行票据 Central bank bills	价格招标 Price bidding	1年 1-year	1 000	1 000	98.11	1.9264
		正回购 Reverse repurchase	利率招标 Interest rate bidding	28天 28-day	500	500	—	1.18
2010.03.11	周四 Thursday	中央银行票据 Central bank bills	价格招标 Price bidding	91天 91-day	1 200	1 200	99.65	1.4088
		正回购 Reverse repurchase	利率招标 Interest rate bidding	91天 91-day	830	830	—	1.41
2010.03.16	周二 Tuesday	中央银行票据 Central bank bills	价格招标 Price bidding	1年 1-year	1 100	1 100	98.11	1.9264
		正回购 Reverse repurchase	利率招标 Interest rate bidding	28天 28-day	830	830	—	1.18
2010.03.18	周四 Thursday	中央银行票据 Central bank bills	价格招标 Price bidding	91天 91-day	1 300	1 300	99.65	1.4088
		正回购 Reverse repurchase	利率招标 Interest rate bidding	91天 91-day	800	800	—	1.41
2010.03.23	周二 Tuesday	中央银行票据 Central bank bills	价格招标 Price bidding	1年 1-year	780	780	98.11	1.9264
		正回购 Reverse repurchase	利率招标 Interest rate bidding	28天 28-day	450	450	—	1.18
2010.03.25	周四 Thursday	中央银行票据 Central bank bills	价格招标 Price bidding	91天 91-day	1 600	1 600	99.65	1.4088
		正回购 Reverse repurchase	利率招标 Interest rate bidding	91天 91-day	500	500	—	1.41
2010.03.30	周二 Tuesday	中央银行票据 Central bank bills	价格招标 Price bidding	1年 1-year	500	500	98.11	1.9264
		正回购 Reverse repurchase	利率招标 Interest rate bidding	28天 28-day	300	300	0	1.18

附录四 世界主要经济体经济和金融指标

Appendix 4 Economic and Financial Indicators of Major Economies

一、经济增长率

1. Economic Growth Rate

世界经济增长率

World economic growth rate

单位：% Unit: %

		2007	2008	2009	2010年1月预计 Projection in January, 2010		2010年4月预计 Projection in April, 2010	
					2010	2011	2010	2011
国际货币基金组织 IMF	按购买力平价方法计算的实际GDP增长率 Real GDP growth rate based on PPP	5.1	3.0	-0.6	3.9	4.3	4.2	4.3
	按市场汇率法计算的实际GDP增长率 Real GDP growth rate based on market exchange rate	3.9	1.8	-2.0	3.0	3.4	3.2	3.4
世界银行 World Bank	按2000年不变价及市场汇率法计算的实际GDP增长率 Real GDP growth rate based on 2000 constant price and market exchange rate	3.9	1.7	-2.2	2.7	3.2	—	—

数据来源：国际货币基金组织《世界经济展望》(2010年4月)，世界银行《全球经济展望预测1》(2010年1月)。

Source : *World Economic Outlook*, IMF, April, 2010; *Global Economic Prospects Forecast*, The World Bank, Januray, 2010.

世界经济增长率

World economic growth rate

单位：% Unit: %

年 Year	国际货币基金组织按购买力平价方法计算的实际GDP增长率 Real GDP growth rate based on PPP (IMF)	国际货币基金组织按市场汇率法计算的实际GDP增长率 Real GDP growth rate based on market exchange rate (IMF)
1983	2.8	2.8
1984	4.6	4.6
1985	3.6	3.6
1986	3.5	3.3
1987	3.7	3.5
1988	4.5	4.5
1989	3.7	3.7
1990	2.9	2.8
1991	1.5	1.0
1992	2.0	1.2
1993	2.0	1.2
1994	3.4	3.0
1995	3.3	2.9
1996	3.7	3.2
1997	4.0	3.5
1998	2.5	2.1
1999	3.5	3.1
2000	4.7	4.1
2001	2.2	1.5
2002	2.8	1.9
2003	3.6	2.6
2004	4.9	4.0
2005	4.4	3.4
2006	5.1	3.9
2007	5.2	3.8
2008	3.0	1.8
2009	-0.6	-2.0
2010*	4.2	3.2
2011*	4.3	3.4

注：*为预测数。

Note: * Projection.

世界经济增长循环

World economic growth cycles

注：*为预测数。

Note: * Projection.

GDP年度增长率
Annual growth rate of GDP

单位：% Unit: %

年 Year	美国 U.S.	日本 Japan	欧元区 Euro Area	英国 U.K.
1999	4.5	-0.1	3.0	3.0
2000	3.7	2.9	3.8	3.8
2001	0.8	0.2	1.9	2.4
2002	1.6	0.3	0.9	2.1
2003	2.5	1.4	0.8	2.8
2004	3.6	2.7	2.1	3.3
2005	2.9	1.9	1.6	1.8
2006	2.8	2.4	2.8	2.8
2007	2.1	2.3	2.7	2.6
2008	0.4	-1.2	0.6	0.5
2009	-2.4	-5.2	-4.1	-4.9
2010*	3.1	1.9	1.0	1.3
2011*	2.6	2.0	1.5	2.5

注：*为预测数。
Note: *Projection.

GDP季度同比增长率
Year-on-year growth rate of GDP

单位：% Unit: %

年/季 Year/Quarter	美国 U.S.	日本 Japan	欧元区 Euro Area	英国 U.K.
2006Q2	1.4	2.0	2.9	2.8
2006Q3	0.1	1.6	2.7	2.7
2006Q4	3.0	2.0	3.1	2.8
2007Q1	1.2	3.5	3.2	2.4
2007Q2	3.2	2.3	2.6	2.7
2007Q3	3.6	1.7	2.7	2.7
2007Q4	2.1	1.9	2.1	2.4
2008Q1	-0.7	1.2	2.1	2.4
2008Q2	1.5	-0.4	1.4	1.7
2008Q3	-2.7	-1.4	0.6	0.2
2008Q4	-5.4	-4.1	-1.5	-2.1
2009Q1	-6.4	-8.9	-4.9	-5.3
2009Q2	-0.7	-5.7	-4.8	-5.9
2009Q3	2.2	-5.2	-4.0	-5.3
2009Q4	5.6	-1.1	-2.2	-3.1
2010Q1	3.2	4.6	0.5	-0.3

GDP年度增长率
Annual growth rate of GDP

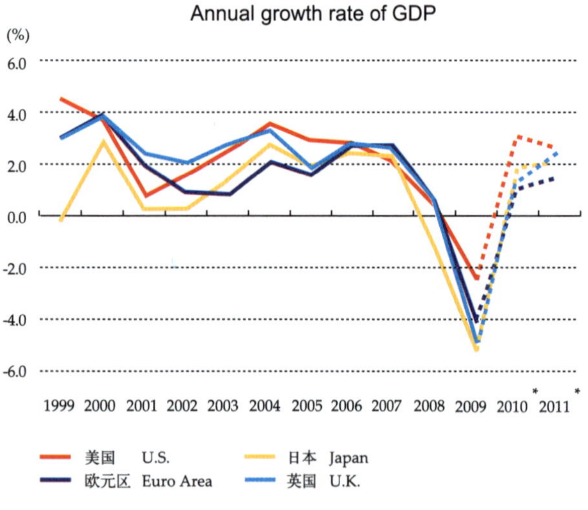

注：*为预测数。
Note: * Projection.

数据来源：国际货币基金组织《世界经济展望》(2010年4月)。
Source: *World Economic Outlook*, IMF, Apr., 2010.

GDP季度同比增长率
Year-on-year growth rate of GDP

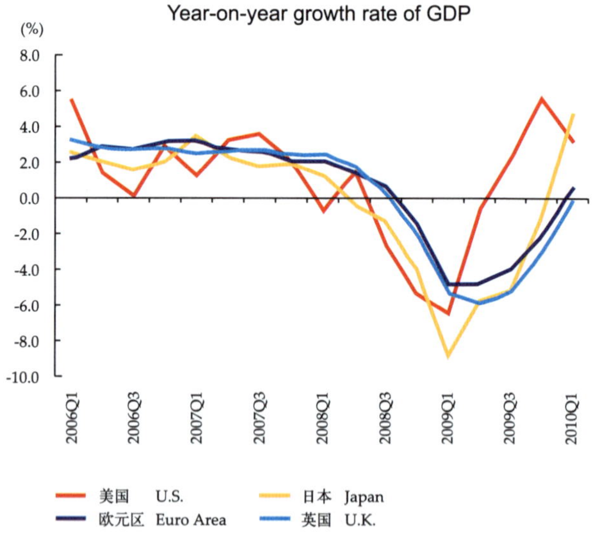

注：美国GDP增长率为环比折年率季节调整后的数据，折年率方法为 $[(GDP_1/GDP_0)^4-1]\times100$。
Note: The U.S. GDP growth rate is an annualized rate after a seasonal adjustment. It can be written as $[(GDP_1/GDP_0)^4-1]\times100$.

数据来源：各经济体官方统计网站。
Source: Official Statistical Websites of the Economies.

二、消费价格指数
2. CPI

消费价格当月同比指数
Monthly CPI (YOY)

单位：% Unit: %

年/月 Year/Month	美国 U.S.	日本 Japan	欧元区 Euro Area	英国 U.K.
2009.01	-0.2	0.0	1.1	3.0
2009.02	0.1	-0.1	1.2	3.1
2009.03	-0.4	0.3	0.6	2.9
2009.04	-0.6	-0.1	0.6	2.3
2009.05	-1.0	-1.1	0.0	2.2
2009.06	-1.3	-1.8	-0.1	1.8
2009.07	-2.0	-2.2	-0.7	1.8
2009.08	-1.5	-2.2	-0.2	1.6
2009.09	-1.3	-2.2	-0.3	1.1
2009.10	-0.2	-2.5	-0.1	1.5
2009.11	1.8	-1.9	0.5	1.9
2009.12	2.8	-1.7	0.9	2.9
2010.01	2.7	1.3	1.0	3.5
2010.02	2.2	1.1	0.9	3.0
2010.03	2.4	1.1	1.4	3.4

数据来源：各经济体官方统计网站。
Source: Official Statistical Websites of the Economies.

消费价格当月同比指数
Monthly CPI (YOY)

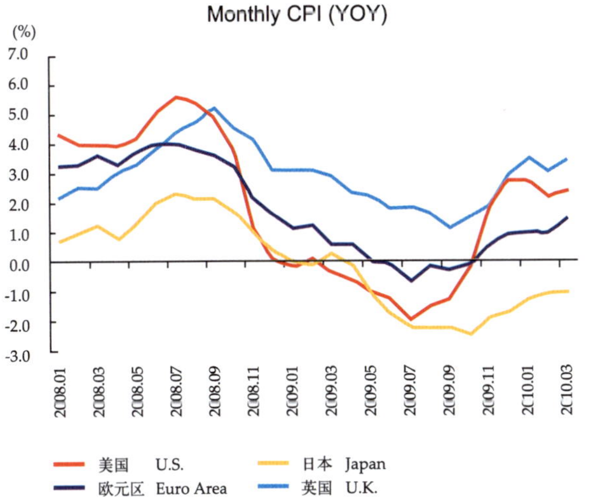

数据来源：各经济体官方统计网站。
Source: Official Statistical Websites of the Economies.

三、失业率
3. Unemployment Rate

失业率（季节调整后）
Unemployment rate
(after seasonal adjustment)

单位：% Unit: %

年/月 Year/Month	美国 U.S.	日本 Japan	欧元区 Euro Area	英国 U.K.
2009.01	7.6	4.2	8.3	6.7
2009.02	8.1	4.4	8.7	7.1
2009.03	8.5	4.8	8.9	7.2
2009.04	8.9	5.0	9.2	7.6
2009.05	9.4	5.1	9.3	7.8
2009.06	9.5	5.3	9.4	7.9
2009.07	9.4	5.6	9.5	7.8
2009.08	9.7	5.4	9.6	7.8
2009.09	9.8	5.3	9.8	7.9
2009.10	10.1	5.2	9.8	7.8
2009.11	10.0	5.3	9.8	7.8
2009.12	10.0	5.2	9.9	7.8
2010.01	9.7	4.9	9.9	8.0
2010.02	9.7	4.9	10.0	8.0
2010.03	9.7	5.0	10.0	7.9

数据来源：各经济体官方统计网站。
Source: Official Statistical Websites of the Economies.

失业率（季节调整后）
Unemployment rate
(after seasonal adjustment)

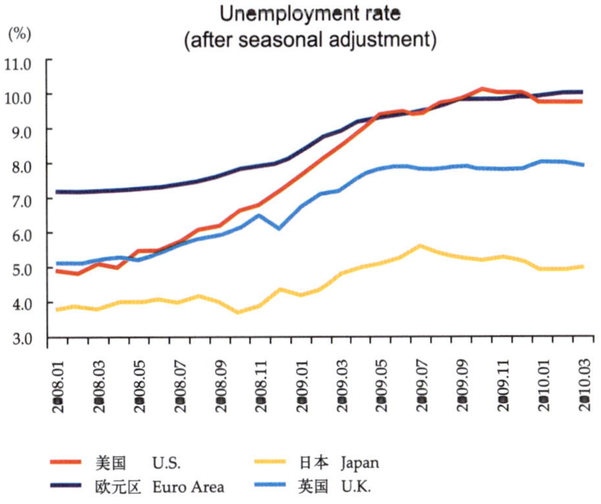

数据来源：各经济体官方统计网站。
Source: Official Statistical Websites of the Economies.

四、国际收支
4. BOP

经常项目差额
Current account balance

单位：10亿美元
Unit: USD billion

年/季 Year/Quarter	美国 U.S.	日本 Japan	欧元区 Euro Area	英国 U.K.
2004Q4	-179.40	39.52	32.93	-5.90
2005Q1	-158.11	44.51	2.03	-13.63
2005Q2	-181.51	38.04	-2.55	-9.32
2005Q3	-198.94	42.69	6.68	-20.99
2005Q4	-210.13	40.54	13.03	-15.46
2006Q1	-180.65	47.27	-10.90	-18.67
2006Q2	-204.74	34.73	-17.97	-16.88
2006Q3	-229.89	45.55	2.07	-24.24
2006Q4	-188.27	42.97	26.49	-21.08
2007Q1	-179.33	57.19	6.33	-23.80
2007Q2	-191.63	46.41	-6.91	-18.73
2007Q3	-186.53	58.23	12.90	-26.36
2007Q4	-169.08	48.66	12.77	-5.84
2008Q1	-156.50	62.55	-48.08	-1.00
2008Q2	-189.67	36.73	-63.35	-12.97
2008Q3	-205.68	38.98	-49.46	-14.65
2008Q4	-154.21	18.38	-40.30	-11.28
2009Q1	-86.52	27.07	-49.46	-2.84
2009Q2	-98.38	33.42	-29.47	-5.24
2009Q3	-124.05	43.68	-3.84	-6.11

资本项目差额
Capital account balance

单位：10亿美元
Unit: USD billion

年/季 Year/Quarter	美国 U.S.	日本 Japan	欧元区 Euro Area	英国 U.K.
2004Q4	0.50	-1.76	7.46	0.84
2005Q1	-2.59	-1.17	0.69	1.39
2005Q2	-0.51	-0.66	4.50	1.39
2005Q3	14.91	-0.34	4.33	0.54
2005Q4	-0.47	-2.71	4.72	-0.50
2006Q1	-1.72	-2.52	0.27	1.06
2006Q2	-1.02	-1.23	1.89	-1.15
2006Q3	-0.54	-0.30	3.98	0.91
2006Q4	-0.63	-0.71	5.59	0.99
2007Q1	-0.55	-2.09	5.23	0.71
2007Q2	-0.12	-0.18	3.90	0.91
2007Q3	-0.63	-0.60	3.65	1.26
2007Q4	-0.60	-1.16	-6.73	2.29
2008Q1	-0.64	-1.54	6.79	1.83
2008Q2	-0.68	-0.72	3.11	1.93
2008Q3	2.97	-1.10	2.58	1.12
2008Q4	-0.70	-2.11	2.16	1.17
2009Q1	-0.71	-1.04	1.80	1.19
2009Q2	-0.72	-0.76	3.01	1.47
2009.Q3	-0.69	-1.98	2.14	1.46

经常项目差额
Current account balance

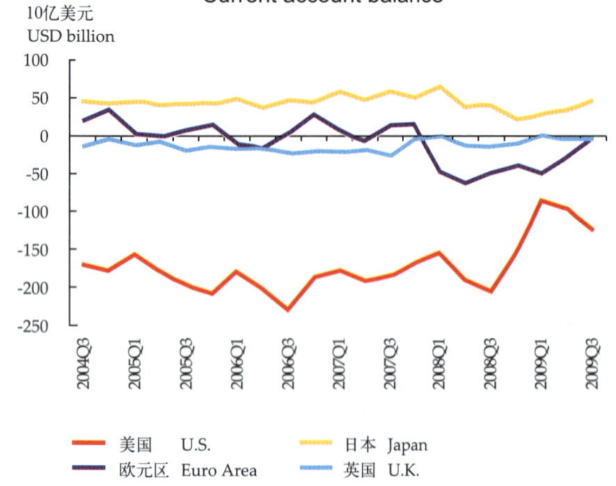

数据来源：国际货币基金组织《国际金融统计》(2010年4月)。
Source: *International Finance Statistics*, IMF, April, 2010.

资本项目差额
Capital account balance

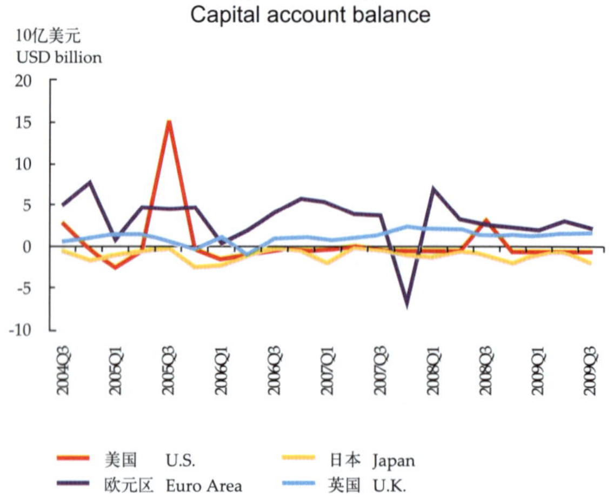

数据来源：国际货币基金组织《国际金融统计》(2010年4月)。
Source: *International Finance Statistics*, IMF, April, 2010.

金融项目差额
Financial account balance

单位：10亿美元
Unit: USD billion

年/季 Year/Quarter	美国 U.S.	日本 Japan	欧元区 Euro Area	英国 U.K.
2004Q4	170.77	-15.53	-46.23	10.98
2005Q1	95.41	-41.88	-17.39	-6.66
2005Q2	84.45	-23.21	-6.81	19.11
2005Q3	208.69	-29.83	-17.57	6.63
2005Q4	298.08	-27.76	-29.61	33.54
2006Q1	150.39	-36.34	8.96	12.57
2006Q2	198.57	-18.31	14.32	28.37
2006Q3	239.97	-28.39	-5.15	13.57
2006Q4	217.84	-19.30	-44.92	15.02
2007Q1	220.59	-59.10	-8.54	14.06
2007Q2	191.84	-36.70	-5.86	11.14
2007Q3	82.87	-50.32	18.53	20.61
2007Q4	168.38	-41.12	-9.07	20.37
2008Q1	158.73	-66.17	51.10	3.01
2008Q2	107.18	-37.24	51.56	2.69
2008Q3	138.94	-28.34	82.39	-7.68
2008Q4	105.06	-40.88	52.62	23.48
2009Q1	29.00	-63.40	65.20	-14.50
2009Q2	65.50	-20.55	22.24	-7.75
2009Q3	82.57	-28.18	85.34	11.41

金融项目差额
Financial account balance

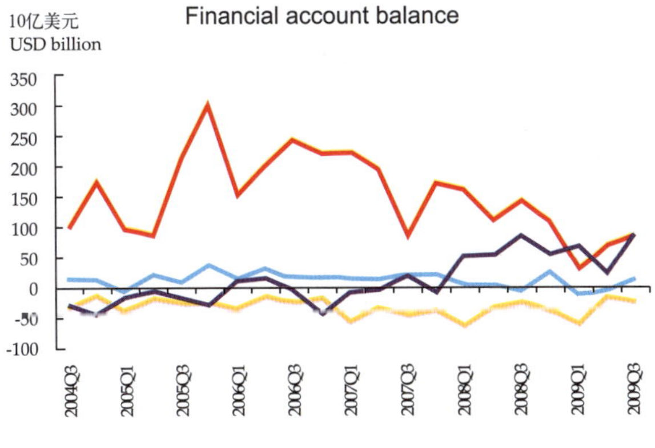

美国 U.S. 日本 Japan
欧元区 Euro Area 英国 U.K.

数据来源：国际货币基金组织《国际金融统计》(2010年4月)。
Source: *International Finance Statistics*, IMF, April, 2010.

五、利率
5. Interest Rates

1.中央银行目标利率
(1) Central bank base rates

中央银行目标利率
Central bank base rates

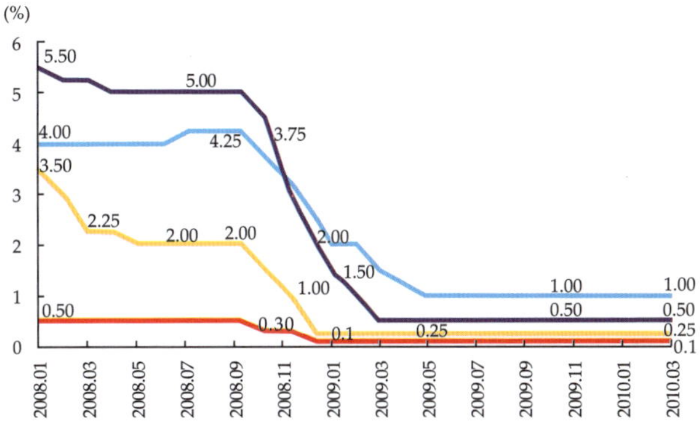

美国联邦基金目标利率
Target for the federal funds rate
日本同业拆借市场隔夜利率
The weighted average of the uncollateralized overnight call rate
欧元区再融资利率
The minimum bid rate on the main refinancing operations
英格兰银行官方利率
Official bank rate

数据来源：各经济体中央银行统计网站。
Source: *Central Bank Websites of the Economies.*

2.短期利率

(2) Short-term interest rates

3个月期银行间市场拆借利率（年率，月平均）
3-month inter-bank rate (annualized, monthly average)

单位：% Unit: %

年/月 Year/Month	美元 USD	日元 JPY	欧元 EUR	英镑 GBP
2009.01	1.21	0.73	2.46	2.28
2009.02	1.24	0.64	1.94	2.08
2009.03	1.27	0.62	1.64	1.83
2009.04	1.11	0.57	1.42	1.48
2009.05	0.82	0.53	1.28	1.30
2009.06	0.62	0.49	1.23	1.21
2009.07	0.52	0.43	0.97	1.03
2009.08	0.42	0.40	0.86	0.80
2009.09	0.30	0.36	0.77	0.62
2009.10	0.28	0.33	0.74	0.56
2009.11	0.27	0.31	0.72	0.60
2009.12	0.25	0.28	0.71	0.61
2010.01	0.25	0.26	0.68	0.60
2010.02	0.25	0.25	0.66	0.60
2010.03	0.27	0.25	0.65	0.60

3个月期银行间市场拆借利率（年率，月平均）
3-month inter-bank rate
(annualized, monthly average)

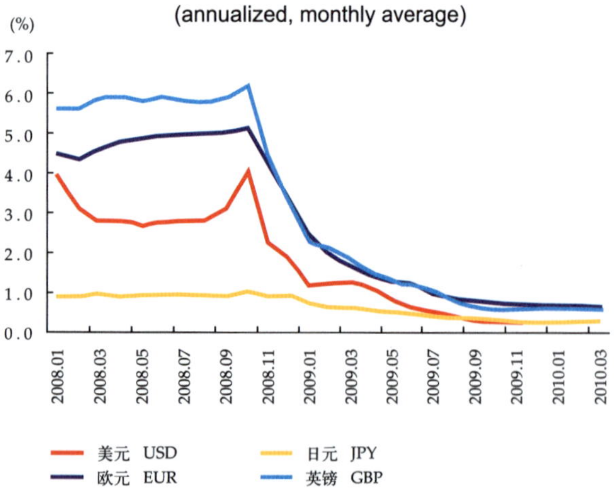

数据来源：《欧洲中央银行统计月报》及CEIC。
Source: *Monthly Bulletin of ECB, CEIC.*

3.长期利率

(3) Long-term interest rates

10年期国债收益率（年率，月平均）
10-year government bond yield
(annualized, monthly average)

单位：% Unit: %

年/月 Year/Month	美元 USD	日元 JPY	欧元 EUR	英镑 GBP
2009.01	2.52	1.28	4.11	3.77
2009.02	2.87	1.30	4.20	3.80
2009.03	2.82	1.30	4.15	3.33
2009.04	2.93	1.35	4.09	3.49
2009.05	3.29	1.45	4.14	3.73
2009.06	3.72	1.53	4.32	3.82
2009.07	3.56	1.35	4.09	3.91
2009.08	3.59	1.45	3.89	3.81
2009.09	3.40	1.33	3.86	3.76
2009.10	3.39	1.26	3.80	3.67
2009.11	3.40	1.44	3.83	3.87
2009.12	3.59	1.25	3.88	4.02
2010.01	3.73	1.34	4.10	4.16
2010.02	3.69	1.35	4.11	4.22
2010.03	3.73	1.33	3.98	4.23

10年期国债收益率（年率，月平均）
10-year government bond yield
(annualized, monthly average)

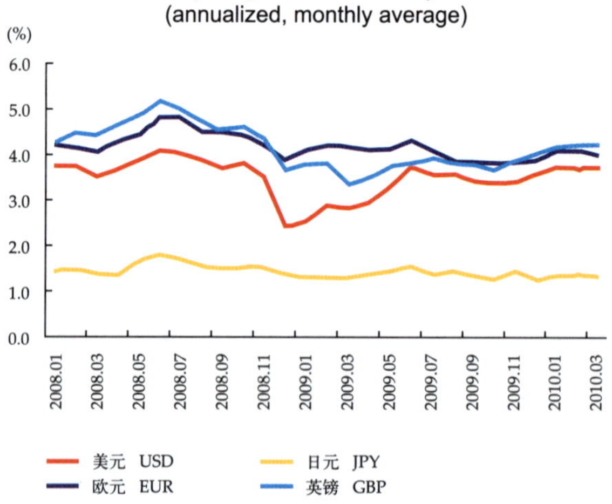

数据来源：CEIC。
Source: *CEIC.*

六、汇率
6. Exchange Rates

汇率（月平均）
Exchange rates (monthly average)

年/月 Year/Month	美元/欧元 USD/EUR	美元/英镑 USD/GBP	日元/美元 JPY/USD
2009.02	1.2784	1.4405	92.50
2009.03	1.3038	1.4189	98.16
2009.04	1.3188	1.4697	99.00
2009.05	1.3628	1.5413	96.30
2009.06	1.4015	1.6356	96.52
2009.07	1.4087	1.6349	94.50
2009.08	1.4267	1.6548	94.84
2009.09	1.4560	1.6336	91.49
2009.10	1.4815	1.6179	90.29
2009.11	1.4914	1.6586	89.19
2009.12	1.4599	1.6241	89.56
2010.01	1.4270	1.6171	91.16
2010.02	1.3684	1.5617	90.28

实际有效汇率（月平均，2005年=100）
Real effective exchange rates
(monthly average, year 2005=100)

年/月 Year/Month	美元 USD	欧元 EUR	日元 JPY	英镑 GBP
2008.11	105.4	103.9	105.3	87.9
2008.12	102.0	110.9	109.0	87.9
2009.01	101.9	108.5	110.7	81.2
2009.02	104.2	106.4	110.0	83.9
2009.03	106.0	110.0	102.0	82.2
2009.04	104.1	109.5	97.5	84.2
2009.05	100.2	110.0	96.3	86.0
2009.06	97.5	111.1	95.9	89.8
2009.07	95.7	111.3	99.2	89.6
2009.08	93.5	111.5	98.8	89.9
2009.09	92.0	113.0	101.0	87.1
2009.10	90.7	114.4	100.5	84.9
2009.11	90.1	114.3	101.0	86.5
2009.12	90.9	113.0	100.9	85.8
2010.01	91.5	110.9	99.0	86.5

汇率(月平均)
Exchange rates (monthly average)

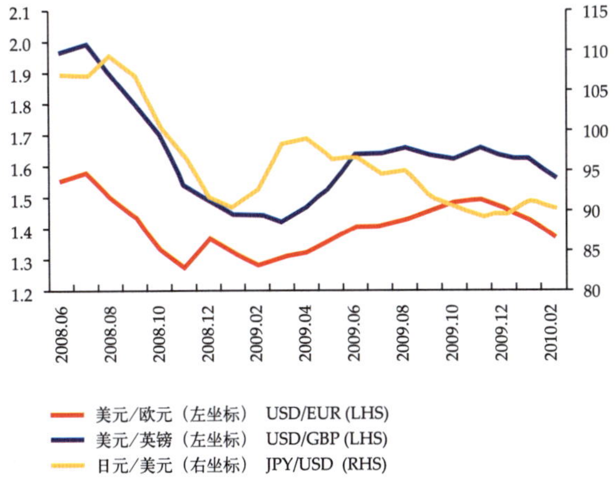

数据来源：国际货币基金组织《国际金融统计》(2010年4月)。
Source: *International Finance Statistics*, IMF, April, 2010.

实际有效汇率(月平均，2005年=100)
Real effective exchange rates
(monthly average, year 2005=100)

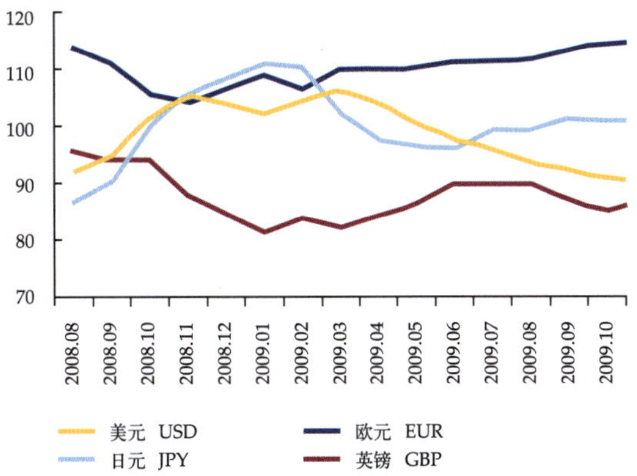

数据来源：国际货币基金组织《国际金融统计》(2010年4月)。
Source: *International Finance Statistics*, IMF, Apri, 2010.

七、股票市场指数
7. Stock Market Indices

主要股票市场指数(期末)
Major stock market indices (end-period)

年/月 Year/Month	美国道琼斯30种股票平均价格指数 Dow Jones 30	纳斯达克综合指数 NASDAQ	日本日经225种股票平均价格指数 Nikkei 225	道琼斯欧元区STOXX50股票指数 Dow Jones EURO STOXX 50
2009.01	8 001	1 476	7 994	2 237
2009.02	7 063	1 378	7 568	1 976
2009.03	7 609	1 529	8 110	2 071
2009.04	8 168	1 717	8 828	2 380
2009.05	8 500	1 774	9 523	2 451
2009.06	8 447	1 835	9 958	2 402
2009.07	9 172	1 979	10 357	2 638
2009.08	9 496	2 009	10 493	2 775
2009.09	9 712	2 122	10 133	2 873
2009.10	9 713	2 045	10 035	2 744
2009.11	10 345	2 145	9 346	2 797
2009.12	10 428	2 269	10 546	2 965
2010.01	10 067	2 147	10 198	2 777
2010.02	10 325	2 238	10 126	2 728
2010.03	10 857	2 398	11 090	2 931

主要股票市场指数(期末)
Major stock market indices (end-period)

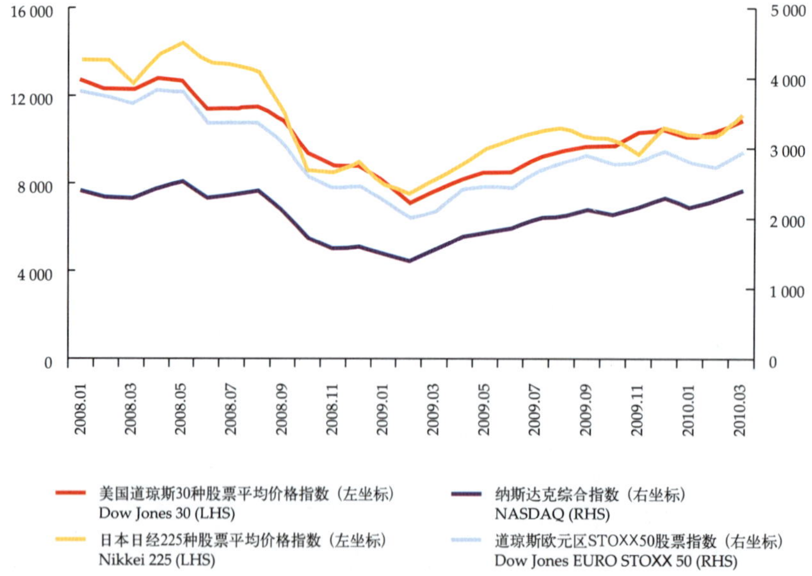